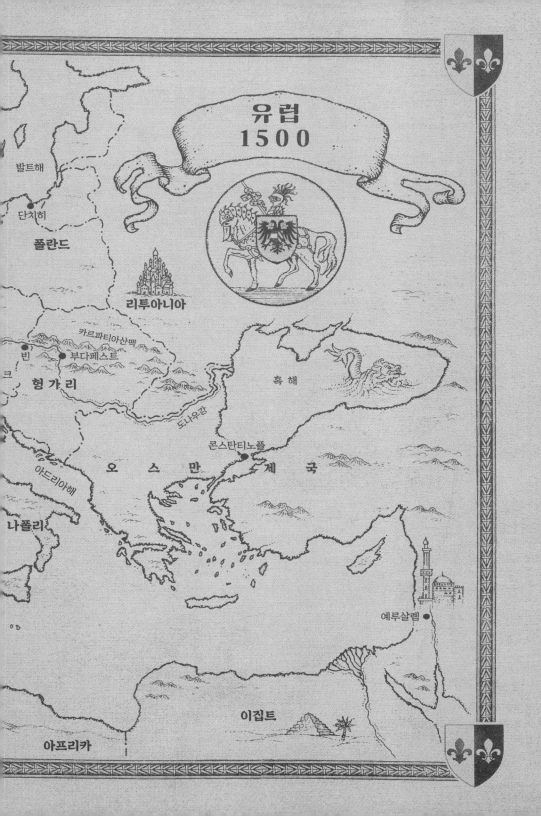

자본가의 탄생

자본은 어떻게 종교와 정치를 압도했는가

자본가의 탄생

자본은 어떻게 종교와 정치를 압도했는가

그레그 스타인메츠 지음 · **노승영** 옮김

부·키

지은이 그레그 스타인메츠Greg Steinmetz는 미국 클리블랜드 오하이오에서 태어나 콜게이트 대학을 졸업했으며 노스웨스턴대학 메딜 저널리즘 스쿨에서 석사 학위를 받았다. 졸업 후 15년 동안 《사라소타 해럴드 트리뷴》《휴스턴 크로니클》《뉴욕 뉴스데이》《월스트리트 저널》 등에서 저널리스트로 활동했으며, 《월스트리트 저널》 독일 지사와 런던 지사의 책임자를 맡기도 했다. 현재는 뉴욕에 있는 자산관리사에서 증권 분석가로 활동하고 있다. 《자본가의 탄생》은 그의 첫 저서로 중요성에 비해 잘 소개되어 있지 않은 야코프 푸거의 의의를 영어권에 잘 소개했다고 평가받는다.

옮긴이 노승영은 서울대학교 영어영문학과를 졸업하고, 서울대학교 대학원 인지과학 협동과정을 수료했다. 컴퓨터 회사에서 번역 프로그램을 만들었으며 환경 단체에서 일했다. "내가 깨끗해질수록 세상이 더러워진다"고 생각한다. 번역한 책으로는 《우리 몸 오류 보고서》《이빨》《세상에서 가장 재미있는 미국사》《바나나 제국의 몰락》 등 다수가 있으며, 《번역가 모모 씨의 일일》을 썼다. 번역자가 만든 홈페이지(http://socoop.net/)에서 독자와 소통하고자 한다.

자본가의 탄생

2018년 12월 24일 초판 1쇄 발행
2019년 3월 25일 초판 7쇄 발행

지은이 그레그 스타인메츠
옮긴이 노승영
펴낸곳 부키(주)
펴낸이 박윤우
등록일 2012년 9월 27일
등록번호 제312-2012-000045호
주소 03785 서울 서대문구 신촌로3길 15 산성빌딩 6층
전화 02) 325-0846 팩스 02) 3141-4066
홈페이지 www.bookie.co.kr
이메일 webmaster@bookie.co.kr
제작대행 올인피앤비 bobys1@nate.com

ISBN 978-89-6051-681-6 (03990)

책값은 뒤표지에 있습니다. 잘못된 책은 구입하신 서점에서 바꿔 드립니다.

이 도서의 국립중앙도서관 출판예정도서목록(CIP)은 서지정보유통지원시스템 홈페이지(http://seoji.nl.go.kr)와 국가자료공동목록시스템(http://www.nl.go.kr/kolisnet)에서 이용하실 수 있습니다. (CIP제어번호: CIP2018037164)

헌사

푸거처럼 슈바벤 출신으로

푸거와 마찬가지로 근면, 검약의 가치를 아는 부모님

아트 스타인메츠와 테아 스타인메츠에게

차례

머리말 — 9

1. 여정의 시작 ……………………………… 17

2. 황제에게 꼭 필요한 존재 ……………… 49

3. 사업의 확장 ……………………………… 75

4. 금융의 마술사 …………………………… 111

5. 상인의 전투 ……………………………… 125

6. 대금업의 합법화 ………………………… 143

7. 종교개혁의 불씨 ………………………… 173

8. 황제 선거 ………………………………… 185

9. 승리 그리고 패배 ……………………… 213

10. 자유의 바람 …………………………… 239

11. 농민 전쟁 ……………………………… 271

12. 북소리가 그치다 ……………………… 303

맺음말 — 327

후기 — 338

주 — 343

참고문헌 — 352

찾아보기 — 379

일러두기

1. 한글 전용을 원칙으로 하고, 필요한 경우에 원어나 한자를 병기했다. 고유명사의 원어는
   찾아보기에 병기했고, 찾아보기에 없는 경우 본문에 병기했다.

2. 인명·지명 등의 외래어 표기는 국립국어원에서 규정한 외래어 표기법에 따라 우리말로
   표기하되, 관행으로 굳어진 경우는 예외를 두었다.

3. 책·신문·잡지 등은《 》, 논문·영화·TV 프로그램 등은〈 〉으로 표기했다.

4. 국내 출간 도서는 출간 제목을 그대로 따랐고, 미출간 도서명은 최대한 원제에 가깝게
   옮겼다.

머리말

　　1523년 어느 봄날, 독일 아우크스부르크 출신의 은행가 야코프 푸거Jakob Fugger는 필경사를 불러 독촉장을 받아 적게 했다. 고객 1명이 채무 상환을 연체하고 있었다. 몇 년째 눈감아 주었지만 마침내 인내심이 한계에 이르렀다.

　　푸거는 늘 독촉장을 써 왔다. 하지만 1523년의 독촉장이 특별한 이유는 수신인이 빚에 허덕이는 모피상이나 자금난에 시달리는 향신료 수입상이 아니라 세상에서 가장 강력한 권력자 카를 5세였기 때문이다. 카를은 신성로마제국 황제, 스페인 국왕, 나폴리 국왕, 예루살렘 국왕, 부르고뉴 공, 아시아·아프리카 군주 등 칭호가 81개에 달했다. 그는 고대 로마 시대 이후 가장 광대한 제국을 통치했으며, 나폴레옹과 히틀러 시대 이전에는 어느 누구도 그에게 필적할 수 없었다. 그가 다스린 영토는 유럽과 대서양을 넘어 멕시코와 페루에 이르기까지 역사상 처음으로 해가 지지 않는 제국이었다. 카를은 교황이 반기를 들자 로마를 파괴하고 약탈했으며, 프랑스와 전쟁이 벌어졌을 때는 프랑스 국왕을 사로잡기도 했다. 사람들은 카를을 신으로 숭배했으며, 그를 만지면 병이 낫는다고 믿었다. 한 제국의회 의원은 "폐하는 살아 있는 법이요, 모든 법 위에 존재하시며 지상의 신이로다"라고 말하기도 했다.

카를은 농부의 손자인 푸거를 마음만 먹으면 불경죄로 감옥에 처넣을 수도 있었다. 그래서 그는 푸거가 자신과 맞먹으려 들었을 뿐 아니라 자신의 성공이 누구 덕분인지 상기시킴으로써 모욕감을 더한 사실에 경악했다. 푸거는 다음과 같이 썼다. "소신이 없었다면 폐하께서는 황제관을 쓰지 못하셨을지도 모릅니다. 제가 빌려드린 돈에 이자까지 계산해 지체 없이 상환토록 명하소서."

사람들이 부자가 되는 방법에는 기회를 포착하거나, 신기술을 개발하거나, 협상에서 상대방을 이기는 것 등이 있다. 푸거는 그 모든 일을 해냈을 뿐 아니라 한 가지 기질이 더 있었기에 보다 높이 오를 수 있었다. 카를에게 보낸 독촉장에서 보듯이 푸거에게는 배짱이 있었다. 푸거는 잠자리에 들기 전에 옷을 벗어 던지듯 그날의 고민을 모두 훌훌 털어 버릴 수 있었으므로 한 번도 불면증에 시달린 적이 없었다. 그는 평균 키보다 8센티미터 더 컸으며, 알브레히트 뒤러가 그린 가장 유명한 초상화에서는 차분하고 담담하며 확신에 찬 표정을 짓고 있다. 푸거는 침착하고 여유로운 성격 덕에 군주에게도 주눅 들지 않았으며, 어마어마한 빚에도 굴하지 않고 파산을 앞두고도 쾌활하고 자신만만했다. 배짱이 중요한 이유는 16세기에는 사업이 그 어느 때보다 위험했기 때문이다. 사기꾼은 손목을 자르거나 뺨을 부지깽이로 지졌다. 빚을 갚지 못하면 채무자 감옥에서 썩어야 했다. 제빵사가 빵에 불순물을 넣다 걸리면 공개적으로 물속에 처넣거나 시내를 끌고 다니며 군중의 놀림감으로 만들었다. 대금업자는 가장 가혹한 운명에 처했다. 목사는 대금업자가 연옥에서 불 고문을 당한 다고 설교했다. 교회는 이를 입증하기 위해 고리대금업자로 의심되 는 자의 무덤을 파서 시체의 썩어 가는 살을 벌레와 구더기, 거저리 가 파먹는 모습을 보여 주었다. 이 벌레들이 사탄의 부하임은 누구나 아는 사실이었다. 시체가 고리대금업자라는 사실을 입증하는 데 이 보다 확실한 증거가 어디 있겠는가?

이 같은 상황에서 푸거가 그토록 높은 위치로 올라가려고 애쓴 사실은 놀라운 일이다. 그는 은퇴한 뒤 시골로 내려가 자신의 고객들 처럼 사슴 사냥에 유흥 또는 (파이에서 난쟁이가 튀어나오곤 하는) 축 제를 즐길 수도 있었다. 그의 상속자 중에는 정말 이같이 산 사람도 있었다. 하지만 푸거는 자유와 영혼을 걸고서라도 자신이 어디까지 올라갈 수 있는지 알고 싶었다. 합리적으로 사고하는 그의 천성이 괴 로운 마음을 달래 주었다. 그는 사람들이 자신을 '비기독교적이고 매 정한 자'로 여긴다는 사실을 알고 있었다. 또한 적대자들이 자신을 고리대금업자에 유대인이라고 부르며 저주를 퍼붓는다는 사실도 알 고 있었다. 그러나 푸거는 비난을 논리적으로 반박했다. 신이 그가 많은 돈을 벌기를 바라지 않았다면 그에게 그런 재능을 주지 않았으 리라는 것이었다. 푸거는 다음과 같이 썼다. "많은 사람이 내게 적대 적이다. 그들은 내가 부자라고 말한다. 하지만 나는 어느 누구에게도 해를 끼치지 않고 하느님의 은총으로 부자가 되었다."[1]

자신이 아니었으면 카를이 황제가 되지 못했을 것이라는 푸거 의 말은 과언이 아니었다. 푸거는 카를이 황제가 될 수 있도록 거액 의 뇌물을 빌려주었을 뿐 아니라 카를의 할아버지에게 자금을 투자해 합스부르크 가문이 유럽 정계의 울타리에서 벗어나 중앙 무대로 진출할 수 있게 도왔다. 푸거는 다른 분야에서도 족적을 남겼다. 그는 고리대금업 금지 조치를 해제하도록 교황을 설득해 상업을 중세의 미몽에서 흔들어 깨웠다. 자본주의와 공산주의의 첫 대규모 충돌인 독일 농민 전쟁에서는 전쟁 자금을 지원해 자유 기업 체제의 조기 붕괴를 막기도 했다. 푸거는 유럽에서 가장 강력한 상업 조직이던 한자동맹에 결정적 타격을 입혔다. 그가 은밀하게 꾸민 금융 계략은 뜻하지 않게 루터를 격분시켜 95개조 반박문을 작성하게 했다. 이로 인해 촉발된 종교개혁은 유럽 기독교 세계를 양분하는 지각 변동으로 이어졌다. 또한 푸거는 마젤란의 세계 일주를 후원했을 가능성이 매우 크다. 좀 더 평범한 업적을 들자면 푸거는 알프스산맥 이북에서 처음으로 복식 부기를 도입했으며, 세계 최초로 여러 영업 결과를 하나의 재무제표로 통합하기도 했다(이 혁신 덕분에 푸거는 자신의 금융 제국을 한눈에 파악할 수 있었으며, 자금이 어디에 있는지 늘 알 수 있었다). 감사관을 파견해 지점을 감독하게 한 것도 그가 처음이었다. 또한 푸거는 뉴스 서비스를 창시해 경쟁자와 고객에 대한 정보를 보다 먼저 파악함으로써 언론의 역사에도 발자취를 남겼다. 이 모든 이유로 인해 푸거는 시대를 통틀어 가장 영향력 있는 사업가로 불리기에 손색이 없다.

푸거가 역사를 바꿀 수 있었던 것은 처음으로 돈이 전쟁과 정치를 좌우하는 시대에 살았기 때문이다. 그에게는 돈이 있었다. 푸거는 궁에서 살았으며 성을 여러 채 소유하기도 했다. 귀족 작위를 구입한 뒤에는 지도에 자신의 이름이 표시될 정도로 드넓은 영지를 다스렸다. 그가 가지고 있던 화려한 목걸이는 훗날 엘리자베스 1세의 목에 걸렸다. 1525년 푸거가 세상을 떠났을 때 그의 재산은 유럽 내 총생산의 2퍼센트에 육박했다.[2] 이는 존 D. 록펠러조차 누리지 못한 부였다. 푸거는 역사책에 기록된 최초의 백만장자였다. 이전 세대 거부인 메디치 가문은 푸거와 거의 비슷한 가치의 통화를 사용했음에도 장부 총액이 다섯 자리에 불과했다. 푸거는 최초로 일곱 자리를 달성했다.

　푸거는 광산업과 금융업으로 부를 쌓았으나 옷감과 향신료, 보석, 성유물(순교자의 뼈와 십자가 조각) 등도 판매했다. 한동안 유창목(매독 치료제로 알려진 브라질산 나무껍질)을 독점하기도 했다. 또한 그는 교황청 주화를 주조했으며, 스위스 교황 근위대 제1연대에 자금을 지원하기도 했다. 푸거를 흉내 내려고 한 사람들도 있었는데, 그중 아우크스부르크 출신의 이웃 암브로제 호흐슈테터가 가장 유명했다. 푸거는 죽기 직전에 가장 부유했으나 소매 금융의 창시자 호흐슈테터는 파산해 옥사했다.

　푸거는 유럽 신분제의 가장 낮은 계급인 평민 출신이었다. 평민은 귀족 앞에서 허리를 숙이지 않거나 번잡한 길거리에서 기사에게 길을 비켜 주지 않았다가는 칼에 찔릴 수도 있었다. 하지만 그의 비천한 신분은 전혀 걸림돌이 되지 않았다. 사업가는 모두 평민 출신이었으며, 푸거 가문은 그들에게 모든 편의를 제공할 만큼 부유했다. 푸거 가문은 직물 무역에 재주가 있었는데, 기록에 따르면 시민 중에서 가장 많은 세금을 냈다. 하지만 어려움도 있었다. 푸거는 열 살에 아버지를 여의었다. 억척스럽고 수완 좋은 어머니가 아니었다면 그는 별 볼 일 없었을지도 모른다. 또 다른 약점은 형제간의 서열이었다. 일곱 형제 중 막내로 태어난 푸거는 사업가가 아니라 수사가 될 운명이었다. 그는 성격적으로도 문제가 있었는데, 고집불통에 이기적이었으며 엉큼하고 때로는 잔인하기까지 했다. 한번은 최측근이 죽자 그의 빚을 탕감해 주지 않고 유가족을 구빈원으로 보낸 적도 있었다. 하지만 성취를 과시하는 그의 단점은 오히려 장점이 되었다. 그의 과시는 훌륭한 광고 역할을 했다. 방문객에게 자신의 다이아몬드가 얼마짜리라거나 자금을 얼마까지 융통할 수 있다고 말하는 것은 다른 은행가보다 더 많은 혜택을 고객에게 줄 수 있다고 홍보하는 셈이었다.

푸거가 치른 유명세는 적개심이었다. 적들은 푸거를 평생 따라다녔으며 그의 일생은 비디오 게임처럼 파란만장했다. 적들은 그를 정면에서 공격하거나 불시에 습격했으며, 그의 부와 권력이 커질수록 공격도 거세졌다. 루터는 푸거와 그의 가족을 파산시키고자 했으며, 푸거 가문의 입에 재갈을 물리고 싶다고 공공연히 이야기하기도 했다. 당시 가장 유명한 독일의 인문주의자 울리히 폰 후텐은 푸거를 죽이고 싶어 했다. 하지만 푸거는 어떤 공격에도 살아남았으며, 인생이라는 게임에서 돈과 권력이라는 점수를 쌓았다.

푸거는 성공해서 과연 행복했을까? 적어도 통념상으로는 그렇지 않았을 것이다. 푸거는 사업상 동료 이외에는 친구가 거의 없었다. 유일한 자식은 사생아였고, 푸거의 제국을 물려받은 조카들은 그를 실망시켰다. 그의 임종을 지킨 사람은 외부인뿐이었으며 아내는 애인 곁에 있었다. 하지만 푸거는 자신의 기준으로는 성공한 사람이었다.

그의 목표는 안락도 행복도 아닌 돈을 벌고 또 버는 것이었다. 푸거는 죽기 전에 스스로 묘비명을 쓰기도 했다. 그의 대담한 자기 선언은 한 세대 전만 해도, 즉 르네상스 개인주의 철학이 독일을 휩쓸기 전에는 상상조차 할 수 없는 일이었다. (뒤러가 푸거 시대에 창시한) 자화상마저도 지독히 자기중심적이고 사회 규범에 반하는 예술 형식으로 간주되었을 것이다.

> 전능하고 선하신 하느님께 아뢰기를, 아우크스부르크의 야코프
> 푸거는 자신의 계급과 나라에 이바지했고, 막시밀리안 1세와 카
> 를 5세 치하의 제국의회 의원이었으며, 어마어마한 부의 획득
> 면에서 으뜸이요, 자유롭고 순수한 삶 그리고 영혼의 위대함 면
> 에서도 살아생전 그와 견줄 자가 없었으니 사후에 필멸자의 한
> 사람으로 헤아려지지 않을 것이외다.[3]

오늘날 푸거는 "어마어마한 부의 획득 면에서 으뜸"인 것보다 인도주의 사업으로 더 유명하다. 아우크스부르크의 공공 주택 건설 사업이 대표적이다. 500년 전에 푸거가 조성한 '푸거라이'로 불리는 이 주택 단지는 지금도 운영되는데, 해마다 외국인 관광객이 수천 명씩 찾아온다. 푸거가 남긴 유산은 이뿐만이 아니다. 그의 사업이 역사에 미친 영향은 군주, 혁명가, 예언자, 시인을 초월하며 그의 방식은 500년 동안 자본주의의 토대를 닦았다. 푸거에게서는 현대적 성격도 쉽게 찾아볼 수 있다. 그는 본질적으로 공격적인 사업가였고, 최대한 많은 돈을 벌고자 했으며 목적을 위해서는 수단과 방법을 가리지

않았다.[4] 푸거는 최대의 기회를 추구했고, 정치인에게 환심을 샀으며, 자신에게 유리하게 돈으로 규정을 바꾸었고, 변호사와 회계사를 거느렸으며, 정보를 수집해 활용했다. 요즘 경제지를 펼치면 푸거와 같이 탁월한 능력을 지닌 억만장자를 얼마든지 찾아볼 수 있지만, 처음으로 그 길을 닦은 사람은 바로 푸거였다. 푸거는 처음으로 부 자체를 추구했으며, 저주를 두려워하지 않았다는 점에서 최초의 현대적 사업가였다. 지금의 금융 체제와 그 역사를 알고 싶다면 푸거를 알아야 한다.

여정의 시작

르네상스 독일에서 아우크스부르크만큼 활기와 흥분이 넘치는 도시는 드물었다. 시장은 타조 알부터 성인의 두개골까지 온갖 물건으로 넘쳐 났다. 숙녀들은 매를 데리고 교회에 갔고, 헝가리 목동들은 소 떼를 몰고 거리를 누볐다. 황제가 마을에 행차하면 기사들은 광장에서 마상 창 시합을 벌였다. 오전에 살인자가 잡히면 오후에 모든 시민 앞에서 교수형에 처했다. 하지만 아우크스부르크는 범죄에 매우 관대했다. 대중목욕탕에서도 술집처럼 자유롭게 맥주를 마실 수 있었으며, 시 당국은 매춘을 허용했을 뿐 아니라 사창가를 직접 운영하기도 했다.

야코프 푸거는 1459년 이곳에서 태어났다. 아우크스부르크는 직물 공업의 중심지였으며, 푸거 가문은 현지 직인職人이 짠 옷감을 사들여 프랑크푸르트, 쾰른, 알프스산맥 너머 베네치아(베네치아공화국) 교역소에 내다 팔아 부자가 되었다. 푸거는 일곱 형제 중 막내로, 그가 열 살 때 아버지가 세상을 떠나자 어머니가 사업을 이어받았다. 어머니는 교역소에서 일을 하고 노상강도에게 통행세를 바치며 마전터에서 옷감을 검사할 아들은 많았으므로 막내아들만은 마상 창 시합과 대중목욕탕의 세계와는 동떨어진 삶을 살기를 바랐다. 어머니는 그를 성직자로 키우려고 했다.

푸거가 이를 좋아하지는 않았을 것이다. 만일 어머니의 고집대로 신학교에 갔다면 머리를 밀고 망토 대신 베네딕트회의 검은 수도복을 입어야 했을 것이다. 또 라틴어를 익히고 아퀴나스를 읽으며 새벽 2시의 아침 기도를 시작으로 하루에 여덟 번씩 기도를 올려야 했을 것이다. 수사는 스스로 생활을 꾸려야 했으므로 푸거 또한 직접 이엉으로 지붕을 이고 비누를 만들어야 했을 것이다. 고생스러운 일이었지만 주임신부나 그보다 높은 교황청 국무원장이 되기 위해서는 마땅히 치러야 할 대가였다.

신학교는 10세기 헤리덴에 지어진 수도원 안에 있었다. 뉘른베르크 근처에 위치한 헤리덴은 아우크스부르크에서 걸으면 나흘이 걸리고 운이 좋아 말을 타면 이틀이 걸렸다. 헤리덴에서는 아무 일도 일어나지 않았으며, 설령 무슨 일이 일어난다 해도 알 수가 없었다. 베네딕트회는 금욕적 수도회였으며, 신학생들은 대문 안에 갇혀 지냈다. 그곳에서 푸거는 머리를 깎거나 양털을 빗는 것보다 훨씬 힘든 일을 하면서 독신과 순종 그리고 (그의 장래를 떠올리면 대단히 아이러니하게도) 청빈의 삶을 서원해야 했을 것이다.

성직자에는 두 종류가 있었다. 보수파는 교황청을 맹목적으로 추종했으나, (당대 최고의 지성인인) 로테르담의 에라스뮈스 같은 개혁파는 부패를 근절하고자 했다. 푸거가 어떤 성직자가 되었을지는 알 수가 없다. 그가 수도회에 입회할 때가 되자 어머니가 마음을 바꾸었기 때문이다. 어머니는 열네 살이 된 푸거가 쓸모 있다고 생각했다. 그래서 그가 도제 수업을 받고 상인의 삶을 살 수 있도록 신학교를 그만두게 해 달라고 교회에 요청했다. 몇 해 뒤―푸거는 이미 부자가 되어 있었다―누군가 그에게 얼마나 오랫동안 일할 계획이냐고 물었다. 푸거는 돈이 아무리 많아도 만족할 수 없다고 대답했다. 할 수 있을 때까지 수익을 올릴 생각이었다.

부의 축적은 푸거 가문의 전통이었다. 엘리트 계급이 상업을 멸시하고 대부분의 사람들이 입에 풀칠하며 겨울을 나는 것 이상의 바람이 없던 시절에 푸거의 조상은 남녀를 불문하고 악착같이 돈을 벌었다. 당시에는 빈털터리에서 하룻밤 만에 부자가 된 사람은 아무도 없었다. 여러 세대에 걸쳐 쌓은 종잣돈이 있어야 재산을 불릴 수 있었다. 각 세대는 이전 세대보다 부유해져야 했다. 하지만 푸거 가문은 남달리 승승장구했으며 의욕이 넘쳤다. 너 나 할 것 없이 가문의 부에 기여했다.

야코프의 할아버지 한스 푸거는 슈바벤 사람들이 모여 사는 그라벤 마을의 농부였다. 야코프가 사업을 시작하기 정확히 한 세기 전인 1373년 한스는 안락하지만 단조로운 시골 생활을 청산하고 대도시로 이주했다. 유럽에서는 도시의 인구가 증가하고 있었으며, 새로운 도시민에게는 입을 옷이 필요했다. 아우크스부르크의 직인들은 국내산 아마실과 이집트에서 수입한 면실을 섞어 짠 퍼스티언fustian 천의 수요를 책임지고 있었다. 한스도 직인이 되고 싶었다. 오늘날의 관점에서는 상상하기 힘들지만 시골을 떠나겠다고 결심하는 데는 엄청난 용기가 필요했다. 대부분의 사람들은 자신의 아버지와 할아버지가 살던 곳에서 똑같은 일을 하며 생계를 유지했다. 한번 방아꾼은 영원한 방아꾼이었고, 한번 대장장이는 영원한 대장장이였다. 하지만 한스는 현실에 안주할 수 없었다. 젊은 한스는 동화에 나오는 난쟁이 룸펠슈틸츠헨Rumpelstilzchen처럼 방직기에서 황금을 잣겠다는 환상에 사로잡혀 있었다. 그는 회색 더블릿doublet 상의에 레이스 달린 부츠 차림으로 레히강을 따라 30킬로미터를 걸어 아우크스부르크에 도착했다.

오늘날 아우크스부르크는 쾌적한 소도시로 인형극이 유명하다. 뮌헨까지 출퇴근이 가능한 거리이지만 국제적으로 중요한 곳은 아니다. 아우크스부르크의 공장에서는 독일 경쟁력의 원천인 세계 일류 기술자들이 트럭과 로봇을 생산하고 있다. 대학과 그 주변의 술집, 커피숍, 서점 등이 없다면 아우크스부르크는 부유하지만 따분한 벽지에 불과할지도 모른다. 하지만 한스가 도착했을 때만 해도 아우크스부르크는 오늘날의 런던과 같은 유럽의 금융 중심지로 발전하고 있었으며, 일확천금을 노리는 사람들이 자금을 융통하기 위해 몰려드는 곳이었다. 아우크스부르크는 아우구스투스 황제 시절인 기원후 14년에 로마인이 세웠으며 — 도시명도 황제의 이름에서 유래한다 — 베네치아와 쾰른을 연결하는 옛 도로가 이곳을 관통하고 있다. 기원후 98년에 타키투스는 독일인을 호전적이고 추잡한 주정뱅이로 묘사하면서 "험악한 파란 눈과 황갈색 머리카락, 거대한 몸"이라고 언급했으나, 아우크스부르크 주민에게는 찬사를 보내면서 그들의 도시를 '찬란하다splendidissima'고 표현했다.

11세기 아우크스부르크가 주교 치하에 있던 시기 유럽 경제는 암흑기에서 벗어나는 중이었으며, 상인들은 주교궁 근처에 좌판을 벌였다. 상인의 수가 늘어나자 그들은 주교의 간섭에 반발해 주교를 인근 성으로 쫓아냈고, 아우크스부르크는 자유 도시Freie Städte가 되었다. 주민들은 시정을 스스로 결정했으며, 먼 곳에 있는 공사다망한 황제 이외의 어떤 권력에도 휘둘리지 않았다. 1348년 흑사병이 유럽을 휩쓸어 적어도 유럽인 3명 중 1명이 목숨을 잃었지만 아우크스부르크는 기적적으로 무사했다. 엄청난 행운 덕에 아우크스부르크(와 독일 남부의 여러 도시)는 쑥대밭이 된 이탈리아를 제치고 유럽 직물 생산의 본거지가 되었다.

성 꼭대기의 망루가 보일 만큼 성문 가까이 다가간 한스 푸거는 아우크스부르크 주민들이 직물 제작 이외에는 아무 일도 하지 않는다고 생각했을지도 모른다. 어느 곳에나 옷감으로 덮인 마전대가 널려 있었기 때문이다. 성문 안으로 들어선 푸거는 성직자들이 많다는 사실에 놀랐을 것이다. 주교는 떠났지만 아우크스부르크에는 아직도 교회가 9곳이나 남아 있었다. 술집과 사창가를 비롯해 어느 곳에서나 프란체스코회, 베네딕트회, 아우구스티노회, 카르멜회 수사를 볼 수 있었다. 또한 한스는 거지 무리도 목격했을 것이다. 도심 고지대의 으리으리한 타운하우스에 사는 부자들은 아우크스부르크 전체 부의 10분의 9를 소유했으며, 정치권력을 독차지했다. 부자들은 거지가 보기 싫어 — 위협적이라고 느꼈을지도 모른다 — 이들을 추방하는 법률을 통과시켰다. 하지만 아침에 성문이 열리고 시골에서 농민들이 (거리를 쓸거나 닭털을 뽑아) 몇 푼이라도 벌기 위해 몰려들면 문지기들은 누가 누구인지 분간할 수 없었다. 이때 거지들은 잽싸게 성문 안으로 들어왔다.

한스는 시청에서 전입신고를 했다. 그는 필경사에게 자신의 이름을 말했다. 독일에서는 공문서에 라틴어를 사용했는데, 필경사는 '푸거'의 철자를 어떻게 적어야 할지 잠시 고민하다가 철자를 하나하나 떠올리며 'F-u-c-k-e-r'라고 적었다.[1] 시 문서보관소에 보관된 등록부에는 '푸케르 아드베니트Fucker Advenit', 즉 '푸거 방래方來'라고 기록되어 있다. 라틴어 푸케르를 영어로 읽으면 욕설이 되므로 푸거를 연구하는 역사학자들은 이 기록을 볼 때마다 배꼽을 잡는다.

한스는 곧 성공해 방직 일을 외주로 돌릴 만큼 충분한 돈을 모았다. 도매상이 된 그는 다른 직인에게 옷감을 구입해 박람회에서 다시 판매했다. 한스는 직인조합 우두머리의 딸 클라라 비돌프와 결혼했다(이런 정략결혼은 이후 푸거 가문의 전통이 되었다). 직인들은 마을에서 가장 강력한 상업 집단으로, 1478년 격분한 직인들은 빈민에게 동정적인 시장을 처형하기도 했다. 클라라가 세상을 떠나자 한스는 또 다른 조합 우두머리의 딸과 결혼했다. 두 번째 아내 엘리자베트 그파터만은 사업 감각이 뛰어났다. 그녀는 한스가 죽은 뒤 가업을 물려받아 28년간 경영했는데, 기회가 공평했다면 그녀가 어디까지 성장할 수 있었을지 궁금하다. 당시 여성은 참정권이 없었으며 부모나 남편에게 법적으로 종속되었다. 남편 없이 사업을 하려면 남자인 바지 사장을 내세워야 했다. 그파터만은 어려움 속에서도 공급업자와 협상하고 고객과 흥정하며 부동산에 투자하면서 동시에 아이들까지 돌보았다. 두 아들 안드레아스와 대大야코프가 자신의 자리를 물려받을 수 있도록 교육했으며, 유산이 분산될 것을 걱정해 재혼은 하지 않았다. 그녀는 사망할 당시 아우크스부르크 최고 납세자

중 한 명이었다.

아우크스부르크는 주화를 독자적으로 발행했는데, 푸거의 외할
아버지 프란츠 베징거가 조폐소를 운영했다. 베징거는 일꾼들이 은
물을 거푸집에 부어 한 번에 1개씩 주화로 만드는 과정을 감독하면
서 부를 쌓았다. 대★야코프는 베징거의 딸 바바라와 결혼했는데, 결
혼식을 올린 지 몇 달 뒤 당국은 은화의 함량을 줄인 죄로 베징거를
체포해 감옥에 가두었다(일부 지역에서는 사형 죄에 해당했다). 대★야
코프는 보석금을 내고 그를 석방시켜 주었다. 그 일이 오히려 베징거
에게는 전화위복이 되었다. 베징거는 석방된 뒤 오스트리아로 건너
가 범죄 경력이 있음에도 불구하고 티롤주州의 주도 인스브루크 외
곽의 한 도시에서 조폐소 소장이 되었다.

바바라는 시어머니 엘리자베트처럼 사업 수완이 뛰어났다. 두
사람의 사업 능력으로 보건대 야코프의 재능은 부계보다는 모계로
부터 물려받은 듯하다. 엘리자베트와 마찬가지로 바바라도 남편보다
30여 년 더 오래 살면서 평생 혼자 지냈다. 수익을 재투자하고 남편
보다 더 많은 양의 옷감을 사고팔면서 푸거 가문의 사업을 다음 궤
도에 올려놓은 것도 엘리자베트와 똑같았으나 이는 훗날의 일이다.
새색시 바바라가 가장 먼저 해야 할 일은 자식을 낳는 것이었다.

푸거 부부는 옛 유대인 지구와 상업 중심지가 만나는 모퉁이에
있는 3층짜리 타운하우스에서 살았다. 맞은편에는 직인 조합 회관
이 있고 집 뒤로는 '유대인 언덕'이라 불리는 내리막길이 운하까지 이
어졌다. 로마인들이 운하를 판 뒤 좌우에 널빤지를 댔는데, 사방이
고요한 밤이면 물 흐르는 소리가 들렸다.

1459년 3월 6일 바바라는 푸거를 낳았다. 대人야코프는 어느 아들에게도 자신의 이름을 물려주지 않으려고 했는데 일곱째에 가서야 뜻을 굽혔다. 하지만 이름이 같은 아들과는 오랜 시간을 함께 보내지 못했다. 그는 소小야코프가 열 살일 때 세상을 떠났다. 그즈음 몇 명의 아들(울리히, 페터, 게오르크)은 이미 사업에 몸담고 있었다. 또 다른 형 마르쿠스는 성직자가 되어 교황청의 계급 사다리를 오르고 있었다. 나머지 두 형은 일찍 세상을 떠났다. 딸들은 —야코프는 누이가 셋이었다— 바바라에게 신부 수업을 받고 있었다.

푸거는 형들을 우러러보면서 그들의 모험을 부러워했다. 얼마 뒤 그에게도 기회가 찾아왔다. 바바라는 푸거를 성직자로 만들겠다는 계획을 포기하고 그를 베네치아의 도제로 보냈다. 베네치아는 세계 최고의 상업 도시였다. 비단길과 라인강을 연결하는 중간 기항지로, 이곳에서 프랑스산 포도주가 배에 실려 알렉산드리아와 콘스탄티노플로 보내졌으며, 무역상들은 동양의 후추·생강·면綿을 서양의 뿔·모피·금속과 교환했다. 베네치아의 토대는 상업이었으며 사업가들이 통치했다. 모두 돈에 대한 이야기만 했다. 은행가이자 일기 작가인 지롤라모 프리울리Girolamo Priuli는 베네치아를 "인간이 그들의 모든 상행위를 그곳에 집중시키는 것 같았다"라고 평했다.[2] 베네치아에 비하면 아우크스부르크는 촌구석이었다. 활기차고 소란스럽고 북적거리는 도시 베네치아는 인구가 20만 명으로 유럽 최대 도시 중 하나였다. 무역상들은 운하를 따라 늘어선 창고에서 서로 고함을 질렀다. 사제 피에트로 카솔라는 여행기에서 "물품이 가득해 창고처럼 보이는 저 많은 상점을 누가 헤아릴 수 있으랴. 입이 다물어지지 않는도다"[3]라고 했다. 베네치아에서는 누구나 번창했다. 연대기 작가 산소비노Sansovino에 따르면 베네치아인은 비단 커튼을 친 호두나무 침대에서 잠을 자고 은으로 만든 그릇을 사용했다. 카솔라는 "이곳에서는 부富가 분수처럼 흘러넘친다"[4]라고 덧붙였다.

성공의 비결은 향신료 무역이었다. 유럽인은 밋밋한 식사에 생기를 더하고 상한 고기 맛을 감추기 위해 향신료를 즐겨 사용했는데, 특히 후추를 애용했다. 아랍인이 인도에서 향신료를 구입해 낙타에 싣고 레반트 항구까지 운반했다. 베네치아는 향신료 무역을 독점했는데, 아드리아해 연안 북단에 자리 잡은 베네치아를 경유하는 것은 유럽 대륙의 다른 지역으로 가는 가장 경제적인 방법이었다. 베네치아는 중간상으로 부자가 되었다. 이때만 해도 푸거는 알지 못했겠지만 훗날 그는 이 체제의 몰락에 일익을 담당하게 된다.

당연히 베네치아는 젊은이들이 무역을 배우기 위해 찾는 장소가 되었다. 부유한 가문들이 자녀를 베네치아로 보내 상업 비법을 찾고 인맥을 쌓게 했다. 푸거는 가족에게 작별을 고하고 알프스산맥을 넘었다. 아마도 브렌네르 고개를 통과했을 것이다. 메스트레까지는 약 이주일이 걸렸다. 그곳에서 그는 배를 타고 석호를 건너 베네치아에 도착했다. 배에서 내린 푸거는 폰다코 데이 테데스키라는 창고로 향했다. 베네치아인의 말로는 모든 독일인이 그곳에서 거래하고 있다고 했다. 독일인이 한 지붕 아래에 있었던 것은 세금 문제를 수월하게 처리하기 위해서였다.

리알토 다리 바로 옆에 위치한 폰다코는 북적거리는 창고였으며 물건이 천장까지 쌓여 있었다. 유랑 기사 아르놀트 폰 하르프Arnold von Harff는 "그곳에서 온갖 종류의 상품을 보았다"고 했으며, 카솔라는 "베네치아의 폰다코는 물자가 어찌나 풍부한지 이탈리아 전역의 수요를 충당할 수 있을 정도"라고 했다. 폰다코 건물은 푸거가 베네치아를 떠난 지 한참 뒤인 1505년에 화재로 무너졌다. 시에서 건물을 재건했을 때 베첼리오 티치아노와 조르조네는 대운하와 마주 보고 있는 벽에 그림을 그렸는데, 이후 이곳은 미술 애호가들의 명소가 되었다. 하지만 푸거 시대 이곳은 독일인의 창고이자 숙소로, 푸거는 짚이 깔린 다락방에서 동향인들과 함께 잠을 잤다. 그는 이곳에서 수입과 수출에 대해 배웠으며, 이외에도 상자 포장, 물품 배달, 편지 필사 등의 허드렛일을 하면서 자신을 발전시켰을 것이다. 푸거는 폰테 델라 팔리아 다리에서 산마르코 대성당 쪽으로 걸어가면서 보스포루스와 거룩한 땅(팔레스타인)에서 찾아온 갤리선을 볼 수 있었다. 광장에 있는 아프리카인 노예(부자들의 하인)에게 호기심을 갖기도 하고, 베네치아에서 가장 유명한 산책로인 리바 델리 스키아보니 한쪽에서 동료 독일인들과 함께 진주와 보석을 터무니없는 가격에 팔기도 했으리라. 외국 선박의 입항을 알리는 나팔 소리도 들었을 것이다.

푸거의 베네치아 시절에 대해 알려진 것은 그에게 남은 몇 가지 흔적뿐이지만 영향은 매우 컸다. 옷차림에도 흔적이 남아 있었다. 푸거는 이곳에서 황금색 베레모에 푹 빠져 있었는데, 이 모자는 그의 상징이 되었다. 라틴어식으로 편지에 서명하기 시작한 것도 베네치아에서였다. 푸거는 이탈리아에 읽고 쓰는 법만 아는 야코프로 와서 출세의 야망을 품은 국제적 사업가 야코보(Jakobo, '야코프'의 라틴어 표기/옮긴이)가 되어 돌아갔다.

더욱 중요한 사실은 이 시기에 푸거가 금융에 대해 배웠다는 것이다. 훗날 푸거는 다양한 일―기업가, 무역상, 때로는 투기꾼―에 종사하게 되지만 그중에서도 단연 은행가로 활약했다. 그는 금융에 대해 알아야 할 모든 것을 베네치아에서 배웠다. '신용credito' '채무debito' 심지어 '은행banca'의 어원이 이탈리아어인 것에서 알 수 있듯이 금융은 이탈리아인의 발명품이다. 푸거가 회계라는 유익한 기법을 접한 곳도 베네치아에서였다. 당시 독일의 대다수 상인은 여전히 종이쪽지에 숫자를 적는 등 결코 체계적으로 정리하지 않았으나, 이탈리아인은 한 발 더 앞서 나아갔다. 대규모의 다국적 사업을 관리하려면 융통성 있는 방법이 필요했으므로 그들은 복식 부기를 개발했다. '복식'이라는 이름이 붙은 것은 거래가 발생할 때마다 이에 대응하는 항목을 부기해 대변과 차변이 맞아떨어지도록 했기 때문이다. 그 덕분에 중요한 거래 내역을 요약하고 기업 가치를 하나의 숫자(순자산)로 압축함으로써 복잡한 산업 현황을 한눈에 파악할 수 있게 되었다. 푸거가 베네치아를 떠난 지 몇 해 뒤에 수학자이자 수사인 루카 파촐리Luca Pacioli가 최초의 회계학 교과서를 저술했는데, 푸거는 파촐리의 책이 인쇄되기 전부터 모든 기법을 알고 있었다. 그가 형들을 복식 부기의 세계로 인도하면서 가업은 한층 더 체계적이 되었다. 다른 아우크스부르크 사람들도 푸거의 결정을 따를 수밖에 없었다. 10대에 이미 부기의 중요성을 깨닫고 이를 통해 우위를 점한 것으로 보아 푸거에게는 본능적인 사업 감각이 있었다. 그는 장부를 허술하게 관리하고 세부 항목을 간과하는 것은 돈을 탁자 위에 놓아두는 것과 같다는 것을 이미 알고 있었다.

　몇 년 뒤 베네치아의 한 사절은 푸거가 베네치아에서 부기를 배웠다는 이야기를 듣고 베네치아가 가르친 것보다 그가 더 많은 것을 깨우쳤다고 말했다. "아우크스부르크가 베네치아의 딸이라면 딸이 어머니를 뛰어넘은 셈이다."[5]

❧

　푸거가 베네치아로 떠난 그해, 아우크스부르크에서는 그와 가족에게 결정적 영향을 미친 사건이 일어났다. 푸거 가문이 오스트리아 왕가인 합스부르크 가문과 첫 계약을 맺은 것이다. 이후 합스부르크 가문은 푸거의 최대 고객이 되었으며, 푸거는 이들의 상담자이자 최대 재정 후원자가 되었다. 두 가문의 관계는 결코 순탄하지 않아서 위태로운 적도 여러 번이었다. 하지만 인연은 계속 이어져 역사상 최대 규모의 민관 제휴로 발전했다.

　그해 봄, 황제 프리드리히 3세는 알프스산맥 횡단로의 눈이 녹자 중요한 외교 업무를 보기 위해 인스브루크를 떠나 프랑스 접경지대인 트리어로 향했다. 부르고뉴 대공이자 대부호인 용담공勇膽公 샤를을 만나러 가는 길이었다(중간에 아우크스부르크에서 쉬었다). 프리드리히는 황제이자 오스트리아 대공 및 합스부르크 가문의 수장이었다. 합스부르크 가문은 스위스에 뿌리를 두었는데, 11세기에 클레트가우의 라트보트 백작이 취리히와 바젤을 잇는 도로 위에 '매의 성'(독일어로 '합스부르크Habsburg')을 쌓으면서 시작되었다. 합스부르크 가문은 유럽의 수십 개 왕가 중 군소 가문이었으나 1273년 루돌프가 독일인의 왕이 되면서 신성로마제국 황제의 자격을 얻었다. 3년 뒤 합스부르크 가문은 빈을 차지해 스위스의 외딴 성보다 쾌적한 터전을 마련했지만 다른 유럽 명문가들에 비하면 힘이 약했다. 루돌프는 황제가 되지 못하고 죽었으나 어차피 '황제'는 유명무실한 자리였다.

일설에 따르면 나폴레옹은 신성로마제국이 이름값을 전혀 하지 못한다고 했다고 한다. 신성하다기에는 너무 타락했고, 로마라기에는 너무 독일적이며, 제국이라기에는 너무 허약하다는 것이었다. 하지만 푸거의 삶을 이해하려면 그가 이 기묘한 창조물을 어떻게 활용했고 황제에게 왜 은행가가 필요했는지를 알아야 한다. 명목상으로 보면 신성로마제국은 로마제국을 본떠 기독교 유럽을 통일했으며, 황제는 교황의 세속적 동반자 역할을 했다. 하지만 유럽의 통치자로 일컬을 만한 황제는 초대 황제인 카롤루스 대제뿐이었다. 그가 죽은 뒤 유럽은 왕국들로 갈라졌으며, 왕국은 독립을 유지할 군사력을 갖춘 공국으로 분열되었다.

프리드리히가 황제가 되었을 당시 신성로마제국의 영토는 카롤루스 대제가 지배한 동부 지역으로 축소되어 독일 면적보다 조금 넓었을 뿐이다. 그래도 넓기는 했지만 황제는 자신의 영지에서 나오는 것 이외에는 수입이 전혀 없었기 때문에 군대 규모를 줄일 수밖에 없었다. 그런 탓에 무시당하기 쉬웠으며 실제로 다들 황제를 무시하기도 했다. 심지어 황제를 '독일인의 왕rex teutonicorum'으로 부르는 독일에서도 왕권이 취약했는데, 프랑스와 잉글랜드 같은 중앙 집권국과 달리 독일에서는 지방 영주가 독립을 고수했기 때문이다. 황제는 교황처럼 선출직이었으나 왕이라기보다는 허울에 가까웠다. 프랑스나 뤼르크(오스만제국)가 독일을 공격하면 독일 제후들은 황제에게 이들의 공격에 대한 방어 지휘를 요청했을지도 모른다. 하지만 평상시에는 황제가 아무 일을 하지 않아도 개의치 않았다.

수십 명의 토착 지도자 중에서 가장 강력한 세속 제후와 주교로 이루어진 7인의 선거후는 바티칸 추기경들처럼 선거인단을 구성해 황제를 선출했다. 황제 자리를 제안받은 프리드리히는 이를 (선거후들이 두려워하는) 중앙 집권의 발판으로 삼을 수 있을 것이라고 판단한 뒤에야 수락했다. 이 시대의 거대한 정치 게임을 독일인은 '가권정치家權政治'라고 불렀다. 이는 가문의 권력 기반을 확장하려는 시도였다. 누가 승자였을까? 누구든 가장 많은 작위와 영지를 차지한 자가 승자였다. 이 피비린내 나는 쟁탈전은 참가자들을 끝없이 매료시켰지만 일반 국민은 고통스러울 뿐이었다. 합스부르크 가문은 프랑스의 발루아, 잉글랜드의 튜더 가문 등에 잇따라 패배했다. 심지어 독일어권에 속한 작센의 베틴, 바이에른의 비텔스바흐 가문에도 뒤처졌다. 프리드리히는 황제의 관을 쓰면 자신의 가문이 유럽에서 가장 강성해질 것이라는 환상에 사로잡혔다. 그 믿음이 너무나 굳건한 나머지 그는 자신의 그릇에 'AEIOU'라는 머리글자를 새기기도 했다. 사후에 밝혀진 이 글자의 의미는 '온 땅이 오스트리아 치하에 있도다Alles Erdisch ist Österreich Untertan'였다. 프리드리히는 대담하게도 제2의 붉은 수염왕 프리드리히를 자처했다. 그는 신성로마제국의 또 다른 약체기에 독일의 질서를 안정시켜 오로지 카리스마와 추진력으로 이탈리아에서 제국의 권위를 회복한 인물이었다. 사람들도 잠재력 면에서는 그의 말에 동의했다. '신성로마제국 황제'라는 거창한 칭호는 권력의 팽창을 신의 섭리로 정당화할 터였다. 한 교황 사절은 다음과 같이 말했다. "그의 이름은 위대하도다. 파벌의 땅에서 그는 많은 업적을 이룰 수 있으리라."[6] 하지만 프리드리히는 몽상가에 지나지 않았다. 선거후들이 권력 이양을 거부하자 파벌을 활용하려던 그의 계획은 수포로 돌아갔다. 이에 프리드리히는 정원 가꾸기와 폭식하는 삶에 빠지고 말았다. 그를 비방하는 사람들은 '뚱보 프리드리히Friedrich der Fette'라고 불렀는데, 일리 있는 별명이었다.

프리드리히가 용담공 샤를과 만난 것은 이즈음이었다. 그에게는 역사를 바꿀 기회였다. 샤를은 부르고뉴의 공작으로 부르고뉴와 지금의 네덜란드, 벨기에, 룩셈부르크를 소유하고 있었다. 이곳은 유럽에서 가장 부유하고 산업화된 지역이었으며, 부르고뉴는 (화려하기로 이름난) 황금양모 기사단으로 상징되듯 유럽에서 사치의 기준이 되었다. 공식적으로는 프랑스 국왕을 섬겨야 했지만 샤를은 내키는 대로 행동했으며, 막강한 군대의 힘으로 유럽을 정복해 제2의 알렉산드로스 대왕이 되기를 꿈꿨다. 잉글랜드의 한 관료는 샤를을 "무관의 제후 중에서 누구보다 강한 자"라고 일컬었다.[7] 샤를은 다른 무엇보다 부르고뉴를 왕국으로 승격시켜 프랑스에서 분리하고자 했다. 프리드리히가 트리어에 온 것은 바로 이 때문이었다. 그는 샤를을 국왕에 임명할 수 있었다. 황제에게는 돈과 군대 없이도 행사할 수 있는 오래된 권력이 있었기 때문이다. 그는 즉흥적으로 자신의 펜을 휘둘러 왕국과 군주를 만들 수 있었다. 그 대가로 샤를은 열다섯 살인 외동딸 부귀공 마리를 프리드리히의 열세 살 된 아들 막시밀리안과 결혼시키겠다고 제안했다. 이는 엄청난 제안이었다. 모든 일이 잘 풀리면 막시밀리안과 후손은 대대로 부르고뉴 국왕이 될 터였다. 그렇게 되면 합스부르크 가문은 군소 왕가에서 벗어날 수 있었다.

프리드리히가 트리어로 향하다 아우크스부르크에 잠시 머문 까닭은 옷을 사기 위해서였다. 샤를은 유럽 제후 중에서 최고 멋쟁이였다. 합스부르크 가문이 샤를의 금, 다이아몬드, 타조 깃털에 걸맞은 차림을 할 수는 없었지만 노력은 해야 했다. 문제는 프리드리히가 공작의 수입으로 황제의 삶을 누리려다 파산했으며, 아우크스부르크 상인들은 예전에 그에게 돈을 떼인 적이 있기 때문에 외상을 거부했다는 것이다. 그래서 프리드리히는 푸거 형제의 장남인 울리히 푸거를 찾아가 도움을 청했다. 울리히는 프리드리히에게 비단과 양털을 내어 주고 자신의 재단사에게 황제의 의복을 짓게 했다.

마케팅은 유서 깊은 기법이다. 로마의 흥행사들은 전차 경주를 홍보하기 위해 포스터를 붙였으며, 에페소스의 매춘부들은 아르테미스 신전 근처의 대리석판에 주소를 새겼다. 울리히는 프리드리히를 후원함으로써 자신을 홍보할 수 있을 것이라고 판단했다. 그는 바보가 아니었다. 울리히는 황제가 파산했으며 결코 돈을 갚지 않을 것이라는 사실을 알고 있었다. 하지만 그는 형체가 없되 부정할 수 없는 가치를 지닌 문장紋章을 대신 받았다. 문장은 전투에 나서는 기사들만을 위한 것이 아니었다. 군주들은 사업가를 비롯해 누구에게나 내키는 대로 문장을 하사했다. 상점이나 창고, 박람회 판매대에 내걸린 문장은 그곳의 제품이 국왕에게 걸맞다는 것을 승인하는 표시였다. 옷감 몇 필에 왕실의 승인을 얻는 것은 수지맞는 거래였다. 또한 울리히에게는 또 다른 편협한 동기가 있었다. 그가 문장을 원한 것은 복수를 위해서였다. 프리드리히는 11년 전 푸거 가문의 또 다른 혈통(한스 푸거의 장남 안드레아스 푸거의 후손)에 문장을 하사한 적이 있다. 안드레아스의 상속인들은―문장의 사슴 머리 때문에 '노루의 푸거Fugger vom Reh'라고 불렸다―이를 내세워 울리히를 얕잡아 보았다. 울리히는 그들에게 꿀리는 것이 싫었고 동생 야코프도 마찬가지였다. 울리히가 프리드리히의 요청을 수락한 것은 바로 이 때문이었다. 어느 날 울리히에게 양피지에 백합 세 송이를 그린 황제가 보낸 편지가 도착했다. 덧붙은 글에 따르면 문장은 푸거 가문의 '고매함, 진실함, 온당함'[8]에 내리는 상이었다. 편지에는 (야코프를 비롯한) 울리히 형제 모두가 수신인으로 적혀 있었다. 이들은 이제 백합의 푸거 가문Fugger von der Lilie이 되었으며, 후손도 같은 영예를 누리게 되었다.

황제가 도움을 청하는 장면은 야코프에게 충격적이었을 것이다. 그는 한낱 가게 주인이, 그러니까 매일같이 길거리에서 보는 평범한 자들이 (세속의 인물 중에서) 유럽에서 가장 힘센 이에게 외상 거래를 거절하는 것을 보자 황제에게 초인적 능력이 있음을 더는 믿을 수 없었다. 푸거가 황제의 굴욕을 실제로 목격했는지는 중요하지 않다. 교훈은 하나다. 돈 앞에서는 만인이 평등하다는 것. 돈 앞에서는 황제와 평민이 다르지 않았다. 평민이어도 돈만 있으면 누구든―심지어 황제마저도―그에게 굽실거렸다.

푸거는 오랫동안 많은 영예를 누렸으나 이 문장을 가장 마음에 들어 했다. 몇 해 뒤 푸거는 회원제 술집을 개축해 주겠다고 제안했다. 이곳은 아우크스부르크의 주요 상인들이 사교와 사업 이야기를 하며 술을 마시는 곳이었다. 시청 맞은편에 있는 이곳의 이름은 '신사주점Herrentrinkstube'이었다. 푸거는 개축해 주는 대가로 건물 정면에 백합 세 송이를 그려 넣게 해 달라고 했는데, 이는 타당한 요구였다. 일찍이 메디치 가문은 교회를 비롯해 온갖 건물에 자신들의 문장을 달지 않았던가. 하지만 피렌체의 사제들보다 자존심이 더 강했던 술집 회원들은 푸거의 요구를 거절했다. 푸거 사촌의 의뢰로 1545년에 작성된 푸거 가문의 연대기에 따르면 회원들은 훗날 그 결정을 후회했다고 한다.

⚜

푸거가 이탈리아에서 교육을 마쳤을 때 비보가 전해졌다. 형 마르쿠스가 세상을 떠났다는 소식이었다. 당시 서른 살이던 마르쿠스는 푸거가 가지 않은 길을 걷고 있었다. 그는 사제 서원을 하고 대학 교육을 받았으며, 로마에서 교황의 독일 업무를 감독했다. 1478년 로마에 역병이 만연했는데, 이제 막 영향력을 행사하던 마르쿠스도 역병에 걸리고 말았다. 가족들은 당시 열아홉 살이던 푸거를 로마에 보내 형의 사후 문제를 수습하도록 했다. 이 방문은 아마도 그에게 큰 영향을 미쳤을 것이다. 당시는 시스티나 성당을 지은 식스투스 4세의 전성기로, 푸거는 교황청의 영화와 그곳 사람들이 누리는 부귀를 목격했다. 아우크스부르크로 돌아온 푸거는 가문의 기업 '울리히 푸거와 형제들Ulrich Fugger und Gebrüder von Augsburg'에서 일하기 시작했다. 그는 먼 곳까지 출장을 다니며 박람회를 방문하고 지점을 감독했다. 여행은 고역이었다. 푸거처럼 여행을 자주 다닌 에라스뮈스는 지저분한 여관, 거만한 주인, 형편없는 음식에 대해 불평했다. 하지만 거래를 성사시키기 위해서는 얼굴을 마주 보는 수밖에 없었다. 에라스뮈스와 푸거 같은 야심가들은 길을 떠나야 했다.

푸거가 로마에서 업무를 마치자 가족들은 그를 오스트리아로 보냈다. 약삭빠른 외할아버지 프란츠의 뒤를 이어 열풍이 불고 있는 광산업에 뛰어들기 위해서였다. 푸거에게는 큰 도약이었으나, 뉘른베르크같이 안정되고 중요한 전초 기지로 그를 보내지 않은 이유가 의문스러울 수밖에 없다. 푸거는 이제 스물여섯 살이 되었으며, 형들이 현재 사업에 중요하지 않은 곳으로 푸거를 보내 새로운 사업을 개척하도록 한 것은 그의 능력에 회의적이었기 때문일 것이다. 어쨌든 푸거는 도제나 말단 직원이 아니라 결정권을 가진 어엿한 사업가로서 오스트리아로 향했다. 그는 그곳에서 자신의 권한을 충분히 행사했다. 푸거는 오스트리아에서 처음으로 천재적 사업 수완을 발휘하게 된다. 그가 오스트리아에서 맺은 거래에서 고객을 다루는 재능, 엄청난 위험을 감수하는 결단력, 남다른 협상력을 볼 수 있다.

이때까지도 푸거 가문은 직물 매매에 주력하고 있었다. 하지만 광산업이 더 많은 이윤을 내면서 새로운 사업 분야로 떠올랐다. 짭짤한 수익에 이끌린 푸거는 슈바츠라는 마을로 향했다. 슈바츠는 인스브루크에서 인강을 따라 30킬로미터 남쪽에 위치해 있었다. 그곳에는 대대로 가난한 농부들이 모여 살고 있었다. 지대가 높아서 날씨가 쌀쌀했으며, 농사철이 짧은데다 몇 해마다 강이 범람해 농사를 망치기 일쑤였다. 슈바츠의 운명은 1409년에 바뀌었다. 농가의 한 여

자아이가 소를 몰고 들에 나갔다가 우연히 반짝이는 금속 조각을 발견한 것이다. 마을 사람들은 이 금속이 은이라는 것을 바로 알아보았다. 시운時運도 따랐다. 15세기에는 은이 희소했기 때문에 은값이 최고가에 이르러 금값과 맞먹는 가격에 거래되었다.[9] 조폐소는 주화를 만들 은이 필요했으며, 부자들은 은으로 만든 식기를 저축의 수단으로 삼았다.

한탕을 노리는 사람들이 몰려드는 바람에 슈바츠는 당대의 스핀들톱(미국 텍사스의 암염 돔지대로 1901년에 석유가 발견되어 텍사스 석유 열풍을 낳았다/옮긴이)이 되었다. 전성기 때의 인구는 4만 명에 이르러 아우크스부르크를 능가했으며, 오스트리아에서는 빈에 이어 두 번째로 많았다. 술집과 여관이 우후죽순으로 들어섰으며, 보헤미아 출신의 광부들이 대거 몰려와 자신들의 교회를 지을 정도였다. 마을 전체가 광부 덕에 먹고 살았다. 슈바츠는 한 세기 뒤 신대륙의 포토시와 사카테카스에서 은광이 발견되기 전까지 세계 최대의 은광 도시로 명성을 떨쳤다. 전성기 때 슈바츠는 유럽의 은 5톤 중 4톤을 생산했다.

이 지역의 통치자 지기스문트 대공이 광산을 소유하고 있었다. 통방울눈과 매부리코에 턱이 튀어나온 지기스문트는 합스부르크 가문이었으며, 프리드리히 황제와는 사촌 간이었다. 푸거가 티롤의 광산업에 뛰어들려면 지기스문트를 거쳐야 했다. 그는 티롤, 슈바르츠발트, 알자스, 바이에른 일부 지역을 통치했다. 슈바츠는 그에게 마르지 않는 부의 원천이었으나 절제하는 습관은 그의 방식이 아니었다. 지기스문트는 분수에 넘치는 소비를 하며 사치를 즐겼다. 예를 들어 외풍이 심하다는 이유로 아버지의 궁전을 거절한 뒤 새로운 궁전을 지었는데 더 근사하기는 했지만 외풍이 있기는 마찬가지였다. 또 하루 종일 사슴 사냥을 한 뒤 휴식을 취할 수 있도록 널찍한 사냥용 숙소―'지기스문트의 기쁨' '지기스문트의 평화' '지기스문트의 구석'―를 잇따라 짓기도 했다. 많은 요리사, 종자, 집사를 거느린 채 부르고뉴 궁정의 화려함을 재현하고자 했으며, 그가 개최한 파티에서는 난쟁이가 파이에서 뛰쳐나와 거인과 몸싸움을 벌이기도 했다. 지기스문트는 부르고뉴 문화의 겉모습은 제대로 흉내를 냈으나 미묘한 차이를 극복하기에는 너무 게을렀다. 한번은 부르고뉴에서 온 사절이 지기스문트와 식사를 함께 했는데, 그는 용담공 샤를에게 올린 글에서 지기스문트식 식사 예절에 경악을 표했다. "음식이 식탁에 차려지자마자 다들 손으로 집어 드는 광경에 경악했나이다."[10] 지기스문트는 두 번의 결혼에서 자식을 낳지 못했으나 혼외정사로 50명을 낳았는데, 생모들이 상속권을 주장할까 봐 양육비를 지급하기도 했다.

지기스문트에게 아무런 지원을 받지 못한 사람은 그의 신민뿐이었다. 다른 공국은 도로와 습지의 배수 시설을 건설하고 대학을 지어 부를 나누었으나 지기스문트는 오직 자신을 위해서만 돈을 사용했다. 그는 돈이 바닥나자 은행가들에게 헐값에 자신의 은광을 담보로 돈을 빌렸다. 푸거는 그 은행가 대열에 합류하고 싶었으며, 놀랍게도 오스트리아에 도착한 지 얼마 되지 않은 1485년 12월에 계약을 성사시켰다. 푸거는 재림절 미사에 참석한 이튿날, 마녀재판이 벌어지는 와중에 대공에게 3000플로린을 빌려주었다. 이는 매우 적은 금액으로, 푸거 가문의 자산 중 극히 일부에 불과했으며 다른 은행가들이 대공에게 빌려준 돈에 비하면 새 발의 피였다. 하지만 이 일로 푸거는 은행가가 되었다. 향후 40년 동안 그를 새로운 경지로 이끌 분야에 몸담게 된 것이다. 지기스문트는 돈을 빌린 대가로 은 1000 파운드를 분할 지급했다. 푸거는 파운드당 8플로린을 지불했으며, 베네치아에서 12플로린에 되팔았다.

성공적인 거래였지만 푸거는 그 뒤로 한동안 성과를 내지 못했다. 4년간 또 다른 거래를 성사시키기 위해 노력했으나 대공은 이전부터 알고 지내던 이탈리아인들에게 돈을 빌리는 바람에 매번 실패하고 말았다. 그러던 중 지기스문트와 베네치아 사이에 국경 분쟁이 벌어졌다. 이 일로 모든 것이 달라졌다.

베네치아 내륙 지역은 티롤과 국경을 마주하고 있었다. 지기스문트와 베네치아공화국의 최고 공직자 도제doge는 변경 지역에서 충돌을 벌였다. 무역 특혜를 놓고 갈등이 불거지자 지기스문트의 책사들은 군대를 파병해 베네치아 치하의 마을을 점령하라고 부추겼다. 티롤은 벽지였으며, 지기스문트는 상비군이 없었으므로 용병의 힘을 빌려야 했다. 도저히 베네치아의 상대가 되지 못했다. 베네치아는 부에 걸맞은 군사력을 보유하고 있었다. 베네치아의 조선공이 대량생산 시스템을 발전시키던 군함 조선소의 높은 벽돌 벽 뒤에서 세계 최대의 해군 함대를 구축했다. 이는 달마티아식 해안 아래로 뻗어 있는 마케도니아 해안을 따라 그리스의 가장 먼 섬에까지 이르는 교역소를 보호하기 위해서였다. 지상군도 강력했다. 베네치아가 화가 많이 났다면 티롤로 행군해 인스브루크를 초토화시키고 지기스문트를 사로잡을 수도 있었다.

하지만 베네치아는 알프스 지방의 작은 마을에 관심을 기울일 여유가 없었다. 1453년 튀르크가 콘스탄티노플을 점령하고 베네치아 치하의 그리스 앞바다에서 분란을 일으켰기 때문이다. 그리스 해안을 점령하면 동방 무역을 차단해 베네치아를 굴복시킬 수 있었다. 지기스문트는 베네치아가 튀르크에 정신이 팔려 마을을 방치할 것이라는 데 도박을 걸었다. 지기스문트는 점성술사가 이를 장담하자 용병 수천 명을 로베레토로 보내 몇 주 동안 방벽 너머로 화공火攻을 퍼부은 끝에 마침내 도시를 점령했다. 지기스문트는 승리에 한껏 들떠 자신의 군대를 산마르코 광장으로 행진시키겠다고 떠벌렸다.

지기스문트는 은행가들이 자신을 후원할 줄 알았다. 하지만 그가 돈을 더 요구하자 은행가들은 핑계를 늘어놓았다. 베네치아가 로베레토와 이웃 도시들을 제1방어선으로 여긴다는 사실을 알고 있었기 때문이다. 그들은 최강 권력과의 분쟁에 휘말리는 것을 거부했다. 지기스문트는 돈이 바닥나고 베네치아의 역공이 두려워 강화를 제의했다. 베네치아는 강경한 조건을 제시했다. 지기스문트는 불가침의 대가로 로베레토 반환과 그 밖의 영토에 대한 소유권 주장을 철회하고 배상금으로 10만 플로린을 지불해야 했다. 그는 거액을 마련하기 위해 다시 은행가들에게 매달렸다. 하지만 헤픈 씀씀이와 산더미 같은 빚이 그의 발목을 잡았다. 어떤 약속으로도 은행가들의 마음을 돌릴 수가 없었다. 그때 조폐소장의 젊은 손자가 도움의 손길을 내밀었다. 푸거는 가문의 재산과 아우크스부르크 지인들의 자금을 합쳐 지기스문트에게 필요한 경비를 모두 빌려주겠다고 제안했다. 앞선 거래의 열 배가 넘는 어마어마한 금액이었다.

다른 은행가들은 코웃음을 쳤다. 그들은 푸거가 지기스문트에게 기꺼이 돈을 빌려줄 의사가 있다는 사실을 믿을 수 없었다. 자신들이 이제껏 빌려준 돈보다 더 많은 금액을 대출해 준다는 것은 상상조차 할 수 없었다. 지기스문트가 빚을 갚으면 푸거는 거액을 벌게될 것이다. 상환할 때까지 슈바츠의 모든 수입을 갖기로 계약을 맺었기 때문이다. 하지만 지기스문트가 돈을 갚지 않으면—그의 과거사를 보건대 그럴 가능성이 다분했다—푸거는 끝장이었다.

푸거는 파국을 막기 위해 채무 계약서에 안전 조항을 추가했다. 지기스문트가 은에 손을 대지 못하게 했고, 광산업자들에게 연대 보증을 받았으며, 대출금을 일시불이 아니라 할부로 지급하라고 주장했다. 그 덕에 대출 수지收支를 적절히 유지할 수 있었다. 푸거는 계약서에 서명하기 전에 마지막으로 국고國庫 통제권을 요구했다. 푸거는 안정성을 원했다. 그는 티롤의 자금을 관리함으로써 1인 국제통화기금 역할을 하면서 그때그때 차입금을 상환하게 할 수 있었다. 지기스문트는 선택의 여지가 없었으므로 푸거가 제시한 조건을 모두 수락했다. 하지만 계약서는 종잇조각에 불과했다. 티롤에서는 지기스문트의 말이 곧 법이었다. 여느 군주와 마찬가지로 그는 약속을 어겨도 대가를 치를 필요가 없었다. 채무자 감옥은 백성을 가두는 곳이지 대공을 가두는 곳이 아니었다. 지기스문트가 약속을 이행하는 이유는 오로지 명예를 지키고 이후에도 돈을 빌리기 위해서였다.

이 대출은 푸거가 도약할 수 있는 결정적 계기가 되었으며, 지금까지 그와 그의 가문이 맺은 계약 중에서 규모가 가장 컸다. 하지만 대출 자체에는 선구적이거나 혁신적인 것이 전혀 없었다. 푸거의 경쟁자들도 얼마든지 그렇게 할 수 있었다. 푸거는 아무도 그런 용기를 내지 못할 때 도박을 했을 뿐이다. 이런 역발상 투자는 향후 그의 대표적인 투자 전략이 되었다.

지기스문트의 은을 가득 실은 수레가 푸거의 창고에 도착하자 그의 도박이 성공했음이 입증되었다. 은행가들은 푸거가 지기스문트를 속여 불공정 거래를 했다고 비난하며 분통을 터뜨렸다. 그들은 지기스문트에게 계약을 파기하고 재협상할 것을 요구했다. 하지만 푸거는 지기스문트를 이미 자신의 편으로 만든 뒤였다. 그는 지기스문트가 아첨에 약하다는 사실을 알고 그의 최대 성과를 칭송해—지기스문트는 그 밖의 측면에서는 형편없는 통치자였지만—환심을 샀다. 그 성과란 바로 주화였다. 당시에는 군주나 조폐업자가 주화의 양을 늘리기 위해 불순물을 섞는 것이 예사였으나, 지기스문트는 슈바츠에서 생산되는 막대한 양의 은 덕분에 최고 순도의 은화를 주조할 수 있었다. 그는 은화에 홀笏을 들고 화려하고 커다란 왕관을 쓴 자신의 모습을 새겨 넣었다. 이 은화는 큰 인기를 끌어서 그에게 동전 부자라는 별명을 갖게 해 주었다. 상인들은 지기스문트의 은화를 믿고 거래했다. 그의 은화는 금화와 무게가 같았는데, 큰 인기를 얻어 유럽 전역에서 이를 모방해 동전을 만들었다. 그중 한 곳이 독일의 도시 요아힘스탈이다. 요아힘스탈에서는 크기와 은 함량이 같은 주화를 만들어 '탈러thaler'라고 불렀다. 덴마크인은 자신들의 주화를 '돌라르dollar'라고 불렀으며, 300년 뒤 미국인은 덴마크인의 명명법을 따랐다. 지기스문트는 자신의 은화를 아꼈으며, 푸거는 그에게 은화가 가득 담긴 자루를 선물로 주었다. 지기스문트는 푸거의 세심한 배려에 감사하며 채무자의 의무를 다했다. 하지만 그의 성실함은 얼마 지나지 않아 푸거에게 배신당해 보답을 받지 못했다.

❧

푸거 시대에 도시 경제를 활성화시킨 일등 공신은 박람회messe였으며, 독일에서 가장 큰 박람회는 프랑크푸르트에서 열렸다. 가을 박람회 기간이면 프랑크푸르트 인구가 50퍼센트 증가했다. 일주일 동안 집을 임대하면 1년 수입보다 많은 돈을 벌었으며, 여관은 3주 만에 여관 건축비를 뽑을 수 있었다. 박람회는 프랑크푸르트의 최대 수입원이었다. 사용료, 세금, (공공 저울로 제품 무게를 재는) 수수료에 이르기까지 온갖 구실을 붙여 돈을 챙겼다.

프랑크푸르트는 입지가 좋았다. 라인강의 가장 큰 지류인 마인강 하류에 위치한 프랑크푸르트는 독일 중심부에 자리하고 있다. 쾰른이나 안트베르펜에서 배로 쉽게 올 수 있으며, 교통이 느린 당시에도 아우크스부르크에서 며칠밖에 걸리지 않았다. 프랑크푸르트에서는 박람회가 열리기 몇 달 전부터 준비를 시작했다. 병사들은 길거리에서 노상강도를 몰아냈고, 너벅선이 맥주와 청어를 싣고 발트해에서 입항했다. 견습생들은 상자를 풀어 물품을 분류하고 선반에 물건을 쌓았다. 시골 여인들은 도시로 올라와 매춘부와 경쟁했으나 당국은 인파를 통제하기 위해 사창가 출입로를 차단했다. 곡예사, 무용수, 노래꾼은 공연을 준비했으며, 저글링하는 사람은 핀을 닦았다.

푸거는 프랑크푸르트가 인맥을 형성하기에 이상적인 곳이라고 생각했다. 그는 프랑크푸르트를 정기적으로 방문했는데, 제339회 박람회가 열린 1489년에도 여느 때처럼 그곳에 머물렀다. 이 박람회는 푸거의 인생에서 가장 중요한 박람회였을 것이다. 역사가에 따르면 프리드리히 황제의 아들인 합스부르크가※의 막시밀리안을 그곳에서 처음 만났기 때문이다. 막시밀리안은 푸거의 도움으로 합스부르크 가문을 융성시킨 인물이다. 1459년 16일 차이로 태어난 두 사람이 첫 만남에서 서로에게 어떤 인상을 받았는지는 기록이 남아 있지 않다. 막시밀리안은 여러 명의 은행가를 알고 있었는데, 푸거를 그들 이외의 또 다른 은행가로 여겼을 것이다. 푸거는 막시밀리안이 안전한 투자처인지 알고 싶었을 것이다.

두 사람은 6년 전 막시밀리안이 아버지와 함께 용담공 샤를을 만나러 트리어로 가던 중 아우크스부르크에 머문 이야기를 나눴을지도 모른다. 당시의 방문은 무참한 결과로 끝났다. 프리드리히는 샤를을 신뢰하지 않았으며, 결혼식을 며칠 앞두고 막시밀리안과 함께 몰래 모젤강을 건너 독일로 돌아갔다. 막시밀리안은 결국 샤를의 딸과 결혼했으나, 샤를은 이미 죽고 부르고뉴는 다시 프랑스 차지가 된 뒤였다. 막시밀리안은 플랑드르와 인접 지역의 일부만을 손에 넣었으며 그마저도 확실하게 장악하지 못했다. 막시밀리안이 겐트에서 세금을 인상하려고 하자 이에 분노한 납세자들은 그를 감금하고 그의 궁정 광대를 비롯한 신하들을 눈앞에서 참수하기까지 했다. 그들은 막시밀리안이 플랑드르의 조세 수입에서 사용할 수 있는 액수를 제한한 뒤에야 그를 풀어 주었다. 합스부르크 가문은 그전에도 굴욕을 당한 적이 있었는데, 몇 해 전 헝가리 왕 마티아스 코르비누스가 오랜 포위 공격 끝에 합스부르크 가문을 빈에서 몰아냈다. 튀르크의 술탄이 코르비누스에게 축하 선물로 낙타 20여 마리를 전할 때 막시밀리안의 아버지 프리드리히는 잘츠부르크로 달아나 패배의 책임을 지고 왕위에서 물러났다. 그는 "되찾지 못할 바에는 잊어버려야 행복하다"[11]라고 말했다.

막시밀리안에게 남은 것은 공작이라는 칭호뿐이었다. 선거후들은 그가 네덜란드에 있을 때 그를 독일인의 왕으로 선출했으며—자신들을 귀찮게 하지 않는 한 누가 황제가 되든 상관없었다—프리드리히가 죽으면 황제로 옹립하겠다고 약속했다. 하지만 독일인의 왕이 무슨 의미가 있었으며, 황제 또한 무슨 의미가 있었을까? 그가 잉글랜드의 헨리 7세나 프랑스의 샤를 8세와 같은 진정한 군주가 되는 것은 불가능했다. 그들에게는 군대와 조세 수입, 권위가 있었으나 막시밀리안은 권력을 나눌 생각이 없는 7명의 비위를 맞춰야 했다.

막시밀리안을 나락에서 구한 것은 그의 훌륭한 성품이었다. 추종자들은 매력적이고 강인한 그를 '최후의 기사Der letzte Ritter'라고 불렀다. 막시밀리안은 갑옷을 입고 마상 창 시합을 하거나 적과 싸울 때 가장 행복했다. 또한 그는 부지런했다. 전장에서 하루를 보낸 지휘관들이 모닥불 가에서 맥주를 마시며 휴식을 취할 때 막시밀리안은 막사로 돌아가 공문서를 작성했다. 그에게는 결점도 많았다. 변덕이 심하고 주의가 산만했으며 성급했다. 하지만 그는 지성과 결단력, 용기를 갖췄으며, 무슨 수를 써서라도 가문을 일으키고 싶었다. 막시밀리안은 프리드리히 못지않게 합스부르크 가문의 모토인 AEIOU

를 믿었으며, 이것을 자신의 사명으로 여겼다.

막시밀리안이 멍청한 지기스문트를 꾀로 이길 수 있을 것이라는 푸거의 판단은 정확했다. 막시밀리안은 티롤을 차지하기 위한 계략을 실행에 옮겼다(기발함으로 보건대 푸거가 꾸몄을 수도 있다). 막시밀리안은 공작 영지를 담보로 지기스문트에게 돈을 빌려주었다. 지기스문트가 3년 안에 돈을 갚지 못하면 영지는 막시밀리안 차지가 될 터였다. 예상한 대로 지기스문트는 돈을 상환하지 못했다. 푸거가 그에게 돈을 빌려주었다면 빚을 갚을 수 있었겠지만, 푸거는 지기스문트보다 야심가 막시밀리안을 고객으로 더 선호했기 때문에 돈을 빌려주지 않았다. 푸거가 비열하게 처신했다고 말할 수도 있지만 그는 지기스문트가 젊고 유능한 막시밀리안의 상대가 되지 못함을 간파했다. 지기스문트를 후원하는 일은 의미 없는 충성이었을 것이다.

귀족들이 회의에서 바이에른 여인들과의 염문을 문제 삼아 지기스문트를 반역죄로 고발하자 지치고 난처해진 그는 영지를 막시밀리안에게 넘겨주었다. 막시밀리안은 지기스문트에게 원한이 없었으므로 그에게 성城과 시종, 무한의 사냥 및 낚시 특권을 하사함으로써 여생을 행복하게 보낼 수 있도록 해 주었다. 어쩌면 푸거도 자신의 역할을 했을 것이다. 속설에 따르면 임종을 앞둔 지기스문트는 자신의 모습이 새겨진 은화 자루를 요구했다고 한다. 차가운 금속의 질감을 다시 한 번 피부로 느끼고 싶었던 것이다. 푸거는 은화 자루를 직접 가져다주었다.

2

황제에게 꼭 필요한 존재

도브라치산은 해발 1700미터의 설산으로, 오스트리아 남동부 고지대의 초원에 위치하고 있으며 오스트리아, 이탈리아, 슬로베니아의 경계선 위에 우뚝 솟아 있다. 이곳 산자락에 아르놀트슈타인 마을이 자리하고 있다. 12세기 고요한 장소를 찾던 수사들이 이곳에 수도원을 지었다. 수사들은 1348년의 악운(흑사병과 마을을 흙으로 뒤덮은 지진)을 제외하면 고요한 삶을 살았다. 말썽은 그 이후에 일어났다. 1478년 튀르크인이 아르놀트슈타인을 공격해 수사와 마을 주민을 닥치는 대로 죽였다. 그들은 1494년 다시 이곳을 찾아와 인근 지역에서 1만 명을 노예로 잡아가기도 했다. 살아남은 수사들은 목숨을 잃을까 봐 두려웠다. 그리고 불과 1년 뒤 한때 도브라치를 지배한 고요함은 사라지고 톱질하는 소리, 도끼질하는 소리, 나무 쓰러지는 소리가 요란했다. 푸거가 아르놀트슈타인에 온 것이다. 그는 이곳에 유럽 역사상 가장 큰 공장을 지었다.

이 지역은 늘 상업적 잠재력이 풍부한 곳이었다. 이곳에 건설된 옛 로마 도로는 인근 필라흐의 드라바강을 가로질렀으며, 중세에는 무역 중심지이기도 했다(지진이 발생하고 튀르크가 침공하면서 쇠퇴하기는 했지만). 푸거는 이탈리아 고객들과 가까이 있는 것이 마음에 들었다. 그는 티롤에서 거둔 수익으로 수도원 근처의 땅을 매입했다. 이는 동방 진출의 첫걸음이었으며, 큰 도박을 걸고 통념에 도전하며 거래를 위해서라면 어디든 찾아가겠다는 그의 의지를 잘 보여 주는 일이었다. 외부인이 보기에는 지기스문트에게 거액을 빌려주었을 때처럼 정신 나간 짓 같았다. 또한 이 대담한 행보는 그의 사고방식이 놀랍도록 독립적임을 보여 주었다.

아르놀트슈타인에서 시작된 이 사업(푸거를 다룬 책에서는 '헝가리 합동 무역'이라고 부른다)은 그의 투자 중에서 수익성이 가장 높았다. 일을 성사시키기 위해 정치적 수단을 총동원해야 했지만 푸거는 여기에서 최대의 부를 얻을 수 있었다. 그는 몇십 년 뒤 임종을 앞두고도 헝가리 무역에 몰두해 있었다.

이야기는 막시밀리안이 티롤을 손에 넣은 직후 빈을 되찾으려는 계획을 품고 푸거를 찾으면서 시작된다. 당시에도 빈은 보석이었다. 도시의 문화생활은 빈대학 덕분에 활력이 넘쳤다. 웅장한 로마네스크 양식으로 시작되어 화려한 고딕 양식으로 완성된 슈테판스돔 성당은 도시의 상징이었다. 보스니아 사절은 다음과 같이 평하기도 했다. "우리 왕국 전체가 동원할 수 있는 것보다 더 많은 비용이 들었다."[1] 코르비누스는 황량한 수도 부더보다 빈을 더 좋아해 이곳으로 옮겨 오기까지 했다. 그가 죽은 뒤 빈대학의 학생들은 헝가리에 맞서 봉기했으며, 막시밀리안에게 자유를 달라고 간청했다. 푸거는 (적어도 당시에는) 막시밀리안이 총애하는 은행가였다. 그는 합스부르크 가문이 빈으로 돌아가는 것이 유리하다고 판단한 뒤 막시밀리안을 재정적으로 지원했다. 막시밀리안은 푸거의 자금으로 꾸린 대규모 군대를 이끌고 빈에 무혈입성했으며,[2] 여세를 몰아 헝가리로 진군했다. 헝가리는 막시밀리안과 튀르크를 동시에 상대할 수 없었으므로 독일 상인들에게 문호를 개방하는 평화 조약을 체결했다. 헝가리에 처음으로 들어온 상인은 푸거였다.

당시 푸거는 또 다른 계약을 성사시켜야 했다. 그는 돈이 너무 많아서 고민이었다. 은으로 거둔 수익은 티롤에 최대한 투자하고도 남았으며, 막시밀리안에게도 최대로 빌려준 상태였다. 손쉬운 방법은 직물 투자를 늘리는 것이었다. 직물업은 그의 자본을 모두 흡수할 만큼 거대한 산업이었다. 문제는 경쟁이었다. 한스 푸거가 고향을 떠난 뒤로 달라진 것이 거의 없었다. 아우크스부르크를 비롯한 독일 남부 전역에서 옷감을 생산하고 판매했다. 재산으로서의 직물은 공급 과잉이었으며 이윤은 적었다. 또 다른 투자처로는 땅이 있었다. 하지만 땅은 직물보다 수익이 낮았다. 푸거는 슈바츠의 은 거래와 같은 짭짤한 투자처를 찾고 싶었다.

야심은 그를 동방으로 이끌었다. 기회는 구리에서 찾아왔다. 카르파티아산맥을 따라 슬로바키아에서 루마니아까지 구리 벨트가 이어져 있었는데, 모두 헝가리의 통제하에 놓여 있었다. 은과 마찬가지로 구리도 수요가 많았으며, 구리의 쓰임새는 무궁무진했다. 녹는점이 낮아서 철보다 성형하기 쉬웠으며 주석과 합금해 청동으로 만들면 잘 부서지지도 않았다. 이 때문에 대포와 소총의 재료로 제격이었다(두 화기는 르네상스 시대에 전쟁의 균형을 무너뜨렸다). 가권정치를 추구하는 이들은 대포와 소총에 돈을 아끼지 않았다.

헝가리에서는 개인이 광산을 소유했다. 푸거는 이 광산을 매입해 국경선 너머 아르놀트슈타인에서 구리를 가공하고 싶었다. 광산주가 되면 임차했을 때보다 더 많은 돈을 벌 수 있었지만, 그렇게 하기 위해서는 어마어마한 돈을 미리 투자해야 했다. 땅을 밀고 갱을 파고 지지대를 세워야 했기 때문이다. 푸거는 아르놀트슈타인에 원광석을 제련할 수 있는 용광로와 이것을 대포로 만들 공장을 지어야 했을 것이다. 또한 그는 광산과 용광로를 잇는 도로도 신설해야만 했다. 이는 막대한 투자금이 드는 사업이었으며, 튀르크가 문전에 있는 상황에서 위험하기 짝이 없는 시도였다. 설비 개량에 대한 투자 회수 기간이 길다는 것도 위험 요인이었다. 조건이 양호하더라도 수익을 내려면 몇 년이 걸릴 터였다. 반대로 여건이 악화되면 모든 것을 잃을 수도 있었다. 푸거는 이러한 위험을 잘 알고 있었으며, 광산업에 뛰어든 대부분의 사람들이 몰락하는 것을 목격하기도 했다. 그는 다음과 같이 말했다. "광산업보다 더 빨리 무너지는 산업은 없다. 1명이 부자가 될 때 10명이 몰락한다."[3] 정치적 위험도 도사리고 있었다. 막시밀리안의 평화 조약이 그를 지켜 주었지만 조약은 안전을 보장하지 못했다. 귀족의 보호는 한순간에 적대관계로 돌변할 수 있었다. 헝가리인은 독일인이 자신들의 땅에 투자하는 것을 허락했을 뿐 그들을 반기겠다고는 약속하지 않았다.

푸거는 자신을 보호하기 위해 탁월한 결정을 내렸다. 투르조 야노시와 동업하기로 한 것이다. 독일 기술이 인정받기 시작한 것은 투르조 같은 사람들 덕분이다. 투르조는 푸거를 만날 당시 작센의 침수 광산을 복구한 일로 독일인 사이에서 이미 명성이 자자했다. 그의 작업 방식은 간단했다. 광부들이 자루에 물을 채운 뒤 물레방아로 밧줄을 끌어 지상으로 올리면 지상의 일꾼들은 자루를 비운 뒤 다시 갱으로 내려보냈다. 문제는 시스템을 돌아가게 하는 것이었다.

투르조는 펌프질뿐만 아니라 야금학에도 정통했는데, 그는 은에서 구리를 분리하는 신공정인 용리溶離의 전문가였다. 그러나 푸거에게 그보다 더 중요한 것은 투르조의 혈통과 인맥이었다. 투르조는 오스트리아인으로 독일어를 사용했지만 조상이 헝가리 출신이어서 현지인들과 우호적인 관계를 유지했다. 그뿐만 아니라 크라쿠프 시민이었으므로 헝가리 국왕 울라슬로 2세와도 원만한 관계였다. 울라슬로는 코르비누스 후임으로, 폴란드를 통치한 야기에우워 가문의 일원이었다. 울라슬로는 광업권을 통제했는데, 푸거 같은 독일인보다는 자국민에게 권리를 양도하고 싶어 했다.

투르조는 헝가리에서 이미 침수 광산을 복구하는 몇 건의 계약을 체결했다. 하지만 광산주들은 가난해서 그에게 비용을 지불할 돈이 없었다. 유럽에서 손꼽히는 광산을 채굴할 수 있는 권리를 가졌으면서도 채굴할 수 있는 방법이 없었던 것이다. 구리 원광석은 바다 밑바닥에 있는 것이나 다름없었다. 이는 돈으로 해결할 수 있는 푸거의 몫이었다. 1495년 여름 푸거는 빈에서 투르조와 계약을 맺었다. 계약 조건을 보면 투르조의 중요성을 알 수 있다. 푸거는 자금을 모두 부담하면서도 투르조에게 수익의 절반을 주기로 했다. 두 사람 모두 계약에 만족했다. 푸거는 계약을 맺은 지 3년 뒤 조카딸을 투르조의 아들 죄르지와 결혼시키며 관계를 더욱 공고히했다. 푸거 가문과 투르조 가문은 두 번의 혼맥을 맺었는데, 두 번째 결혼은 16년 뒤에 이루어졌다. 푸거 가문의 연대기에 연애 따위는 일절 언급되어 있지 않다. 그들의 결혼은 "푸거 가문의 무역을 진흥시키기 위한" 것이었다.[4]

투르조는 푸거의 돈으로 광산을 임차했다. 헝가리에서 침수 광산을 복구할 수 있는 자금과 기술을 가진 사람은 투르조와 푸거 두 사람뿐이었으므로 투르조는 좋은 조건으로 임차 계약을 맺을 수 있었다. 투르조가 광산을 마련하는 동안 푸거는 아르놀트슈타인에 처리 시설을 갖추었다. 푸거는 요새를 건설하는 데에도 공장을 짓는 것만큼 심혈을 기울였다. 튀르크인이 수사들을 학살한 일을 교훈 삼아 총안을 갖춘 높은 벽을 산 중턱에 쌓았다. 푸거의 부하들은 망루에서 강과 길을 내려다보며 적군이 가까이 접근하기도 전에 발견할 수 있었으며, 위에서 사격할 수도 있었다. 요새 안에서는 일꾼들이 구리를 제련하고 대포를 주조할 용광로, 통, 거푸집 등을 설치했다. 구조물은 보기에 흉물스러웠지만 실용적이었다. 그곳 사람들은 푸거라우 Fuggerau, 즉 '푸거의 장소'라고 불렀다.

푸거라우는 마을 위로 불쑥 솟아 있었다. 수사들은 어느 날 갑자기 공장 도시에서 살게 되었다. 벌목꾼들이 용광로에서 사용할 장작을 구하기 위해 반경 수 킬로미터의 나무를 베는 바람에 산비탈은 듬성듬성 파이고 황량해졌다. 푸거는 생산 공정에 필요한 물을 얻기 위해 근처 강에서 물줄기를 끌어왔으며, 공장 폐기물을 강으로 흘려보냈다. 수사들은 소음과 쓰레기에 대한 불만을 제기했다. 완강한 반대에 부딪힌 푸거는 현대적 해법을 제시해 해마다 10플로린이라는 적은 금액을 지불해 그들의 입을 막았다.

이 대목에서 푸거가 당대의 가장 흥미로운 인물들과 교류한 사연을 언급하고자 한다. 심지어 유럽 문명 세계의 주변부인 아르놀트 슈타인에서도 그 같은 만남이 이루어졌을 가능성이 있다. 공장 단지는 연구소를 겸하고 있었다. 푸거는 연금술사를 고용해 혁신적인 야금 기술을 찾게 했으며, 교사를 고용해 광산 기술자를 훈련시켰다. 그중 한 명이 스위스인 의사 빌헬름 폰 호엔하임이었다. 그의 아들 필리푸스Philippus는 필라흐에서 라틴어 학교를 다녔으며, 나중에 푸거라우 학교에서 화학을 배웠다. 훗날 파라셀수스라는 이름으로 현대 의학의 아버지가 된[5] 필리푸스는 당시 유행하던 체액과 담즙의 균형을 맞추는 그리스식 의학 개념을 조롱하고 관찰과 과학적 분석을 옹호했다. 그는 '아연zincum'이라는 단어를 만들었으며, 소설 《프랑켄슈타인》에 영감을 주기도 했다. 푸거가 파라셀수스를 만났는지는 분명하지 않다. 만약 만났다 하더라도 파라셀수스가 화학 물질을 혼합해 금을 만드는 방법보다 질병 치료에 더 많은 관심을 가지고 있다는 사실을 알고는 흥미를 잃었을 것이다.

❧

파라셀수스는 잘못 생각하고 있는 것도 많았다. 그는 점성술과 마녀를 믿었으며, 자신이 저술한 《요정의 책Liber de Nymphis, sylphis, pygmaeis et salamandris et de caeteris spiritibus》을 실화로 둔갑시키기도 했다. 하지만 광산업에 대한 그의 판단은 옳았다. 광산업은 (특히 그가 살던 시대에는) 고되고 힘든 극한의 직업이었다. 푸거가 고용한 광부들은 곡괭이와 망치만을 사용해 지하 150미터의 낮은 갱도 벽을 깎아 냈다. 툭하면 지붕이 무너지고 갑자기 갱도에 물이 차기도 했다. 최상의 조건에서도 작업은 고되기 이를 데 없었다. 통풍은 산에 뚫은 구멍 몇 개와 입구에서 들어오는 신선한 공기가 전부였다. 천장에서는 물이 떨어져 벽으로 스며들었다. 슈바츠 구리 광산의 기온은 12도로 일정했으며, 습도는 99퍼센트였다. 통로를 밝히는 램프는 악취 나는 동물성 기름을 사용했으며, 광부들은 연기에 숨이 막혔다. 파라셀수스가 최초의 직업병 의학서 《광부병과 그 밖의 광부 질병에 대하여》에서도 썼듯이 이로 인해 광부들은 폐병과 위궤양에 걸리기도 했다. 건강에 해로운 대신 임금은 높았다. 광부의 수입은 농부의 세 배였으며, 똑똑하고 부지런하면 신분 상승의 기회도 주어졌다. 농부였던 한스 루터는 작센의 갱도에서 출발해 십장으로 승진한 뒤 마침내 광산 소유주가 되었다. 그는 아들을 대학에 보낼 만큼 충분한 돈을 벌었으며, 아들이 법학 공부하는 것을 뿌듯해했다. 하지만 청년 마르틴 루터는 들판에서 천둥소리에 놀라 수사가 되겠다고 서원해 그의 법률가로서의 삶은 막을 내렸고, 아버지의 꿈도 사라지고 말았다.

광부들은 냉혹한 고용주 밑에서 고생했는데 지기스문트 공작은 예외였다. 그는 슈바츠를 통치할 때 노동관계에 대해 유화적으로 접근했다. 푸거가 처음으로 그에게 돈을 빌려준 1485년 광부들이 처우 개선을 요구하며 인스브루크까지 행진했다. 겁이 난 지기스문트는 광부들의 요구를 대폭 수용했다. 5주의 유급 휴가와 8시간 노동 시간에 합의한 것이다. 등 떠밀려 합의한 이 조건은 유럽 광산업계를 휩쓸고 한 세기 뒤 미국으로 건너가 산업 전반의 관행이 되었다. 하지만 막시밀리안은 호락호락하지 않았다. 브렌네르 고개 근처에 있는 그의 고센자스 광산은 푸거에게 은을 공급하고 있었다. 1493년 광부들이 갱도에 바리케이드를 치고 처우 개선을 요구했다.[6] 막시밀리안은 협상에 응하지 않고 군대를 보내 주동자들을 체포하고 동조자들을 추방했다. 푸거는 푸거라우와 헝가리에서 막시밀리안처럼 노동자를 몰아붙였으며, 헝가리에 있는 그의 광산에서는 선동자를 처형하기도 했다. 반면 광부들의 금식 의무를 면제해 달라고 교회에 청원할 때의 푸거는 어진 고용주처럼 보였을지도 모른다. 하지만 그의 동기는 너무나 이기적이었다. 광부들의 몸이 튼튼해야 작업 시간 내내 버틸 수 있었기 때문이다. 광부들은 푸거가 종종 임금을 터무니없이 깎는다고 비난했다. 노동자에 대한 혹독한 처우는 훗날 푸거에게 부메랑이 되어 돌아온다.

⚜

주식 거래에서는 정보가 생명이다. 중요한 정보를 가장 먼저 입수하는 사람이 이 정보를 이용해 거액을 벌어들일 수 있다. 정부에서는 공정 경쟁이라는 이름으로 모든 사람이 공시 정보를 동시에 알 수 있도록 의무화하고 있지만 이렇게 해도 속임수를 막을 수는 없다. 조금 — 몇 분, 몇 초, 아니 몇 마이크로초 — 먼저 출발해도 엄청나게 차이가 벌어질 수 있기 때문이다.

푸거 시대에도 마찬가지였다. 다만 정보가 전달되는 시간이 길고, 정보 흐름을 통제할 법규가 없었을 뿐이다. 푸거의 경쟁자들도 최초의 이점을 푸거만큼 잘 알고 있었다. 하지만 푸거는 시장 정보를 너무나 갈망한 나머지 정보를 가장 먼저 접할 수 있는 시스템을 만들기까지 했다. 그가 무엇을 만들었느냐고? 바로 세계 최초의 뉴스 서비스다. 푸거는 통신원을 곳곳에 파견했다. 이들은 시장 정보, 정치 소식, 최신 풍문 등 푸거에게 이익이 되는 정보라면 무엇이든 가지고 아우크스부르크로 달려왔다. 아우크스부르크와 빈 사이에는 14세기부터 우편물이 오갔는데, 아우크스부르크와 인스브루크 및 그 밖의 제국 도시도 비슷한 우편망으로 연결되어 있었다. 하지만 시에서 뽑은 집배원으로 이루어진 우편망은 푸거에게는 너무 느리고 부실했다. 그는 자신만의 맞춤형 시스템을 원했다. 몇 해 전 푸거는 중요한 부고와 전쟁 결과를 막시밀리안, 선거후, 자신의 경쟁자보다 먼저 접하기도 했다. 역사가들은 이 뉴스 시스템을 '푸거 뉴스레터'라고 불렀다. 뉴스레터는 푸거의 상속자들에 의해 더욱 정교해졌다. 내용을 생산하는 사람들은 여전히 푸거 가문의 수하였지만 뉴스레터는 점점 신문을 닮아 갔다. 푸거의 뉴스레터는 최초의 신문인 빈의 《노티치에 스크리테》보다 반세기 앞섰으며, 이로써 푸거는 언론의 역사에도 흔적을 남겼다.[7] 통신원을 유지하려면 막대한 비용이 들었지만 푸거는 전혀 개의치 않았다.

푸거가 뉴스 서비스를 이용한 첫 기록은 막시밀리안이 빈을 점령한 직후로 거슬러 올라간다. 막시밀리안은 빈 문제가 해결되자 또 다른 전쟁 준비를 마쳤다. 그의 눈에 들어온 것은 용담공 샤를에게 물려받은 부르고뉴였다. 마리가 죽자 프랑스가 부르고뉴를 빼앗았는데, 막시밀리안은 이를 되찾고 싶었다. 그에게는 군대가 없었으므로 전쟁을 하려면 용병과 돈이 필요했다. 막시밀리안은 푸거에게 대출을 요청하면서 자신이 생각할 수 있는 최고의 담보를 제시했다. 그는 (막시밀리안 못지않게 프랑스를 증오하는) 잉글랜드 국왕 헨리 7세에게 20만 플로린을 빌려주겠다는 약조를 받아 냈다. 막시밀리안은 푸거에게 당장 전쟁 준비에 착수할 수 있도록 이 금액을 미리 빌려 달라고 하면서 헨리에게 돈을 받으면 바로 갚겠다고 약속했다. 푸거는 헨리가 세금도 많이 거두고 유럽의 어느 왕 못지않게 재정을 잘 관리한다는 사실을 알고 있었다. 하지만 무턱대고 약속을 믿을 만큼 어수룩하지는 않았으므로 늑장을 부렸다.

푸거가 기다린 것은 정보였다. 그는 잉글랜드에 있는 정보원에게 금을 실은 배가 잉글랜드 항구를 떠나면 알리라고 지시했다. 오래지 않아 배가 1척도 출발하지 않았다는 전갈이 도착했다. 푸거는 대출을 거절했다.

막시밀리안은 푸거에게 격분했으며 헨리가 자신을 속였다는 사실을 믿지 않으려고 했다. 그는 여전히 잉글랜드에서 자금이 오고 있다고 믿었으므로 소규모 병력을 부르고뉴에 파병했다. 막시밀리안은 병사 수에서는 뒤졌지만 더 많은 대포를 가지고 있었으며, 두르농에서 프랑스군을 격파했다. 하지만 디종이 사정거리 안에 들어왔을 때 푸거가 옳았음을 깨달았다. 헨리가 그를 버린 것이다. 나중에 막시밀리안은 프랑스가 헨리를 뇌물로 매수해 중립을 지키도록 했음을 알게 되었다. 푸거는 휴전 과정에서 모종의 역할을 담당했다. 막시밀리안이 도를 넘어 자멸하지 않도록 프랑스에 뇌물을 주어 막시밀리안의 점령지를 인정하는 조약에 서명하도록 한 것이다.

✤

　1495년 여름, 막시밀리안은 라인란트의 보름스시를 찾았다. 당
대 가장 장엄한 예식인 황제 즉위식에 참석하기 위해서였다.[8] 그가
마상 창 시합에서 승리한 뒤 600년 동안 엄수된 의례가 시작되었다.
막시밀리안이 옥좌에 앉자 선거후들이 옆으로 다가왔다. 막시밀리안
은 어떤 상황에서도 돋보였을 것이다. 그는 키가 180미터가 넘었으
며, 넓은 어깨에 물결치는 머리카락을 늘어뜨렸다. 즉위식을 위해 그
가 입은 예복은 접시만한 보석 단추로 여몄으며, 다리에는 칼을 걸
쳐 두었다. 선거후 1명이 무릎을 꿇은 채 왕권을 상징하는 보석인 보
주寶珠를 바쳤고, 나머지 2명은 홀과 왕관을 바쳤다. 제후 40명과 백
작 70명이 충성을 맹세했다. 모두 그를 '카이저Kaiser'라고 불렀다. 그
는 공정한 통치를 약속했고, 사람들은 그를 칭송했다. 몇 해 전 막시
밀리안이 플랑드르 공이 되었을 때 한 참석자는 감동을 억누를 수
없었다. "무엇을 가장 존경해야 할지 모르겠다. 그의 청춘의 아름다
움일까, 남자다운 용기일까, 미래의 약속일까?"[9] 막시밀리안은 보름스
에서도 비슷한 인상을 남겼다. 한 당대인은 다음과 같이 말했다. "알
렉산드로스 대왕조차도 그런 칭찬은 듣지 못했다." 서른여섯 살의
오스트리아인, 그것도 몇 해 전 플랑드르 감옥에 갇혀 있던 사람에
게는 꿈만 같았으리라.

　즉위식이 끝난 뒤 막시밀리안은 자신의 첫 제국의회를 주재했다.
(독일어로 '라이히슈타크Reichstag'라고 하는) 제국의회는 도시를 순회하
며 개최되었는데, 개최 횟수가 적고 참석자들이 더 즐거워한다는 점

만 빼면 여느 의회와 비슷했다. 식전에 마상 창 시합이 열렸으며, 고위 인사들이 춤과 연회를 베풀었다. 선거후들은 프리드리히가 사망하자 막시밀리안을 황제로 옹립했다. 그들은 막시밀리안이 53년의 재위 기간 동안 말썽을 거의 일으키지 않은 그의 아버지 뚱보 프리드리히처럼 나약할 것이라고 생각했다. 하지만 즉위식으로 기고만장해진 새 황제는 자신이 전능하다고 믿었다. 막시밀리안은 첫 제국의회 연설에서 프랑스와 전쟁을 재개할 수 있도록 선거후들에게 금을 내놓으라고 명령조로 이야기했다. 프랑스 국왕 샤를 8세는 이탈리아에서 (막시밀리안이 제국 소유로 선포한) 영토를 차지하려고 했다. 하지만 막시밀리안의 진짜 동기는 로마에 가고자 하는 욕망이었다. 제국의 규정에 따르면 황제 선출을 확정하는 방법은 교황의 대관식뿐이었다. 막시밀리안은 샤를이 자신보다 먼저 로마에 입성해 황제관을 차지할까 봐 전전긍긍했다. 샤를이 황제의 예복을 입고 보주와 홀을 든 채 축제에 나타났다는 소식이 전해졌다. 샤를의 신민은 그를 황제라고 불렀으며, 점성술사들은 그의 대관식이 별자리에 암시되어 있다고 말했다. 사실 막시밀리안은 프랑스를 두려워할 이유가 전혀 없었다. 선거후들이 프랑스 국왕을 황제로 받아들일 리 없었기 때문이다. 더구나 만만하고 가난한 약체(라고 생각하는 자)를 이미 황제로 선출하지 않았던가.

막시밀리안은 황제관을 아서왕의 칼처럼 영험하다고 믿었다. 교황이 황제관을 씌워 주면 그는 카롤루스 대제의 모든 권력을 손에 넣고 유럽이 그의 발치에 엎드릴 터였다. 사람들은 황제관이 있으면 그의 정통성을 인정하겠지만 그렇지 않으면 가짜로 취급할 것이었다.

막시밀리안의 원대한 꿈은 십자군 전쟁을 일으켜 튀르크를 도륙하고 기독교 세계를 구하는 것이었다. 그는 이것이 자신의 운명이라고 믿었다. 하지만 먼저 황제관을 차지해야 했다. 그는 부르고뉴, 헝가리, 아니 그 무엇보다도 황제관을 원했다. 황제관에 대한 그의 집착은 말로 다 표현할 수 없을 정도였다. 그는 재위 기간 내내 황제관을 탐냈으며, 그 덕분에 푸거는 잇따라 기회를 잡을 수 있었다. 막시밀리안의 집착이 아니었다면 푸거는 다른 형제들처럼 옷감이나 팔고 있었을지도 모른다.

제임스 매디슨James Madison은 《연방주의자 논문집The Federalist Papers》에서 입법 기관이 자금 제공을 승인하거나 거부함으로써 정책을 좌우하는 현상을 표현할 만한 문구를 찾아야 했다. 그가 찾아낸 문구는 '지갑의 힘power of the purse'이었다. 선거후들은 이 힘을 함부로 휘둘러 막시밀리안을 경악케 했다. 회의 참석을 거부당한 막시밀리안은 현실을 절감했다. 게다가 선거후들은 협상을 교착 상태로 이끌고 그에게 불가능한 조건을 제시했다. 막시밀리안은 침울해졌으며 자신이 '소도시 시장' 취급을 받는다고 불평했다.

막시밀리안이 돈을 손에 쥘 수 있었던 것은 쥐꼬리만한 권력을 대부분 선거후들에게 넘겨준 뒤였다. 굴복하는 것은 정말 싫었지만 그 대가로 간신히 자금을 확보할 수 있었다. 선거후들은 약속한 돈을 마련하기 위해 '제국일반세Common Penny'라는 세금을 도입했다. 제국 시민이라면 모두 이 세금을 납부해야 했다. 이는 독일 최초의 연방세였으며, 프랑스와 잉글랜드의 제도를 본뜬 것이었다. 푸거에게 제국일반세는 골칫거리였다. 막시밀리안이 은행가의 필요성을 느끼지 못하게 되었기 때문이다. 막시밀리안은 푸거를 해고하고 계약을 종료했다. 막시밀리안은 수백만에 이르는 독일인이 세금을 납부하면 프랑스를 물리치고 로마에 입성하는 데 필요한 자금을 모두 충당할 수 있을 것이라고 생각했다.

푸거는 격분했다. 계약은 어떡하고? 이자는 감사할 줄도 모르나? 지기스문트를 쫓아낼 때 내가 도와주지 않았던가? 막시밀리안의 아버지 프리드리히가 옷이 필요할 때 형 울리히가 도와주지 않았다면 어떻게 되었을까? 이 은혜를 싹 무시하겠다고? 푸거는 자신의 생존도 걱정스러웠다. 그의 재무 상태는 위태로웠다. 푸거라우를 건설하고 독일 동부 호엔키르헨에 제2용광로를 짓느라 돈을 빌렸기 때문이다. 은으로 인한 수익이 없으면 파산할 터였다. 하지만 푸거는 막시밀리안보다 더 정확하게 선거후들을 간파했다(이번이 처음은 아니었다). 푸거의 정보원들은 독일 군주들이 약속을 잊을 것이라는 그의 의심을 확인시켜 주었다. 막시밀리안은 샤를의 이탈리아 공략에 위협을 느꼈을지 몰라도, 이탈리아 국경에서 멀리 떨어진 대궁전에 틀어박힌 선거후들은 아무 관심도 없었다. 당연하게도 제국일반세 수입은 예상을 턱없이 밑돌았으며 막시밀리안은 여전히 자금난에 허덕였다. 막시밀리안은 이탈리아를 침공해 로마로 입성하기 위한 마지막 수단으로 푸거에게 다시 더 많은 은을 담보로 새로운 대출 계약에 서명했다.

푸거에게 자금을 조달한 막시밀리안은 베네치아와 밀라노의 지원 약속을 받은 뒤 알프스산맥을 넘어 제노바로 향했다. 그곳에서 그는 이탈리아 서해안에 위치한 피사로 가기 위해 배를 빌렸다. 배를 빌린 비용은 푸거의 제노바 지점에서 지불했다. 막시밀리안의 목표는 피렌체였다. 이곳은 로렌초 데 메디치가 죽은 뒤 카리스마 있는 성직자 사보나롤라가 장악했다. 사보나롤라는 신이 부자를 죽이러 올 것이라고 장담했으나 막시밀리안은 전혀 개의치 않았다. 유일한 관심사는 사보나롤라가 프랑스를 지지한다는 사실이었다. 막시밀리안의 소규모 부대가 로마로 진군하고 보급선을 확보하려면 피렌체를 손에 넣어야 했다. 막시밀리안은 밀라노와 베네치아가 약속한 지원군을 보내지 않아 피렌체 밖에서 발이 묶였다. 설상가상으로 대공으로 플랑드르를 통치하던 막시밀리안의 아들 펠리페가 프랑스인 자문관들의 말에 현혹되어 프랑스에서 샤를의 주의를 분산시키겠다는 약속을 저버렸다. 막시밀리안은 넌더리를 내며 이탈리아를 떠나 티롤로 돌아갔다. 그는 인스브루크 위쪽에 있는 울쑥불쑥한 산에서 염소를 사냥하며 우울증과 싸웠다.

막시밀리안의 자부심은 실망감으로 산산조각 났다. 헨리 7세, 독일의 선거후, 밀라노 공, 베네치아의 도제, 자신의 아들까지 모두가 그에게 등을 돌렸다. 어느 순간—아마도 염소를 쫓으면서였을 것이다—믿을 것은 슈바츠와 은뿐이라는 생각이 들었다. 그는 슈바츠가 있는 한 푸거 같은 은행가들이 자기편일 것이라고 생각했다. 활기를 되찾은 막시밀리안은 산에서 내려와 은행가 모두를 알프스산맥 동쪽 기슭에 위치한 퓌센으로 불러들여 자금 지원을 요구했다.

＊

　푸거는 일요일에 교회에 나갔고, 가문의 가치를 인정했으며, 국왕과 국가를 사랑했다. 하지만 오해하지 마시길. 그는 급진파였다. 푸거는 귀족 가문에서 태어났다고 하여 남보다 낫다고 생각하지 않았다. 그는 사람을 만드는 것은 지성, 재능, 노력이라고 믿었다. 지금이야 이런 그의 견해가 상식이 되었지만 당시에는 불온한 생각이었다. 유럽도 인도처럼 엄격한 신분제 사회였는데 왕족, 성직자, 평민의 세 집단으로 이루어졌다. 각 집단 안에도 나름의 서열이 있었다. 평민 중에서는 귀족이 상위층이었고 푸거 같은 부유한 상인이 그다음, 그 아래로 장인, 농민, 거지 순이었다. 서열에 따라 나름의 복장이 있었으며, 특권과 의무도 각기 달랐다. 신분 상승은 제한적이었다.

　푸거는 이러한 현실을 받아들이지 않았다. 모든 사람에게 자신의 자리가 있다는 중세의 사고방식에 사회 전체가 얽매여 있던 시절, 푸거는 할아버지와 마찬가지로 운명은 스스로 개척하는 것이라고 믿었다. 알브레히트 뒤러를 비롯한 르네상스기 이탈리아의 대예술가들도 푸거와 같은 생각이었다. 전통과 결별하고 신 대신 인간을 찬미한 인문주의자, 문필가, 철학자도 마찬가지였다. 푸거가 스물일곱 살이 되던 1486년 조반니 피코 델라미란돌라가 《인간 존엄성에 관한 연설》을 발표했다. 이 연설은 인문주의의 신조가 되었으나 피코는 이단자로 몰려 투옥되었다. 피코는 연설에서 인간이 신의 피조물 중에서 유일무이한 이유는 자유 의지가 있기 때문이며, 자유 의지에 의해 개인이 자신의 인생을 결정할 수 있다고 선언했다. 푸거는 철학자가 아니었으며 피코라는 인물에 대해 들어 본 적도 없었다. 하지만 그는 시대의 산물이었으며, 시대는 변하고 있었다. 의지의 명령에 따라 그는 이단적 견해에 공감을 ― 어쩌면 자신도 모르게 ― 표했다.

이런 세계관 덕분에 푸거는 자신과 황제의 관계를 꿰뚫어 볼 수 있었다. 그것은 주인과 종의 관계가 아니요, 영주와 농노의 관계도 아니요, 채권자와 채무자의 관계였다. 이런 관계에서 힘을 가진 쪽은 채권자다. 푸거는 황제라는 칭호를 대수롭게 여기지 않았다. 물론 막시밀리안은 군주였고, 선거후들은 그에게 보주와 홀을 바쳤으며, 농민들은 그가 나타나면 벌벌 떨었다. 귀부인들은 그를 파티에 잡아 두려고 그의 신발과 박차를 감추었다. 하지만 푸거는 자신에게 돈이 있는 한 막시밀리안이 자신을 필요로 하고 또 자신의 요구를 받아들여야 한다는 사실을 잘 알고 있었다.

다른 은행가들은 막시밀리안의 부름에 응했지만 푸거는 꿈쩍도 하지 않았다. 의도적으로 무시했다. 푸거는 다른 은행가들이 막시밀리안과 협상을 하든 말든 상관하지 않고 집에 머무르며 황제를 열흘 동안 기다리게 했다. 그 많은 사람 중에서 막시밀리안의 재봉사가 찾아와 해명을 요구하자 푸거는 금융업을 그만두었다고 말했다. 그는 제국일반세를 도입하고 자신을 내쫓으려던 결정에 아직 분이 풀리지 않았기 때문에 황제의 일에 끼어들고 싶지 않았다. 푸거는 막시밀리안에게 자신의 결정을 설명하는 편지를 썼다. "[돈을 빌려줘 봐야] 말썽에 수고에 공치사 말고는 얻은 것이 없나이다."[10]

어느 누구도 푸거를 비난할 수 없었다. 그는 법 위에 군림하며 공수표를 남발하는 막시밀리안 같은 변덕쟁이 채무자에게 휘둘리고 싶지 않았다. 문제가 생길 것이 뻔했기 때문이다. 푸거의 사촌인 루카스 푸거는 노루 문장을 쓰는 가문의 또 다른 일파를 이끄는 적장자였다. 그는 아우크스부르크에서 가장 이름난 사업가로 프랑크푸르트, 뉘른베르크, 베네치아, 밀라노, 브루게, 안트베르펜 등지에서 사업을 운영했다. 출장을 떠나지 않을 때는 아우크스부르크 시의원, 판사, 조합장 등의 임무를 수행했다. 그는 높은 사람들과 거래하고 어울리는 것을 무엇보다 좋아했다. 1489년 루카스는 막시밀리안에게 돈을 빌려주었다. 막시밀리안은 플랑드르의 루뱅시에서 거두는 세입으로 갚겠다고 약속했다. 하지만 5년 전에 막시밀리안을 감금하고 그의 궁정 광대를 살해한 겐트의 납세자들과 마찬가지로 루뱅의 납세자들도 세금 납부에 반발했다. 대출금은 많지 않았지만 자금 상황이 어려웠던 루카스는 막시밀리안이 상환을 거부하자 파산하고 말았다. 푸거와 형제들은 그를 도와줄 여력이 있었음에도 루카스와 그의 가문이 모든 것을 잃도록 수수방관했다. 이에 격분한 루카스의 아들은 푸거를 칼로 공격하기까지 했다. 만인의 선망을 받으며 많은 지점을 거느리던 루카스는 그들의 조상 마을인 그라벤에서 한때 할아버지가 소유했던 오두막으로 달아났다. 나중에 푸거는 루카스에게 집값으로 몇 푼을 건네주었다.

하지만 푸거가 퓌센에 가지 않은 것은 두려워서가 아니었다. 나름의 전술적인 이유가 있었다. 지기스문트와의 거래에서 보듯이 푸거는 협상의 귀재였다. 자신이 비싸게 굴면 막시밀리안이 더 매달릴 것이라는 사실을 알고 있었다. 다른 은행가들이 빌려줄 수 있는 금액은 푸거에 비하면 새 발의 피였으므로 막시밀리안에게는 어쨌든 푸거가 필요했다. 그렇게 보면 푸거는 막시밀리안이 굽실거리며 자신을 찾아올 것이라고 기대했을지도 모른다. 하지만 이것은 착각이었다. 막시밀리안을 등에 업은 다른 은행가들은 어정뱅이 푸거를 혼내주려고 작당했다. 막시밀리안은 굽실거리며 찾아오지 않았고, 푸거를 파멸시키려는 은행가들의 말에 귀를 기울였다.

푸거의 적수로는 헤르바르트, 바움가르트너, 고셈브로트 형제가 있었다. 막시밀리안은 그들에게 광산업 허가권을 내주었다(하지만 푸거에게 준 것만큼 많지는 않았다). 가장 강력한 경쟁자는 고셈브로트 형제였다. 지크문트 고셈브로트는 아우크스부르크 시장이었고, 게오르크 고셈브로트는 막시밀리안의 재무장관이었다. 두 사람은 유서 깊은 가문 출신이었으며, 자신들의 영역을 침범한 푸거를 증오했다. 그들은 푸거의 은 채굴권을 차지하고 싶어서 막시밀리안에게 푸거라우를 압류하라고 종용했다(그러면 푸거는 파산할 터였다). 막시밀리안은 그들의 충고를 받아들여 다시 한 번 푸거와의 거래를 종료하라고 명령했다.

독일인은 성공하려면 비타민 B가 있어야 한다고들 말한다. 여기서 ‘B’는 ‘베치웅엔Beziehungen’, 즉 연줄을 뜻한다. 푸거는 비타민 B가 풍부했으며, 자산을 보호하기 위해 이 인적 자원을 동원했다. 그가 맨 처음 도움을 요청한 사람은 밤베르크 주교였다. 푸거라우 부지를 판 바로 그 주교로, 그는 아직도 오스트리아의 일부를 지배하고 있었다. 푸거는 막시밀리안이 그의 영역을 침범하고 푸거라우를 강탈하려 한다고 말했다. 그다음 푸거는 작센으로 가 작센 공에게 막시밀리안이 푸거라우를 차지하면 그의 영토에 있는 푸거의 또 다른 용광로 호엔키르헨까지 빼앗고 말 것이라고 말했다. 영토 침탈을 우려한 주교와 공작은 인스브루크에 사절을 보내 막시밀리안에게 결정을 철회하라고 명령했다.

푸거의 결정타는 황제의 또 다른 채권자인 멜히오르 폰 메카우로 하여금 황제에게 상환을 독촉해 자금 경색을 일으키도록 요청한 것이었다. 메카우는 인스브루크 남부 브릭센(브레사노네)의 주교였다. 그는 은광을 소유하고 있었으며 돈놀이에도 손을 댔다. 푸거에게는 우호적인 거래 상대였다. 메카우에게 채무 상환을 요구받은 막시밀리안은 푸거만이 급히 돈을 빌려줄 수 있는 상대임을 깨달았다. 푸거는 막시밀리안에게 돈을 빌려주었으며, 막시밀리안은 푸거라우 강탈 계획을 철회했다.

당시에는 알아차리기 힘들었겠지만 푸거가 한 일은 자신을 '꼭 필요한 존재'로 만드는 것이었다. 막시밀리안은 푸거의 수법과 요구가 불쾌했지만, 궁지에 몰렸을 때 의지할 수 있는 유일한 은행가가 푸거라는 사실을 부인할 수는 없었다. 푸거는 자신을 꼭 필요한 존재로 만든 덕분에 성공을 거두고 계속해서 특별 대우를 받을 수 있었다. 푸거는 황제가 자신 없이는 살아갈 수 없다는 것을 알고 있었고 그 관계가 지속되도록 노력했다.

독점이 최대의 부를 창출한다는 것은 두말할 필요도 없다. 공급을 장악하면 값을 원하는 대로 정할 수 있으며, 이 막대한 수익을 다른 곳에 투자해 더 많은 돈을 벌 수 있다. 밴더빌트가 철도를 지배하고, 록펠러가 석유를 지배하고 싶어 한 것은 바로 이 때문이다. 푸거가 금속을 지배하고 싶어 한 것도 같은 이유에서였다. 시장을 분할해서는 결코 세상에서 가장 부유한 사람이 될 수 없을 테니 말이다. 오로지 혼자 독차지해야 했다.

푸거는 이미 헝가리에서 독점했다. 헝가리는 동유럽에서 몇 안되는 구리 생산지였으므로 푸거는 단치히(그단스크)를 비롯한 헝가리 이북 시장의 유일한 공급자가 되었다. 하지만 베네치아에서는 동료 독일인들과 번번이 경쟁해야 했다(이들은 각자 막시밀리안과 계약을 맺고 있었다).

경쟁자들은 퓌센에서 푸거를 매장하려고 모의한 바로 그자들이었다. 바움가르트너, 헤르바르트, 고셈브로트 형제는 푸거 못지않게 경쟁을 싫어했다. 그들은 경쟁을 종식시키기 위해 푸거를 가격 담합 카르텔에 초대했다. 고객에게는 선택의 여지가 없기 때문에 돈을 벌 수밖에 없다고 푸거를 부추겼다.

푸거의 탐욕은 그들보다 더하면 더했지 결코 덜하지 않았다. 하지만 푸거는 그들과의 제휴에 그렇게 적극적이지 않았다. 메디치를 비롯한 이탈리아 금융 가문은 위험을 분산하고 자본을 확충하기 위해 으레 남들을 끌어들였지만 푸거는 단 한 푼까지도 자신이 차지하고 싶었으며, 이익과 의사 결정권을 나누는 것에 질색했다. 그의 형제들은 특별한 경우였다. 푸거는 '울리히 푸거와 형제들' 지분의 29퍼센트를 소유했으며, 울리히와 게오르크가 간섭하지 않는 한 현재의 지분에 만족했다. 투르조와 제휴한 것은 헝가리에서 바람막이가 필요했기 때문이다. 하지만 구리 카르텔 제안이 그의 상상력에 불을 지폈다.

오늘날 이 같은 수법은 불법이다. 정부에서는 오래전 소비자 보호라는 명목으로 가격 담합을 금지했기 때문이다. 하지만 1498년에는 그런 제한이 없었으며, 고객을 공정하고 '기독교인'답게 대해야 한다는 막연한 공감대가 있는 것이 전부였다. 이를 회피하기 위해 바움가르트너 패거리는 막시밀리안에게 독점 승인을 요청했으며, 자신들이 더 큰 이익을 얻게 되면 돈을 더 많이 빌려줄 수 있다고 부추겼다. 그들은 대출을 미끼로 독점을 따냈다.

그런데 이 시점에서 놀라운 반전이 일어난다. 카르텔 내부에 적이 있었다. 바로 푸거였다. 물론 푸거는 카르텔에 참여하면 구리를 비싸게 팔 수 있었다. 하지만 그는 단기적 이익에 연연하지 않았다. 카르텔 계약을 이용해 적을 파멸시켜 그들의 사업을 빼앗고 헝가리에서처럼 오스트리아에서도 독점을 따낼 묘안이 떠올랐다. 푸거의 계획은 간단했다. 헝가리산 구리를 단치히로 선적하지 않고 베네치아로 보내 시장을 포화시켜 구리 가격을 낮춰 경쟁자들이 버티지 못하고 무너지게 하는 것이었다. 근사하게 들리지만 위험한 계략이었다. 다른 은행가들이 황제를 등에 업고 있었기 때문이다. 그들을 공격했다가 황제에게 벌을 받을 수도 있었다. 가격이 폭락했을 때 남들보다 오래 버틸 수 있다는 보장도 없었다. 그들의 돈궤가 생각보다 깊을지도 모를 일이었다. 신중을 기하지 않으면 자신이 파산할 수도 있었다. 하지만 푸거는 배짱이 두둑했다. 그는 두려워하지 않고 덫을 놓았다. 어느 쪽이든 참혹한 결과를 맞을 터였다.

카르텔의 첫 선적분이 오스트리아를 떠나 베네치아로 향하자 헝가리에서 출발한 수레들이 뒤를 따랐다. 구리가 도착하자 푸거는 베네치아 중개상들에게 가격에 상관없이 모든 물량을 시장에 내놓으라고 명령했다. 어떤 제안이든 수락해 물건을 무조건 처분하라는 것이었다. 베네치아는 금세 공급 과잉 상태가 되었다. 이렇게 많은 구리는 한 번도 본 적이 없었다. 가격이 폭락했다. 시장이 일순간 붕괴되자 당황한 경쟁자들은 구리를 헐값에 팔고 싶지 않았으므로 창고에 처박았다. 하지만 지불해야 할 비용이 있었기 때문에 언제까지 구리를 붙들고 있을 수는 없었다. 푸거가 구리를 계속해서 내다 팔아 값이 계속 떨어지자 그들은 손해를 감수하고 모든 재고를 방출했다.

경쟁자들은 타격을 입고 발버둥치며 푸거가 '비기독교적이고 매정하게' 처신한다고 비난했다. 이 표현은 이후 푸거를 평생 따라다닌다. 그들은 막시밀리안에게 푸거를 벌해 달라고 하소연했지만 황제는 스위스에서 분쟁에 휘말려 아무 조치도 취하지 않았다. 푸거는 독점을 따내지는 못했지만 그 어느 때보다 많은 광산업 자산을 손에 넣을 수 있었다.

사업의 확장

구리 전쟁이 한창이던 1월 어느 날 아침 푸거는 수염을 깎은 뒤 가장 좋은 옷을 입고 교회에 갔다. 그는 아직도 태어난 집에서 살고 있었다. 함께 살던 어머니는 지난해 일흔여덟 살의 나이로 세상을 떠났다. 형제들은 길 아래쪽 성 안나 교회 맞은편 저택에서 가족을 부양하며 살고 있었다. 하지만 푸거는 아직 미혼이었다. 르네상스 시대 독일 남자들은 대부분 20대 초반에 결혼을 했으나 푸거 형제들은 만혼이었다. 울리히는 서른여덟 살에, 게오르크는 서른여섯 살에 결혼을 했다. 푸거는 그들의 나이보다 많은 서른아홉 살이 되었다. 하지만 이제 곧 기혼자가 될 참이었다. 그는 제단 앞에 자리를 잡고 신부를 기다렸다.

르네상스 시대는 결혼관의 전환점을 맞이한 시기였다. 사람들은 사랑을 위해 결혼하기 시작했다. 시골에서는 토지를 매개로 가문을 결속하는 정략결혼이 여전히 이루어지고 있었지만, 도시에서는 팔자가 금세 바뀔 수 있었으므로 결혼 생활을 유지하려면 혼인관계증명서보다 더 강력한 접착제가 필요했다. 그것은 사랑이었다. 이런 분위기였으므로 푸거를 열여덟 살의 쾌활한—남아 있는 그림에서 그녀가 무도회에서 춤추고, 교외에서 썰매 타는 모습을 볼 수 있다—금발의 여인 지빌레 아르츠트와 맺어 준 것은 다름 아닌 사랑이었을 것이라고 생각하는 사람도 있을지 모르겠다. 하지만 푸거의 마음속에 있는 것은 사랑이 아니었다. 푸거는 구세대였다. 그의 목적은 사회적·상업적 이득을 얻을 수 있는 기회였다.

지빌레는 아우크스부르크시에서 가장 영향력 있는 가문 출신으로, 부모는 아우크스부르크 최대 지주 중 한 명이었으며, 삼촌은 시장을 지냈다. 아우크스부르크의 명문가들은 푸거 가문을 벼락부자라며 얕잡아 보았지만, 중매를 선 지빌레의 어머니는 거들먹거리지 않고 푸거의 돈에 주목했다. 한편 푸거의 관심사는 명성이었다. 아르츠트 가문은 그에게 권력과 영향력, 또 다른 성공의 징표를 선사했다. 이 모든 것이 사업에 유리했다. 정치적 영향력 면에서 보자면 아르츠트 가문은 시의회에서 의석을 2개나 차지하고 있었다. 푸거는 사위 자격으로 배후에서 시정에 관여했다.

한스 부르크마이어라는 아우크스부르크의 젊은 화가는 이제 막 화실을 열고 신랑 신부의 초상화를 그렸다. 뒤러 이전 독일의 최고 화가 대大한스 홀바인이 아우크스부르크에 있었음을 감안하면 부르크마이어를 선택한 것은 뜻밖이었다. 하지만 부르크마이어의 그림은 화려하고 세밀하며 의심할 여지없는 대가의 작품이었다. 초상화에서 신랑은 신부의 팔짱을 끼고 있으며, "1498년 1월 9일에 진정으로 우리는 훌륭한 한 쌍이 되었도다"[1]라는 상투적 문구가 쓰여 있다. 어느 쪽도 미소를 짓고 있지는 않다. 황금색 모자를 쓴 푸거는 결의에 찬 표정이며, 지빌레는 멍한 표정을 하고 있다. 그녀는 처녀를 상징하는 월계관을 썼으며, 드레스는 허리선을 바짝 올려 자식을 많이 낳을 수 있는 풍만한 배를 강조했다.

피로연이 열렸다는 기록은 없다. 하지만 결혼식을 1월에 했다는 것은 의미심장하다. 상류층은 언제나 겨울에 결혼식을 올렸다. 굴과 바닷가재 같은 이국적 별미를 맛보려면 날이 추워야 했기 때문이다. 피로연은 수백 명의 하객을 초대해 며칠 동안 계속되었다. 어느 날은 제후와 주교가 찾아오고, 다른 날은 친구와 가족이 찾아왔다. 고위 관리가 대리인을 보내면 그를 본인처럼 대접해 맨 앞줄에 앉게 했다. 아우크스부르크 의회는 사치를 줄이고 사회 평등의 기조를 유지하기 위해 하객 수를 제한했으나, 아마도 푸거는 규정을 무시하고 벌금을 냈을 것이다. 성대한 결혼식을 거행하지 못하는 것은 수치라고 여겼을 테니 말이다. 훗날 푸거의 수하 빌헬름 렘은 푸거의 조카딸 우르줄라의 결혼식 피로연에 참석한 적이 있다. 그는 우르줄라가 평민의 베일을 쓰지 않고 귀족 여인처럼 머리를 드러낸 것에 경악했다. 렘은 푸거 가문의 "오만방자함"[2]을 비난했으며, 다른 가문이 푸거 가문을 본받을까 봐 우려하기도 했다.

푸거는 지빌레 어머니의 집으로 들어갔다. 신랑과 신부는 그 집에서 첫날밤을 보냈을 것이다. 법률에 따르면 첫날밤을 치러야만 결혼을 법적으로 인정받을 수 있었다. 으레 그렇듯 푸거의 형제와 친구들이 밖에서 흥을 돋웠다. 푸거는 대를 이을 자식을 바랐다. 푸거의 형제들은 아들을 비롯한 여러 명의 자식들이 있었으며, 헝가리의 동업자 투르조는 아들이 너무 많아서 셋을 교회에 출가시키기도 했다. 그 세 아들은 푸거와 투르조의 영향력을 등에 업고 주교가 되었다.

푸거는 일찌감치 후계자 구상을 시작했으나 지빌레와의 사이에서는 상속자를 낳지 못했다.

푸거에게 자식이 없는 것은 아니었다. 그는 메히틸트 벨츠라는 여인을 정부로 두었는데, 두 사람 사이에서 딸을 하나 낳았다. 메히틸트는 (어쩌면 푸거의 개입하에) 의사와 결혼해 그와 함께 푸거의 딸을 키웠다. 딸의 이름도 메히틸트였다. 사회는 사생아에게 오명을 씌우지 않았다. 푸거의 딸은 훗날 독일에서 가장 오래되고 저명한 튀빙겐대학의 총장 그레고어 람파르터와 결혼한다. 푸거가 친부였는지는 의심의 여지가 있지만, 푸거가 람파르터에게 금전적 지원을 아끼지 않은 것은 달리 설명할 방법이 없다. 람파르터가 막시밀리안의 참사관으로 5년 동안 일했을 때—아마도 푸거가 주선했을 것이다—푸거는 그에게 연봉 8000플로린을 지급했다. 또한 기사가 람파르터를 납치했을 때는 몸값을 치르기도 했다. 뷔르템베르크 공도 람파르터를 사로잡아 막시밀리안과의 분쟁에서 인질로 삼으려고 했다. 그러나 람파르터는 공작에게 걸려들지 않았는데, 공작이 그를 표적으로 삼은 것만 보아도 람파르터와 푸거가 남달리 가까운 사이였음을 알 수 있다. 황제는 람파르터에게는 관심이 없었으나 푸거를 의식하지 않을 수 없었다.

푸거에게 애인이 더 있었는지는 알 수 없지만, 지빌레에게도 애인이 있었다는 사실은 알려져 있다. 그녀의 애인 콘라트 렐링거는 아우크스부르크의 상인으로, 푸거 가문의 친구이며 푸거 집에 자주 드나들었다. 푸거는 문서에 서명할 증인이 필요할 때면 렐링거를 불렀다. 베른하르트 슈트리겔이 렐링거와 여덟 자녀를 그린 초상화가 뮌헨의 알테 피나코텍 미술관에 걸려 있다. 훗날 지빌레는 푸거가 죽은 지 몇 주 만에 렐링거와 결혼한다.

푸거의 동시대인 중에서 가장 악명 높은 사람은 교황 알렉산데르 6세의 냉혈한 아들 체사레 보르자였다. 푸거가 아우크스부르크에서 이윤을 추구하는 동안 보르자는 로마에서 정적을 살해하며 신분의 사다리를 올랐다. 암살을 출세의 수단으로 이용한 것은 보르자뿐만이 아니었다. 이 관행은 르네상스 시대에 널리 퍼져 있었는데, 인문주의 옹호자 피코 델라미란돌라도 독살당했다. 암살이 성행한 탓에 푸거 자료관에서 누구보다 오랜 시간을 보낸 위대한 푸거 역사가 고트프리트 괴츠 폰 푈니츠는 푸거도 살인자가 아니었는지 의문을 품었다. 1502년 푸거의 가장 위험한 경쟁자 지크문트 고셈브로트가 그의 형이자 동업자 게오르크가 죽은 지 채 몇 달도 되지 않아 세상을 떠났다. 고셈브로트 형제가 푸거를 해치려고 한 동기가 있었던 것은 분명하다. 사망 당시 두 사람은 막시밀리안이 푸거를 내치게 하려는 새로운 계획을 추진 중이었다. 하지만 폰 푈니츠가 제시한 유일한 증거는 두 사람의 사망 기록이 남아 있지 않다는 것뿐이다. 이것으로는 아무것도 입증할 수 없다. 살인이 죽을죄이고 커다란 위험이 따르는 일임을 차치하더라도 살인은 푸거의 방식이 아니었다. 그는 자신의 성공을 위해 고셈브로트 형제 같은 자들을 죽일 필요가 없었다. 지력으로도 얼마든지 이길 수 있었기 때문이다. 지크문트 고셈브로트가 죽었을 때 푸거는 전혀 즐거워하지 않았다. 그는 지크문트의 자식이 계속해서 자신과 싸울 것이라며 다음과 같이 말했다. "고셈브로트는 죽었으나 그의 샘내는 씨앗이 남아 있다."[3]

❧

그해 스위스 바젤시에 사는 행상 3명이 푸거를 찾아왔다. 그들은 보석상이었는데, 푸거가 보석에 관심이 있다는 말을 정보원에게 전해 들었다. 푸거는 지빌레에게 보석을 자주 선물하곤 했다. 프랑크푸르트에서는 커다란 반지를 사서 아우크스부르크 전역의 입방아에 오르기도 했다. 푸거의 친구는 이같이 말했다. "그녀는 제후보다 많은 금붙이와 보석을 가지고 있었다."[4]

행상들은 푸거의 사무실에서 그를 만났다. 그의 사무실은 형제들 집에 있었는데, 건물 뒤쪽에 있었으므로 분주한 대로大路 대신—행상들은 이곳으로 들어왔을 것이다—고요한 골목이 내려다보였다. 푸거의 영향력이 커짐에 따라 사무실은 명소가 되었다. 방문객은 그곳을 '황금 세는 방'이라고 불렀다. 하인이 3명의 행상을 안내했다. 행상들은 실제 보석이 아닌 스케치만 가지고 있었는데 그것으로 충분했다. 그들이 거래하는 보석은 유럽에서 가장 근사한 것들이었으며, 푸거에게 양피지를 펼쳐 보여 준 그림은 숨이 멎을 만큼 아름다웠다. 첫 번째 행상은 '작은 깃털'이라는 모자 핀을, 두 번째 행상은 심장 모양의 루비에 다이아몬드로 테두리를 장식한 '흰 장미'를, 세 번째 행상은 잉글랜드 국왕 에드워드 3세가 소유했던 다이아몬드가 박힌 거들을 보여 주었다. 스위스 행상들이 최상품을 마지막에 내놓았을 것임은 능히 짐작할 수 있다. 그들은 마지막 그림을 펼치고는 한 마디도 하지 않고 그림이 스스로 이야기하도록 했다. 그것은 세상에서 가장 큰 다이아몬드 중 하나였다. 보석 세공인은 다이아몬드를 정사각형으로 깎아 황금 받침에 올려놓고 루비 3개로 둘러싸 마치 태양처럼 한가운데에서 빛나도록 했다. 보석의 이름은 '삼형제'였으며, 훗날 잉글랜드로 건너가 엘리자베스 1세의 목에 걸렸다(윌리엄 세거가 그린 〈족제비 초상화〉에서 확인할 수 있다). 커다란 깃과 부풀린 치마, 주름진 소매에 장식한 삼형제는 여왕의 부와 권력을 과시하는 소품이었다.

이 네 가지 보석은 원래 용담공 샤를의 것이었다. 샤를은 26년 전 스위스를 침공했을 때 — 죽기 살기로 덤빈 비운의 침공이었다 — 이 보석들을 가져갔다. 막시밀리안이 황제관에 주술적 힘이 있다고 믿었던 것처럼 샤를은 사물에 힘이 깃들어 있으며, 신께서 위대한 물건을 위대한 인물에게만 내려 주신다고 믿었다. 또한 그는 그로 인한 결과도 믿었으니, 물건을 많이 가질수록 — 또한 물건의 가치가 커질수록 — 소유자가 강력해진다고 여겼다. 은으로 만든 식기, 황금 포도주 병, 상아 장식, 보석이 박힌 칼, 높은 옥좌, 성인의 유골, 캐노피 침대, 금박 타조 알, 신발(그중에는 발부리가 터무니없이 긴 세련된 신발도 있었다) 등을 모두 스위스로 가져간 것은 바로 이 때문이었다. 튀르크의 술탄에게는 보물이 더 많았을지도 모르지만 유럽에서는 샤를에 비길 자가 없었다. 이 말은 권력과 무력 면에서 그와 비길 자가 아무도 없다는 뜻이었다. 샤를은 자신이 무적이라고 생각했으며 그 증거가 되는 물건들을 소유했다.

제네바 호수 근처에서 벌어진 모라 전투에서 스위스군에 일격을 당한 샤를은 물건을 챙기지도 못한 채 피신해야 했다. 물건의 어마어마한 양과 품질에 스위스 장군들은 넋을 잃었다. 그들은 약탈자가 누구든 사형에 처하라고 명령했지만 뒤늦은 명령이었다. 귀한 물건 특히 보석처럼 작은 물건은 이미 누군가의 주머니로 사라진 뒤였다. 목격자에 따르면 한 병사가 모라 진흙 밭의 수레바퀴 밑에서 가장 큰 다이아몬드를 발견했다고 한다. 병사는 다이아몬드를 스위스인 주교에게 1플로린(용병의 한 달 봉급)에 팔았고, 주교는 바젤시에 되팔았다.

이런 보석은 수요가 많았다. 군주들은 권력을 과시하기 위해 보석을 사들였고, 사업가들은 저축 수단으로 삼았다. 보석은 위급한 상황에서 팔 수도 있었고, 안전한 곳으로 달아날 때 휴대할 수도 있었다. 보석함에 든 다이아몬드는 소득을 창출하지 않았지만 물가 상승의 대비책으로 요긴했다. 또한 선물로도 제격이었다. 하지만 스위스인들은 이 전리품을 파는 데 애를 먹었다. 모라 전투 이후 10년이 지난 뒤 삼형제 같은 큰 보석 중 하나를 팔려고 했을 때 상대방은 고작 4000플로린을 불렀다. 원래 가격에 비하면 터무니없는 가격이었다. 그런데 문제는 보석들이 장물이었다는 것이다. 또 적어도 막시밀리안과 합스부르크 가문은 자신들이 부르고뉴의 상속인이라고 주장했을 것이다. 그들은 보석이 나타나면 자신들에게 돌려 달라고 요구할 권리가 있었다.

스위스 행상들이 푸거를 찾았을 때는 용담공 샤를이 죽은 지

18년 뒤였지만 여전히 세간의 이목을 피해야 했다. 푸거는 보석 스케치를 보자 눈이 휘둥그레졌다. 1년 넘도록 협상을 벌인 끝에 전부 4만 플로린에 구입했는데, 당시 그의 재산에 비하면 꽤 큰 금액이었다. 바젤시의 원로들처럼 푸거도 보석을 금고에 넣어 두고 전혀 내색하지 않았다.

✤

푸거는 무모한 투기꾼은 아니었다. 지기스문트나 막시밀리안에게 돈을 빌려주었을 때는 땅속 광석을 담보로 잡았다. 용광로를 지을 때는 구리 가격이 유리해 짭짤한 수익을 챙겼다. 보석을 살 때는 되팔기 어려운 대신 헐값에 구입했다.

하지만 눈이 밝은 푸거도 당시의 열풍에서 자유롭지는 못했다. 콜럼버스가 아메리카를 발견하고, 베스푸치가 아마존을 발견하고, 바스쿠 다가마가 인도로 항해하자 아우크스부르크의 육지인들도 잔뜩 흥분했다. 탐험 열병에 사로잡힌 사람들은 코코넛과 앵무새 깃털을 비롯한 아시아의 신기한 물건을 수집하기 시작했다. 푸거도 열병에 걸려 1505년 포르투갈의 대對인도 향신료 무역에 투자했다. 포르투갈은 바다의 지배권을 놓고 스페인과 겨루고 있었다. 포르투갈은 본디 서유럽 끝자락에 자리하고 있었으며, 절망적일 정도로 가난했지만 원대한 희망을 가지고 있었다. 스페인이 아메리카에 주목했다면 포르투갈은 아프리카를 돌아 인도 항로를 개척하는 데 집중했다. 목표는 베네치아의 유럽 후추 무역 봉쇄를 무너뜨리는 것이었다.

다가마의 성공에 이어 포르투갈 국왕 마누엘 1세는 후추를 싣고 돌아오는 항해를 위해 투자자를 물색했다. 푸거도 이 투자에 참여했다. 이번 투자로 그는 격렬한 무역 전쟁에 발을 내디뎠으며 뜻밖의 이익을 거두었다.

푸거는 대양―특히 희망봉을 끼고 도는 미지의 해로―항해가 위험하다는 사실을 알고 있었다. 그는 위험과 수익을 견주어 보았다. 배가 좌초하면 투자금이 몽땅 날아갈 터였지만 후추를 가득 싣고 리스본으로 돌아오면 떼돈을 벌 수 있었다.

협상은 여러 달에 걸쳐 이루어졌다. 마침내 투자자들이 계약서에 서명하자 아우크스부르크에 있는 푸거의 지인 안톤 벨저는 2만 플로린을 내놓았다. 푸거의 투자금은 4000플로린에 불과했다. 그 이상의 위험은 감수하고 싶지 않았는지도 모른다. 하지만 수석 대리인이 국왕과의 교섭을 진척시키지 못하자 대리인을 교체하는 등 아낌없는 노력을 기울인 것으로 보아 더 깊이 관여하고 싶었을 것이다. 독일인 투자자들은 안트베르펜에서 배를 3척 빌렸다. 아우크스부르크의 필경사 2명이 일지를 기록하기 위해 배에 올랐다. 배는 리스본으로 항해해 포르투갈 함대와 합류했다. 아우크스부르크의 시 서기관 콘라트 포이팅거가 모두를 대표해 순항을 기원했다. "이로써 우리 아우크스부르크 사람들은 인도로 항해한 최초의 독일인이라는 자부심을 느낄 수 있게 되었습니다."[5]

포르투갈이 포함砲艦을 필요로 한 이유는 후추를 차지하려면 싸움을 벌여야 했기 때문이다. 항로에 있는 대부분의 항구는 아랍인이 장악하고 있었다. 그들은 인도 농민에게서 후추를 사들여 홍해로

운반했는데, 그곳에서 낙타에 실어 알렉산드리아나 다마스쿠스로 이동한 뒤 지중해를 건너 베네치아로 보냈다. 아랍인은 이런 식으로 베네치아의 동업자들과 수백 년째 교역을 하고 있었다. 하지만 포르투갈이 교역로를 확보할 수만 있다면 향료 무역을 독차지할 수 있었다. 그들에게는 몇 가지 이점이 있었다. 푸거도 알고 있었던 것과 같이 포르투갈의 거대한 가로돛 상선은 화물칸이 넓어서 낙타보다 훨씬 효율적이었다. 리스본까지 바다로만 이동하므로 튀르크의 술탄이 자신의 영토에서 부과하는 고액의 통행료를 피할 수도 있었다. 게다가 리스본은 베네치아보다 스페인과 유럽 북부 시장에 더 가까웠다. 이렇게 후추 가격을 낮추면 독일, 프랑스, 스페인의 수입상은 포르투갈에서 후추를 구입할 것이었다. 포르투갈의 문필가 기두 데티는 기고만장한 베네치아인의 코를 납작하게 해 준다는 생각에 열광했다. "동방 무역을 빼앗으면 그들은 고기잡이로 돌아가야 할 것이다." 베네치아도 재앙을 두려워했다. 베네치아의 은행가 프루일리는 "베네치아시의 몰락이 똑똑히 보이는도다"라고 쓰기도 했다.

마누엘 1세는 프란시스쿠 알메이다라는 야심찬 귀족에게 함대 지휘를 맡겼다. 국왕은 항로상의 도시들과 항해 안전 계약을 맺고 싶어 했다. 거부하는 도시는 함락시키거나 심지어 파괴할 작정이었다. 알메이다는 국왕으로부터 엄청난 특혜를 제안받았다. 국왕은 알메이다에게 이번 항해에 성공하면 인도 총독으로 임명하겠다고 약속했다. 총독은 절대 권력을 가지므로 알메이다는 인도 내 포르투갈 영토에서 독재자처럼 통치할 수 있을 터였다.

알메이다 함대는 3월에 리스본을 떠났다. 아프리카 서해안을 따라 순조롭게 항해하다가 희망봉을 돌았을 때 폭풍을 만나 돛대가 꺾이고 키가 부서지는 바람에 간신히 목숨을 건졌지만 몸바사에서 더 큰 시련이 기다리고 있었다. 몸바사는 섬으로 이루어진 도시로, 인도양(포르투갈인은 '야만인 만Barbarian Gulf'이라고 불렀다)을 사이에 두고 인도의 향신료 무역항을 마주 보고 있었다. 지금은 케냐 제2의 도시지만, 당시에는 동아프리카의 최대 도시였으며 아랍 무역상들의 소유였다. 몸바사를 다스리는 셰이크(아랍인 지도자)는 방벽 안에 정원과 분수를 갖춘 궁전을 소유하고 있었다. 도시의 나머지 지역은 길이 너무 좁아서 2명이 나란히 걸으면 꽉 찰 정도였다. 길 위로 튀어나온 발코니가 제2의 도로 역할을 했다. 후추는 소득원 중 하나였으며, 다른 하나는 노예였다. 셰이크는 아프리카 본토에 기습조를 보내 노예를 사로잡아 알레포, 알렉산드리아, 카이로의 시장에 내다 팔았다. 알메이다가 해안을 확보하려면 몸바사를 손에 넣어야 했다. 항해의 성패가 여기에 달려 있었다. 몸바사를 자신의 편으로 만들거나 중립을 지키게 하지 못하면 포르투갈 선박들이 이곳을 지날 때마다 해적의 공격을 받을 것이 뻔했다.

돛대에서는 국왕의 깃발이 펄럭이고, 갑판에서는 함포가 육지를 겨냥한 채 알메이다의 함대는 항구에 닻을 내리면서 섬을 공격할 것처럼 공포 분위기를 조성했다. 하지만 셰이크는 성채 뒤에 안전하게 숨어서 협상을 거부했다. 알메이다가 발포 명령을 내리자 포성과 병사의 함성이 항구에 울려 퍼졌다. 도시는 순식간에 불길에 휩싸였다. 알메이다는 상륙 부대에 명령을 내렸으며, 셰이크가 보낸 코끼리 2마리의 공격에서 살아남은 병사들은 배가 상륙할 수 있도록 도시의 방어망을 무너뜨렸다. 이튿날 아침 포르투갈 배들이 항구에 상륙했다. 주력 부대가 도시에서 백병전을 벌이는 동안 알메이다는 손쉽게 궁전을 점령했다. 셰이크는 옷자락을 치켜들고 부하들과 함께 야자나무 숲으로 달아났다. 노예, 여인, 아이만이 남아서 도시를 방어했다. 포르투갈 병사들은 사로잡은 주민을 모두 죽였다. 임무를 완수한 알메이다는 만족해하며 홍백의 왕기王旗를 궁전에 내걸었다. 항해에 동행한 아우크스부르크인 발타자르 슈프렝거는 신에게 감사를 드렸다. "하느님의 자비가 아니었다면 이 일을 이루지 못했으리라. 하느님께서 계시지 않았다면 많은 이들이 쓰러졌을 것이다. 전능하신 분 덕분에 도시를 정복하고 행복하게 차지했도다." 셰이크는 인근의 통치자에게 경고의 편지를 보냈다. "위대한 주께서 엄청난 힘과 분노를 내려 목숨을 건진 이가 몇 명 되지 않는다. 도시의 시체 냄새가 하도 역겨워 돌아갈 수가 없다."[6] 포르투갈은 5명을 잃었으나 셰이크는 1500명을 잃었다. 몸바사는 다시는 포르투갈을 위협하지 않았다.

아프리카 동해안을 장악한 알메이다는 아랍인 길잡이를 납치해 인도양 항해를 안내하게 했다. 알메이다와 푸거의 투자가 더욱 위기에 처한 것은 인도에서였다. 아랍인은 베네치아공화국과 새로 동맹을 맺었다. 오래전 교황은 베네치아의 이교도와 사업하지 말라고 명령한 적이 있다. 하지만 교황은 무슬림을 이교도로 여겼을지 몰라도 베네치아인은 돈이 걸려 있을 때는 무슬림을 형제로 생각했다. 베네치아에는 '베네치아인이 첫째요, 기독교인이 둘째다'라는 속담이 있었다. 이 속담에 대한 신념이 가장 확실하게 드러나는 것은 아랍인 향신료 판매상과 거래할 때였다.

베네치아는 두 가지 방안을 놓고 저울질했다. 하나는 고대 페르시아의 왕 다리우스를 본받아 지중해와 홍해를 잇는 운하를 개통하는 것이었다. 그렇게 되면 베네치아에서 배를 보내 전투를 벌일 수 있었다. 하지만 베네치아인은 비용이 너무 많이 들었으므로 조선공을 아르세날레 디 베네치아 조선소에서 알렉산드리아로 보내 판자, 늑재, 돛대를 만들도록 했다. 그러면 이집트인들이 재료를 피라미드 벽돌처럼 끌고 가 사막을 가로질러 수에즈에서 전함으로 조립했다. 이집트 선원들은 배를 몰고 구자라트의 디우까지 이동한 뒤 막강한 인도 국왕 캘리컷(지금의 코지코드)의 자모린과 합류해 알메이다를 공격할 계획이었다. 하지만 알메이다가 그들보다 한 발 앞섰다. 알메이다는 대포를 쏘아 이집트인들에게 겁을 준 뒤 그들의 수급首級을 모아 다른 도시에 경고 사격으로 발사했다. 알메이다는 이후 몇 차례 충돌을 벌인 끝에 후추를 최대한 확보해 리스본으로 출항했다.

후추가 얼마나 많았던지 배를 부두에 정박하기 전부터 후추 가격이 폭락했다. 벨저와 푸거는 후추를 당장 팔고 싶었다. 가격이 떨어져도 막대한 이익을 얻을 수 있었다. 하지만 마누엘 1세가 그들을 제지하고는 화물을 몰수해 창고에 넣어 버렸다. 벨저와 푸거는 국왕을 절도죄로 고발하고 후추를 되찾기 위해 3년 동안 재판을 벌였다. 재판에서 이긴 그들은 마침내 후추를 되찾아 내다 팔아 세 배의 수익을 거두었다.

항해의 맛을 본 벨저는 더욱 의욕이 솟구쳤다. 리스본에 있는 그의 대리인 루카스 렘은 포르투갈인이 싫었고 향신료 무역이 지긋지긋했지만 벨저 가문은 더 많은 항해에 자금을 아끼지 않고 지원해 많은 돈을 벌었으며, 평민임에도 가문의 일원을 대공과 결혼시켰다. 하지만 푸거는 마누엘에게 배신당한 뒤 운송 사업에 흥미를 잃어 벨저 가문의 독점에 개의치 않았다. 푸거는 고향 근처에서 사업하는 것이 더 좋았다. 게다가 그에게는 향신료에서 수익을 올릴 다른 방법이 있었다. 중간상이 되어 포르투갈인에게 후추를 산 뒤 독일에서 되팔아도 운송 못지않게 돈을 벌 수 있었다.

누구나 도매상이 될 수 있었지만 푸거에게는 포르투갈인을 붙잡을 비결이 있었다. 그것은 금속이었다. 포르투갈이 금속의 중요성을 깨달은 것은 다가마가 1498년 인도에 갔을 때였다. 그는 후추를 얻기 위해 유럽의 꿀과 멋진 모자로 자모린을 유혹하려고 했다. 하지만 아랍인 무역상들은 물건을 보고 코웃음을 쳤으며, 모욕을 당했다고 생각한 자모린은 분통이 터졌다. 친절한 튀니지 무역상이 다가마에게 다음에는 금을 가져오라고 경고했다. "선장들이 상륙하면 목이 달아날 걸세. 국왕은 금을 가지고 오지 않은 자들을 그렇게 다루었다네."[7] 알메이다도 같은 고충을 겪었다. 그의 꿀과 모자를 원하는 사람은 아무도 없었다. 포르투갈인은 총만 가지고는 후추를 얻을 수 없다는 사실을 깨달았다. 푸거의 은과 구리는 금이 아니었지만 인도는 이 금속들도 필요했다. 곧 포르투갈은 푸거의 금속을 구매하는 최대 고객이 되었다. 푸거가 헝가리에서 은과 구리 광석을 가득 실은 수레를 안트베르펜으로 보내면 그곳에서 배에 실어 리스본으로 보냈다. 포르투갈은 후추로 값을 치렀기 때문에 푸거는 유럽 제일의 향신료 도매상이 될 수 있었다. 푸거가 폭리를 취한다거나 독점을 한다거나 (무엇보다) 유대인이라고 중상하는 사람들도 있었다. 향신료 무역을 하면서는 '후추 자루'라는 별명도 생겼다. 푸거의 후추 거래는 광산업 활동보다 더 두드러졌으며, 많은 이들은 후추가 그의 주력 사업인 줄 알고 있었다.

일기 작가 프리울리가 우려한 대로 포르투갈의 성공은 베네치아를 파멸시켰다. 베네치아는 후추 수출국에서 수입국으로 전락하고 말았다. 1512년 베네치아의 한 외교관은 이집트 술탄에게 돈 문제로 하소연하기도 했다. 1514년 베네치아는 포르투갈의 고객이 되는 치욕을 당하고 말았다. 베네치아공화국은 주도권을 완전히 잃었으며, 최후의 몸부림으로 무역업에서 제조업으로 전환했다. 유리, 비누, 비단, 양털 제조업자들이 아르세날레 조선소를 제치고 도시 제일의 제조업자가 되었다. 하지만 예전의 활기와 노동 윤리가 사라지면서 베네치아는 쇠락하기 시작했다. 푸거는 시대 변화에 발맞춰 대외 활동의 중심지를 안트베르펜으로 옮겼다. 한편 포르투갈은 17세기 네덜란드의 도전을 받기 전까지 향신료 산업을 지배했다.

푸거의 묘책 중 하나는 공직자들에게 임금을 지급하는 것이었다. 그중에는 막시밀리안을 모시는 사람도 여러 명 있었다. 막시밀리안은 푸거가 자신의 신하들에게 임금을 지급한다는 사실을 알고 있었을 뿐 아니라 이를 용인했다. 자신의 돈으로 임금을 주지 않아도 되어 비용이 절약되었기 때문이다. 리스본에 있는 벨저의 대리인 루카스 렘은 재정적인 문제에 대한 막시밀리안의 어수룩함에 기가 막했다. 신하들이 막시밀리안의 이익을 최우선으로 고려하지 않을 수 있다는 생각을 왜 하지 못한단 말인가. 렘은 자신의 일기에서 막시밀리안을 독실하고 고결한 사람으로 찬미하면서도 그의 재정적 어리석음에 대해서는 비난을 퍼부었다. "그의 자문관들은 그를 좌지우지하는 기생충이다. 그들은 대부분 부자이지만 황제는 가난뱅이다."[8] 당시 피렌체의 제2서기관이던 마키아벨리도 비슷한 견해를 가지고 있었다. 그는 막시밀리안을 끈기 있고 너그러운 '위대한 장군'이라고 불렀으나 돈에 대해서는 형편없다고 평했다. "그는 성품이 수더분해서 속기 쉽다. 황제의 친구가 나에게 말하기를 누구나 그를 감쪽같이 속일 수 있다고 했다."

    (별로 기억되지 않는) 란츠후트 계승 전쟁은 뇌물의 유익을 확실히 보여 준 사건이었다. 1504년 9월 막시밀리안은 갑옷을 입었다. 프랑스와 싸우기 위해서도 아니요, 이탈리아나 스위스와 싸우기 위해서도 아니요, 바로 자신의 상관 중 한 명인 팔츠의 선거후 비텔스바흐의 필리프와 싸우기 위해서였다. 필리프는 바이에른의 영토를 놓고 자기 가문의 뮌헨 분파에 선전 포고를 했다. 나머지 선거후는 막시밀리안에게 중재를 요청했는데, 막시밀리안은 이를 참전 요구로 받아들였다. 아우크스부르크 재계는 바짝 긴장했다. 자신의 고객들이 고작 몇 킬로미터 떨어진 곳에서 죽기 살기로 싸우고 있었기 때문이다. 보헤미아의 한 용병이 막시밀리안을 말에서 끌어내려 창을 들고 그에게 달려들었다(푸거가 이 사실을 알았다면 간담이 서늘했을 것이다). 다행히 친구가 용병을 물리쳤고, 전투에서 승리한 막시밀리안은 평화 협상에서 완강하게 버티어 쿠프슈타인, 섬유 도시인 키르히베

르크와 바이센호른 그리고 라텐베르크의 은광을 획득했다.

라텐베르크를 차지했다는 소식에 은행가들은 환호성을 질렀다. 막시밀리안은 은이 생산되는 족족 채권자에게 내어 주기로 이미 약속한 터였다. 라텐베르크를 얻었으니 막시밀리안에게는 담보가 하나 더 생긴 셈이었다. 독일의 모든 대금업자와 마찬가지로 푸거도 라텐베르크를 원했지만 승산은 희박했다. 막시밀리안이 그에게 화가 나 있었기 때문이다. 막시밀리안은 푸거가 구리를, 그것도 자신의 광산에서 캐낸 구리를 자신에게 웃돈을 붙여 팔았다는 사실을 알게 되었다. "우리의 재무부 금고에서 인스브루크에 있는 병기창까지는 서른 걸음 정도 된다. 그런데 이 서른 걸음 만에 구리의 가치가 바뀐단 말인가? 우리는 구리가 마치 우리 것이 아닌 것처럼 여전히 남들과 같은 가격을 지불해야 한다. 이것은 불합리하다."[9]

막시밀리안의 재무 자문관을 맡았던 지크문트 고셈브로트가 살아 있었다면 그 자신이나 푸거의 경쟁자 중 한 명이 라텐베르크를 차지했을지도 모른다. 하지만 고셈브로트의 후임인 파울 폰 리히텐슈타인은 생각이 달랐다. 리히텐슈타인은 흥미로운 인물이었다. 훗날 합스부르크 가문에 얼마나 유능하게 봉사했던지 오스트리아와 스위스 사이에 있는 은 광산(지금의 리히텐슈타인 지방)을 받기도 했다. 하지만 파울 폰 리히텐슈타인이 푸거에게 충성을 바친 것은 다름 아닌 그에게 임금을 지급했기 때문이다. 푸거는 리히텐슈타인에게 해마다 2000플로린이라는 상당한 금액을 지급했다. 리히텐슈타인은 푸거를 배신할 만큼 멍청하지 않았다. 푸거는 막시밀리안에게 라텐베르크에서 생산되는 은을 3년 동안 차지하는 대가로 6만 플로린을 제시했다.

리히텐슈타인은 적당한 금액이라고 생각했으며 막시밀리안은 그의 제안을 받아들였다.

✤

1509년 7월의 어느 날 푸거는 말 25마리가 끄는 마차를 타고 슈바벤의 슈미헨 마을로 가는 길이었다. 흙길을 덜컹덜컹 달리던 푸거는 한 농부를 발견하고는 마차를 세운 뒤 농부에게 주화를 주었다. 푸거는 마을에 도착해서도 선심을 베풀었다. 그는 농부와 그들의 아내, 하인과 하녀 등에게 돈을 주었다. 마구간지기는 농부의 두 배인 2크로이처를 받았으며, 집행관은 15크로이처를 받았다. 푸거는 이들에게 준 금액 모두를 장부에 기록했다.

푸거가 이처럼 너그럽게 처신한 것은 봉건적 책임감 때문이었다. 아우크스부르크는 오래전에 돈을 써서 봉건제에서 벗어나 이제는 황제 이외에는 어느 누구도 섬기지 않았다. 하지만 슈미헨은 여전히 낡은 봉건적 계약에 얽매여 있었다. 주민들은 아우크스부르크 시민과 같은 자유민이 아니라 영주에게 종속된 농노였다. 그들은 영주에게 소작료를 바쳤고, 영주는 족장 노릇을 했다. 영주는 농노를 공격으로부터 지켜 주었다. 네덜란드에 "그대는 우리의 공작이니 우리를 위해 싸우소서"[10]라는 말이 있다.

푸거가 방문했을 때 그곳의 영주는 푸거 자신이었다. 슈미헨 경이 되었기 때문이다. 아우크스부르크에서는 그를 푸거 씨라고 불렀지만 슈미헨에서는 농부, 마구간지기, 농노 등이 그를 귀족 호칭으로 불렀다. 시골 농부의 아들 푸거는 그들에게 푸거 백작이었다.

푸거가 귀족이 된 것은 10여 년 전 머나먼 스페인에서 시작된 기이한 사건들의 결과였다. 푸거의 인적·물적 자원과 기술, 담력이 한몫했다. 하지만 그의 고객인 합스부르크 가문의 기막힌 부침도 큰 영향을 미쳤다. 푸거가 헝가리에서 왕성하게 활동하던 1496년 카스티야(지금의 스페인) 국왕 페르난도 — 이사벨 여왕과 함께 콜럼버스를 아메리카로 보낸 바로 그 페르난도 — 는 프랑스와 싸우며 막시밀리안에게 지원받을 수 있는 방법을 모색하고 있었다. 페르난도는 자신의 딸 후아나와 막시밀리안의 아들 펠리페의 결혼을 제안했다. 막시밀리안은 펠리페가 스페인의 왕위 계승권을 확보할 수 있었으므로 그의 제안을 수락했다. 그런데 펠리페가 국왕이 되려면 손위 형제들이 죽어야 했다. 운이 좋았던지 그들이 일찍 죽고 이사벨 여왕이 몇 해 뒤에 죽자 펠리페는 카스티야의 왕이 되었다. 한편 펠리페는 페르난도가 죽으면 페르난도의 아라곤(스페인의 나머지 절반)을 상속받을 수 있는 자격도 가지고 있었다. 믿기지 않는 운명의 반전이었다. 합스부르크 가문은 한 세대 전만 해도 고작 몇 개의 칭호를 가지고 있을 뿐이었다. 빈조차 외국인 소유였다. 하지만 펠리페가 스페인에서 승승장구하는 지금, 합스부르크 가문은 오스트리아, 베네룩스 3국, 카스티야 그리고 신세계의 (점점 증가하고 있는) 카스티야 영토를 차지했다. 프리드리히의 허황된 꿈 AEIOU('온 땅이 오스트리아 치하에 있도다')는 현실이 되었다. 내륙 산악지대의 작디작은 나라 오스트리아가 온 세상을 통치하게 되었다.

하지만 합스부르크 가문과 푸거가 더 높이 오르려는 찰나에 먹

구름이 드리웠다. 펠리페가 장티푸스에 걸리면서 합스부르크 가문의 꿈이 위태로워진 것이다. 펠리페는 겨우 3개월 동안 재위하고는 스물 여덟의 나이로 세상을 떠났다. 다행히 후아나가 여전히 여왕의 자리에 있었고, 그녀의 자녀(합스부르크 가문의 자녀)가 왕위 상속자였다. 하지만 아버지 페르난도는 합스부르크 가문이 호락호락하게 스페인을 집어삼키도록 내버려 둘 생각이 없었다. 그에게는 후사가 없었는데, 쉰두 살의 고령으로 발기 불능이었지만 의지가 군건했다. 재혼한 그는 자신의 가문이 스페인을 되찾을 수 있도록 상속자를 생산하기 위해 정력제를 복용했다. 만사가 순조롭게 풀린다면 합스부르크 가문이 아니라 그의 트라스타마라 가문이 스페인을 물려받을 수 있었다.

막시밀리안은 스페인을 잃게 될까 봐 전전긍긍했으며, 이는 푸거에게 또 다른 기회가 되었다. 한편 스페인에서는 후아나가 남편의 시신과 함께 카스티야를 돌며 무시무시한 시위를 벌여 합스부르크 가문의 정당성을 강화하고자 했다.[11] 그녀의 목표는 세간의 이목을 집중시켜 자신의 아들(세 살과 여섯 살)이 펠리페의 왕위를 확고하게 계승하도록 하려는 것이었다. 하지만 이 일로 후아나는 정신이상자로 낙인찍히고 '미치광이 후아나Juana la Loca'라는 별명을 얻었으며, 페르난도에게 자신을 감금하게 하는 빌미를 제공했다. 그러자 막시밀리안은 로마에 입성해 황제관을 차지하기 위해 한층 더 노력했다. 그에게는 그 어느 때보다 황제관이 절실했다.

리히텐슈타인은 황제에게 현재의 실정을 보고했다. 로마에 입성하려면 밀라노에 있는 프랑스 군대를 통과한 뒤 베네치아를 뚫고 지나가야 했다(베네치아에서는 막시밀리안이 자신의 영토에 대한 소유권을 행사하고 싶어 한다고 의심했는데 그럴 만도 했다). 산술 결과는 어마어마했다. 리히텐슈타인의 계산에 따르면 막시밀리안에게는 병사 3만 명이 필요했다. 선거후들이 군대를 일부 내어 주더라도 용병을 고용하는 데 12만 플로린의 비용이 필요했다. 리히텐슈타인은 막시밀리안에게 비용을 감당할 수 있는 형편이 아니므로 대관식은 잊어버리라고 상황을 설명했다. 하지만 막시밀리안은 이를 단념하지 않고 리히텐슈타인에게 돈을 마련하라고 명령했다. "푸거에게 부탁하라."

리히텐슈타인은 인스브루크에서 푸거를 만나 황제가 란츠후트 전쟁에서 획득한 신흥 섬유 도시 키르히베르크와 바이센호른을 팔겠다고 제안했다. 그는 푸거의 관심을 끌기 위해 모든 성을 비롯한 주변 지역까지 포함한다는 거래 조건을 제시했다. 이 조건에는 세금 징수도 포함되었다. 푸거는 주민들에게서 원하는 것은 무엇이든 거두어들일 수 있었다. 게다가 지주 젠트리가 되어 가문의 위상을 한층 높일 수 있는 기회였다.

누구나 돈만 있으면 도시를 살 수 있었지만 한 가지 조건이 있었다. 그것은 반드시 귀족 가문이어야 한다는 것이었다. 물론 푸거는 평민이었다. 부와 문장과 부유한 가문 출신의 아내가 있었지만 신분제에서 그는 명예로운 농민에 불과했다. 하지만 푸거와 막시밀리안에게는 방법이 있었다. 일찍이 프리드리히가 보주를 돌리고 홀을 휘두르는 것만으로 용담공 샤를을 국왕으로 세웠듯이 막시밀리안은 푸거를 백작으로 만들 수 있었다. 한 가지 정치적 걸림돌은 푸거가 중간 단계를 건너뛰는 것에 대해 하급 귀족(기사)들이 반발하리라는 것이었다. 그들을 구슬려야 했다. 리히텐슈타인은 이 문제를 해결하겠다고 약속했다. 푸거는 제안을 진지하게 고려했다. 키르히베르크와 바이센호른은 아우크스부르크와 가까워서 푸거가 늘 주시할 수 있는 곳이었다. 조세 수입은 변변찮았으나 푸거는 다른 투자로 더 많은 수익을 올릴 수 있었다.

리히텐슈타인이 푸거를 설득하는 동안 막시밀리안은 선거후들에게 공을 들였다. 자신을 카이저라고 부르는 카롤루스의 상속자가 다시 한 번 제국의회에 돈을 구걸하러 찾아왔다. 회의는 스위스 국경 근처의 호안 도시 콘스탄츠에서 열렸다. 막시밀리안은 통치의 정당성을 확보하려면 황제관이 필요하다고 주장했다. 선거후들은 막시밀리안에게 보병 9000명과 기병 3000명을 내어 주기로 표결했다. 이는 (도움은 되겠지만) 상징적 조치에 불과했다. 황제가 영원의 도시(로마)로 쳐들어가려면 더 많은 도움이 필요했다.

베네치아의 제국의회 사절 빈첸초 퀘리니는 도제에게 안심해도 좋다는 소식을 보냈다. 제국의회가 막시밀리안에게 거의 아무것도 도와주지 않았기 때문에 제국의 침공을 대비할 필요가 없다는 것이었다. 하지만 퀘리니의 판단은 너무 성급했다. 푸거가 황제의 제안을 받아들여 키르히베르크와 바이센호른을 5만 플로린에 매입하면서 상황이 달라졌기 때문이다. 푸거는 대금 지급을 만천하에 과시했다. 돈을 직접 전장에 보내 용병에게 지급하지 않고 수레에 금화를 가득 싣고는 소규모 병력의 호위 아래 콘스탄츠 회의로 보냈다. 푸거는 수레를 광장에 세워 두어 황제의 재력이 무한한 것처럼 보이게 했다. 이는 속임수였지만 겁에 질린 베네치아는 황제를 무사통과시켰다.

푸거의 연출은 화제를 불러일으켰다. 퀘리니는 도제에게 주의를 촉구했으며, 터무니없는 거액을 순식간에 마련할 수 있는 은행가가 막시밀리안의 배후에 있다는 소문이 널리 퍼졌다. 당시 스위스를 지나던 마키아벨리는 제노바의 사업가 2명을 우연히 만났다. 그들은 막시밀리안이 아우크스부르크에 있는 푸거를 방문해 10만 플로린을 받아 떠났다고 말했다. 정확하지는 않지만 비슷한 액수였다.

막시밀리안은 푸거를 여러 도시와 영민領民 수천 명의 영주로 임명하는 문서에 서명했다. 1508년 새해 첫날 여러 도시 중 최대 도시인 바이센호른 사람들이 겨울 하늘 아래 운집해 새로운 영주에게 충성을 맹세했다. 자세한 기록은 유실되었지만, 푸거의 아르놀트슈타인 공장에서 멀지 않은 오스트리아의 카른베르크시에서 열린 기념식 기록을 보면 당시의 행사 분위기를 짐작할 수 있다. 카른베르크 기념식은 다음과 같이 진행되었다. 농부 1명이 문장이 새겨진 둥근 돌 위에 앉으면 농부처럼 차려입은 새 영주가 돌이 있는 곳으로 다가간다. 진짜 농부가 영주와 인사를 나눈 뒤 구경꾼을 돌아보며 영주를 가리키면서 "이 사람이 의로운 심판관이오? 우리 땅의 안녕과 자유를 증진시킬 사람이오? 기독교 신앙을 수호하고 기독교인의 과부와 고아를 보살필 사람이오?"라고 묻는다. 그러면 군중이 외친다. "그렇소. 지금도, 앞으로도 그럴 것이오."[12] 농부는 상징적으로 영주의 뺨을 때리고는 충성을 맹세한다. 푸거가 이 같은 예식에 참여했는지는 알 수 없다. 하지만 바이센호른 사람들이 푸거에게 관문 열쇠를 주면서 다음과 같이 다짐한 것은 알려져 있다. "푸거 경을 칭송하며 그에게 순종과 충성, 헌신할 것을 맹세합니다." 1년 뒤 슈미헨 사람들도 같은 맹세를 했다.

❧

푸거는 바이센호른을 매입하고 얼마 지나지 않아 그 어느 때보다 자본주의를 옹호하고 자신의 세계관을 드러내는 편지를 작성했다. 지금의 관점에서 보면 그의 주장은 상공회의소 회의에서나 들을 법한 뻔한 소리였다. 하지만 당시에는 자본주의가 아직 정착되지 않았고, 상인들이 수세기 동안 활동했음에도 거대 산업은 낯선 것이었다. 푸거의 주장이 도발적이었던 것은 최초였기 때문이다.

푸거는 막시밀리안이 최근 자금을 마련한 방법에 불만을 제기했다. 황제는 푸거에게 빌린 돈만으로는 로마로 입성하는 데 필요한 자금이 부족할까 봐 베네치아에서 개발된 금융 기법으로 더 많은 자금을 마련하고자 했다. 1171년 이래 베네치아에서는 고정 이율의 유통 유가증권을 매매하고 있었다. 이는 현재 80조 달러에 달하는 채권 시장의 시초였다. 이 사실은 잘 알려져 있으나 투자자들이 협박에 못 이겨 증권을 매입했다는 사실은 알려져 있지 않다. 베네치아 정부가 정복 활동을 하려면 은행가와 상인이 가진 부가 필요했다. 정부는 세금을 올리기보다는 투자자들에게 채권을 매입하라고 명령했다.

막시밀리안은 푸거를 비롯한 아우크스부르크, 뉘른베르크, 기타 제국 도시의 은행가들에게 자신의 채권을 매입하도록 했다. 막시밀리안이 채권을 떠넘기고 싶어 한다는 것은 은행가들에게는 나쁜 소식이었다. 설상가상으로 채권은 막시밀리안의 상환 약속 이외에는 아무 담보도 없었다. 그가 어디서 상환 자금을 마련할지는 아무도 알 수 없었다. 막시밀리안이 자신의 조치를 정당화하는 데 동원한 공정성 논증은 현대인에게는 친숙하게 들릴 것이다. 푸거를 비롯한 은행가들은 자신들 스스로가 부를 쌓았다고 생각할지 모르지만 사실 그들은 제국 도시의 시민으로서 특혜를 받았다는 것이 막시밀리안의 논리였다. 제국은 그들의 안전을 보장했다. 제국이 보호해 줌으로써 상인들은 평화로운 삶을 살며 침략자에 대한 걱정 없이 사업을 벌일 수 있었다는 것이다.

푸거는 격분했다. "폐하께서는 제 호주머니를 털어 가고자 하시나이다."[13] 푸거가 보기에 이것은 세금이나 마찬가지였다. 소득세는 이미 납부했다. 그를 비롯한 아우크스부르크의 지주들은 소유한 부동산 가격의 1퍼센트를 해마다 납부해야 했다. 이것으로 충분하지 않단 말인가?

푸거는 (자신이 생각하기에) 명백한 사실로 편지를 시작했다. 자신의 기업과 같은 기업들은 만인에게 일자리와 부를 창출함으로써 사회 모든 계층에 유익하다, 사업이 성공하려면 정부가 간섭하지 말아야 한다, 정치인이 걸림돌을 제공해 이윤 동기가 사라지면 사업가들은 도리가 없다, 상인과 은행가는 훌륭한 시민이다 등이 푸거의 주장이었다. 상인과 은행가는 상대방과 고객을 공정하게 대했다. 물론 그들의 동기는 사익 추구였다. 하지만 고객을 속이는 어리석음을 범하지는 않았다. 평판은 무엇보다 중요했으며, 신용을 잃어서는 안 되므로 거짓말을 하거나 바가지를 씌우거나 훔치려는 충동을 억제해야 했다. 조세 피난처를 은근슬쩍 언급하며—100킬로미터만 가면 스위스 국경이었다—다른 나라는 사업가를 더 존중한다고 분명히 말했다. 그런 뒤 상업과 산업을 비난하는 자들을 성토했다. 훌륭하고 용감하고 정직한 기업들이 영토 내에 있는 것이 공공선에 이로움을 이해하지 못한다는 것이었다. "왕국에 있는 이런 기업들은 흉물이 아니라 귀한 보석입니다." 푸거는 모호한 협박으로 편지를 끝맺었다. "합리적인 사람이라면 이 사실을 알 것이며, 이를 고려하는 것이 현명할 것이외다."[14]

마지막 문장이 무슨 뜻인지는 알 도리가 없다. 하지만 어쩌면 모호함이야말로 핵심이었는지도 모른다. 푸거는 황제가 행간을 상상력으로 채우기를 바랐다. 앞으로는 막시밀리안에게 돈을 빌려주지 않겠다는 협박일 수도 있고, 스위스로 옮기겠다는 협박일 수도 있으며, 황제의 적수에게 자금을 지원하겠다는 협박일 수도 있었다. 마지막 문장이 모욕을 암시하고 있다는 점도 주목된다. 황제가 합리적이지 않다는 뜻이기 때문이다. 그의 동시대인들은 이 당돌함에 경악했을 것이다.

승자는 막시밀리안이었다. 은행가들은 그에게 돈을 빌려주었다. 하지만 금액은 그가 원한 것보다 적었으며, 푸거는 아주 적은 금액을 분담했다. 푸거의 강경한 태도는 또 다른 소득을 낳았는데, 막시밀리안은 다시는 강제로 돈을 빌리지 않겠다고 다짐했다.

똑똑한 사업가는 정치적으로 중립을 지킨다. 오늘의 역적이 내일의 통치자가 될 수도 있기 때문에 그들은 양쪽 진영을 넘나들며 두루 우의를 다진다. 1508년 푸거 진영은 이탈리아와 오스트리아의 국경이었다. 로마 입성을 꿈꾸는 막시밀리안의 욕망이 푸거를 옭아맸다. 베네치아와 교황청은 푸거의 최대 고객이었으며, 어느 쪽도 막시밀리안과 (전리품에 굶주린) 탐욕스러운 용병이 이탈리아를 통해 쳐들어오는 것을 바라지 않았다. 베네치아는 본토의 소유권을 잃게 될까 봐 걱정했으며, 세속주의가 극에 달한 교황청은 자신의 영토를 잃게 될까 봐 두려워했다. 푸거는 베네치아를 자극하는 위험을 감수할 수도 있었다. 포르투갈이 향신료 전쟁에서 승리한 뒤 후추 무역에서 베네치아가 차지하는 몫은 전무하다시피 했다. 푸거가 베네치아를 얼마나 하찮게 여겼던지 베네치아의 맞수인 제노바에 사무소를 낼 정도였다. 베네치아는 푸거가 적과 거래하더라도 여전히 그의 구리를 구매하고 싶었을 것이다.

하지만 교황청을 상대할 때는 좀 더 신중을 기해야 했다. 푸거는 세월이 흐르면서 독일에서 거둔 헌금을 로마로 운반하는 사업을 장악했다. 로마는 이 헌금 수입으로 먹고살았다. 이탈리아 은행가들이 푸거보다 먼저 이 사업에 진출해 있었는데, 푸거는 방대한 지점망 덕에 돈을 남보다 안전하고 효율적으로 운반할 수 있었다. 그는 많은 사무소와 많은 금액을 취급했기 때문에 한 지점에서 차변 계정에 기입하고, 다른 지점에서 대변 계정에 기입해 자체적으로 돈을 융통할 수도 있었다. 실제 주화는 전혀 움직이지 않고서도 말이다. 이것이 여느 은행가와 다른 차이점이었으며, 이 덕분에 교황청은 푸거를 신임했다. 교황이 노상강도에게 돈을 빼앗길 염려가 없었기 때문이다. 신용카드를 사용할 때마다 카드 회사가 수수료를 떼듯 푸거는 이체 시마다 3퍼센트를 징수했다.

푸거는 단순히 교황청의 자금을 운반하는 독일 대행업자가 아니었다. 그는 '신의 은행가', 즉 로마의 최고 금융업자였다. 그의 이체업은 동유럽, 스웨덴, 프랑스 일부 지역으로 확대되었다. 푸거는 교황을 수호하는 스위스 용병들에게 임금을 지급하는 업무를 담당함으로써 스위스 교황 근위대를 출범시켰다. 그는 율리우스 2세의 교황 선거 운동에 4000두카트(5600플로린)를 기부했으며, 추기경들에게는 뇌물을 주었다. 율리우스가 교황관教皇冠을 쓰는 날 대관식 행렬은 푸거의 교황청 지점 앞을 지나갔다. 은행 간부들은 자신의 고용주를 상징하는 청백의 백합 깃발을 내걸었다. 그들은 율리우스에게 푸거의 세력을 상기시키고 싶었다. 율리우스는 푸거와 교황청 화폐인 제카zecca를 주조하는 계약을 맺음으로써 감사를 표했다. 화폐 주조는 피렌체의 독점 사업이었으나 율리우스는 재임자와 맺은 5년 계약을 취소하고 푸거에게 15년 주조권을 부여했다. 푸거는 7명의 교황을 섬겼는데 그중 4명의 주화를 주조했으며, 주화에 'F'나 가문의 상징인 삼지창을 새겨 넣었다.[15]

푸거는 막시밀리안이 로마로 행진하는 것을 돕지 말아야 한다는 것쯤은 알고 있었다. 하지만 교황청에서는 그에게 이 사실을 다시한 번 상기시켰다. 율리우스는 독일에 있던 자신의 최고 수하 베르나르디노 카르바할 추기경을 아우크스부르크로 보내 푸거에게 신중을 기하라고 경고했다. 카르바할의 방문은 푸거에게 여간 골칫거리가 아니었다. 이제 아우크스부르크는 유럽 금융의 본산이 되었다. 푸거뿐 아니라 벨저 가문과 호흐슈테터 등도 큰 규모로 사업을 벌이고 있었다. 푸거의 경쟁자들은 추기경이 아우크스부르크에 오면 그에게 관심을 보이며 푸거의 교황청 사업을 가로채려고 할 것이었다. 푸거는 자신이 가장 부유하고 로마에서 가장 가치 있는 존재임을 보여 주고자 추기경이 도착한 첫날 밤에 연회를 열었다. 12가지 코스 요리와 함께 노래와 춤이 어우러졌다. 아우크스부르크의 부호와 세력가뿐 아니라 도시 최고의 미인들이 참석했다.

카르바할은 연회를 즐기면서도 자신의 임무를 잊지 않았다. 그는 막시밀리안이 영토에 머물러 있기를 바란다는 교황의 뜻을 전하고 푸거에게 자금을 지원하지 말라고 경고했다. 푸거는 중립을 지키며 사태를 방관하는 것이 최선임을 잘 알고 있었다. 하지만 제국의회에서 막시밀리안에 대한 지원을 또다시 거부하자 푸거로서는 별 도리가 없었다. 막시밀리안을 만족시키려면 무언가 도움이 되어야 했다. 푸거는 막시밀리안이 원정에 착수할 수 있을 만큼의 금액만 지원했다.

막시밀리안은 1만 병력을 이끌고 알프스산맥을 넘었다. 이는 리히텐슈타인이 계산한 필요 병력의 3분의 1에 불과했다. 베로나 북쪽 트렌트까지 진군하자 자금이 바닥났다. 그러나 막시밀리안은 물러서지 않았다. 그는 죽는 한이 있어도 소규모 부대를 이끌고 기어이 진군하겠다고 선언했다. 황제관을 포기하는 것은 죽기보다 싫었다. 이런 황제의 태도에 자문관들은 분통이 터졌다. 한 참사관은 "우리를 막아선 난관의 벽은 황제의 머리통만큼 단단하다. 그런데도 황제는 투구도 없이 벽을 들이받으려고 한다"라고 썼다. 자문관들은 황제의 목숨과 자신들의 생계를 유지할 계책을 고안했다. 대관식을 이 자리에서 교황 없이 거행하면 어떨까? 막시밀리안의 친구인 잘츠부르크 주교 마테우스 랑에게 대리를 부탁하면 되었다. 대로에서 행진을 벌이고 황제관 대용품을 만들 돈은 금고에 있었다. 랑은 위엄을 갖추어 막시밀리안의 머리에 황제관을 씌우고 교황은 먼 곳에서 대관식을 승인할 수 있었다. 이들의 계획은 전례가 없었다. 교황이 황제에게 관을 씌워 주는 것은 변함없는 전통이었다. 하지만 보좌관들은 막시밀리안이 베네치아 영토에 발을 들여놓으면 베네치아가 맞서 싸울 것임을 알고 있었다. 그렇게 되면 자신들의 우두머리는 그의 장인인 용담공 샤를과 같은 운명을 맞을 터였다. 샤를은 전투에서 보석을 빼앗긴 뒤 살해되었으며, 개들이 시신을 뜯어먹어 형체를 알아볼 수 없었다.

이성이 승리했다. 트렌트 성당에서 랑이 막시밀리안에게 황제관을 씌워 주었다. 참석자들은 행진을 벌였으며 하늘에서는 불꽃놀이가 벌어졌다. 할에 있는 제국 조폐소(푸거의 외할아버지 프란츠가 운영한 곳)에서는 주화에 막시밀리안의 초상과 '카이저'라는 단어를 새겨 넣었다. 이 주화는 막시밀리안의 위대함을 만방에 선포하기 위해 유통되었다.

막시밀리안은 행복해야 마땅했지만 무언가 찜찜했다. 로마의 성당이 아니라 트렌트의 작은 반半목조 주택 사이에서 치른 대관식에 만족한다면 어찌 위대하다고 말할 수 있겠는가? 교황의 흰색 제의祭衣가 아니라 주교의 자주색 제의를 입은 친구에 의해 대관戴冠했다면 어찌 카이저라고 할 수 있겠는가? 막시밀리안은 바로 후회하면서 예식이 촌극이었다고 단호히 말했다. 자신이 나약한 존재임을 드러냈을 뿐이니 말이다. 막시밀리안은 랑이 황제관을 수여하자마자 군대를 이끌고 훨씬 남쪽으로 내려가 전투태세를 갖추었다. 그는 그 어느 때보다 교황을 만나고 싶었다. 황제의 고집에 진저리가 났을 푸거는 그의 분노를 무릅쓰고 단 한 푼도 지원하지 않았다.

베네치아는 막시밀리안과 그의 군대를 국경선에서 막아섰다. 당숙인 지기스문트가 베네치아와의 첫 전투에서 승리했듯이 막시밀리안도 승리를 거두어 모두를 놀라게 했다. 막시밀리안은 승기를 잡기 위해 푸거에게 돈을 빌려 달라고 요구했다. 이로써 푸거는 가짜 대관식을 치르기 전과 같은 상황에 처했다. 그는 이번에도 고객을 놓고 선택해야 하는 기로에 놓이게 되었다. 전과 마찬가지로 푸거는 자신의 몫을 다하되 도제가―더 중요하게는 교황 율리우스가―서운해하지 않을 만큼만 빌려주었다. 푸거가 내놓은 4000플로린은 전세를 바꾸기에 역부족했으며, 베네치아 군대가 증원되자 막시밀리안의 운도 다하고 말았다. 최고 사령관이 베네치아인에게 목숨을 잃자 막시밀리안은 퇴각하는 수밖에 없었다. 베네치아인은 오스트리아까지 그를 추격해 왔다. 푸거라우 공장에서 황제에게 화기를 공급한다는 이유로 베네치아가 푸거라우를 공격하자 푸거의 발등에도 불이 떨어졌다. 푸거라우는 노상강도, 튀르크의 약탈자, 심지어 교황청의 군대까지도 막아 낼 수 있는 힘이 있었지만 푸거에게는 베네치아공화국과 싸울 이유가 없었다. 이에 푸거라우는 항복했다. 푸거가 용광로를 되찾을 궁리를 하고 있을 때 리히텐슈타인이 돈을 더 요구했다. 그는 푸거에게 다음과 같이 썼다. "하느님께서 도와주셔야 합니다. 다른 수를 찾지 못하겠습니다."[16]

신은 관여하지 못했지만 푸거는 막시밀리안을 구하기 위해 베네치아 전쟁 기간 중 네 번째이자 가장 큰 금액의 대출을 해 주었다. 푸거는 2만 플로린을 빌려주는 대가로 조건을 제시했다. 첫 번째 조건은 어떤 경우에도 벨저 가문을 비롯한 푸거의 경쟁자에게 손을 벌리지 말 것, 즉 자신에게 독점권을 달라는 것이었다. 두 번째 조건은 막시밀리안이 평화 조약에 즉시 서명해야 한다는 것이었다. 석궁 사격, 포격, 알프스산맥을 넘나드는 행군은 사업에 악영향을 미쳤다. 막시밀리안이 돈을 더 원한다면 베네치아와 화친하고 교황에 대한 협박을 중단해야 했다. 이번에 푸거가 막시밀리안에게 내어 준 돈은 베네치아 군대를 이탈리아로 후퇴시키기에 충분한 금액이었다. 평화가 찾아왔고 양측이 조약에 서명했으며, 푸거는 푸거라우를 되찾았다.

4

금융의 마술사

푸거는 한숨 돌리고 싶을 때면 아우크스부르크 상류층을 위한 회원제 술집 신사주점을 찾았다. 그곳에는 언제나 그의 자리가 준비되어 있었다. 푸거 시대 독일인은 평균 하루에 맥주 8잔을 마셨다. 순수령이 여전히 시행되고 있었으므로 맥주는 간에 부담이 되었으나 (오물로 가득한) 강물보다는 안전했다. 남자들은 술집 긴 탁자에 마주 앉아 하녀와의 연애, 프랑크푸르트 박람회에서 겪은 사건, (부자라면) 개인 동물원과 황금으로 만든 소금 그릇에 대한 이야기를 나누었다.

　　푸거보다 나은 이야기꾼이 있었을지도 모르지만 이야깃거리가 푸거보다 많은 사람은 없었을 것이다. 오직 푸거만이 황제를 친구로 호칭하거나 교황 특사와의 식사가 부담스럽다고 불평할 수 있었다. 술집에 모인 남자들이 가장 알고 싶어 한 것은 성공 비결이었다. 하지만 푸거의 성공에는 신비할 것이 전혀 없었다. 다만 따라 하기가 힘들 뿐이었다.

　　푸거는 투자의 귀재였다. 그는 기회를 저울질하는 법과 최소의 위험으로 최대의 수익을 얻을 수 있는 투자처를 남보다 잘 파악했다.

또한 푸거는 사업을 경영하고 성장시키는 법과 아랫사람들에게서 최고의 성과를 이끌어 내는 법을 알고 있었다. 상대방의 약점을 이용하고 유리한 조건으로 협상하는 법도 알고 있었다. 하지만 그의 가장 뛰어난 재능은 투자에 필요한 돈을 마련하는 능력이었을 것이다. 푸거는 추기경, 주교, 공작, 백작 등을 설득해 거액을 빌리는 부러운 매력이 있었다. 그는 그들의 도움이 없었다면 술집에 앉아 있는 다른 사람들보다 더 큰 부자가 되지는 못했을 것이다. 자금 융통―또한 상환하지 못할 경우 채무자 감옥에 갇힐 것을 감수하는 용기―은 푸거가 '부자 야코프'라는 이름으로 역사에 기록된 이유다. 푸거는 차입을 통해 최고의 자리에 올랐다.

그가 돈을 빌린 방식은 평범하기 그지없는 바로 예금 계좌였다. 요즘은 거리마다 은행이 있고 누구에게나 손쉽게 계좌를 개설해 준다. 하지만 푸거 시대에는 예금 계좌가 생소했다. 예금 계좌가 등장하기 전에는 은행이 자신의 돈으로 대출과 투자를 했으며, 돈이 더 필요하면 동업자를 끌어들였다. 소유권이 약화되는 문제가 있었지만 달리 방법이 없었다. 돈을 마련하는 가장 손쉬운 방법인 차입은 대출금에 이자를 물리지 못하도록 한 교회의 금지 조치 때문에 불가능했다. 교회는 이자가 붙으면―심지어 소액의 예금 계좌에 붙는 이자조차도―무조건 고리대금으로 치부했다.

베네치아인의 모토는 '베네치아인이 첫째요, 기독교인이 둘째다'였다. 그들은 신을 기쁘게 하기보다는 돈 버는 것을 더 좋아했으며, 금지 조치를 무시하고 은행 예금에 투자했다. 베네치아 투자자들은 은행에 돈을 넣어 두고 1년 뒤에 원금보다 더 많은 금액을 가져갔다.

예금은 은행이 성장하는 새로운 방법이었으며, 고객에게는 손쉬운 투자 방식이었다. 교회를 제외하고는 모두가 만족했다. 이탈리아에서 교회 이외의 다른 사람들은 예금 계좌의 위력을 깨닫고 계좌를 만들었다. 독일인은 이탈리아인보다 교회법을 존중했기 때문에 고리대금 금지 조치를 더 성실히 준수했다. 하지만 그들도 결국은 생각을 바꾸었다.

푸거의 동시대인으로 아우크스부르크의 은행가이던 암브로제 호흐슈테터는 소매 방식으로 예금을 유치했다. 그는 농장 인부이든 하녀이든 가리지 않고 여유 자금만 있으면 모두 받아 주었다. 이들을 일일이 상대하는 것은 힘든 일이었지만 그럼에도 불구하고 호흐슈테터는 100만 플로린을 유치했다. 이에 반해 푸거는 큰손을 상대하는, 더 빠르지만 위험 요소가 큰 쪽을 택했다. 호흐슈테터 은행에서 농부 1명이 예금을 인출하더라도 호흐슈테터는 신경 쓰지 않을 터였다. 하지만 푸거 은행에서 공작이 예금을 인출할 경우 인출하는 금액에 해당하는 현금이 없다면 푸거는 파산할 수도 있었다. 푸거와 호흐슈테터가 지금의 현대식 은행 제도를 보았다면 두 사람 모두 미심쩍게 여겼을 것이다. 은행가가 자신의 은행이 파산했는데도 인신의 자유는 물론 집까지 건사하는 것을 보면 깜짝 놀랐을 것이다. 무모한 행위의 대가를 남에게 떠넘기는 것은 환영했겠지만, 예금보험이라는 개념 앞에서는 어리둥절해 머리를 긁적였을 것이다. 금과 은이 아니라 정부에 대한 신뢰만이 법정 통화를 지탱하는 현행 통화제도는 더더욱 의아했을 것이다. 푸거와 호흐슈테터는 주화 가장자리가 깎여 나갔는지 확인하느라 골머리를 앓았으리라. 하지만 어떻게 약속만으로 통화를 보증한단 말인가? 두 사람은 신뢰란 교회에서나 필요하지 돈과는 무관하다고 말했을지도 모른다. 두 사람이 보기에 은행업은 여느 사업과 다르지 않았다. 은행가와 예금주는 각자 자신의 돈을 걸었으며, 양쪽 모두 큰 손실의 가능성을 감수했다. 푸거는 투자자에게 1년에 5퍼센트의 이자를 약속했다. 이는 짭짤한 수익이었으며, 땅을 매입하거나 은으로 만든 식기를 사서 찬장에 넣어 두는 것보다 훨씬 매력적이었을 것이다. 푸거는 약 20퍼센트의 수익을 목표로 삼았다. 그가 쌓은 부의 원천은 투자로 벌어들인 금액과 예금주에게 지급한 금액의 차액인 15퍼센트포인트였다.

푸거는 막시밀리안에게 사상 최대의 금액을 빌려줄 때에도 예금 계좌를 이용했다. 막시밀리안은 트렌트에서 대관식의 촌극을 벌이고 (푸거의 요구대로) 베네치아와 평화 조약을 맺은 뒤 베네치아와 로마의 다툼을 틈타―베네치아는 교황령 일부의 소유권을 주장했고, 율리우스는 베네치아를 파문했다―조약을 무효화했다. 그는 다시 로마 입성을 시도하고 싶었다. 자포자기하는 심정으로 생각할 수조차 없는 일을 염두에 두었으니 그것은 바로 프랑스와의 동맹이었다.

교황의 대관식에 정력을 쏟기 전 막시밀리안의 골칫거리는 프랑스였다. 전前 부인 부귀공 마리는 1482년에 낙마 사고로 세상을 떠났다. 그녀는 막시밀리안이 유일하게 사랑한 여인으로, 이들의 로맨스는 역사상 가장 위대하고 비극적인 사건이었다. 막시밀리안은 그녀의 아름다움을 묘사하는 감동적인 편지를 쓰기도 했다. 그는 그녀가 침실에서 매잡이를 하고, 교회에 매를 데리고 가는 것을 허락했다. 결혼 전에 선물한 다이아몬드 반지는 드비어스 웹사이트에 세계 최초의 약혼반지로 소개되어 있다. 막시밀리안은 그녀가 세상을 떠나자 주술사를 고용해 그녀의 혼을 불러들이려고 했으며, 프랑스가 부르고뉴를 차지했을 때는 그녀를 기리기 위해 부르고뉴를 되찾으려고 전쟁을 벌이기도 했다. 하지만 이제는 부르고뉴보다 황제관을 더 간절히 원했으며, 황제관을 얻기 위해서는 베네치아를 통과해야 했다. 막시밀리안의 계획이 성공하려면 프랑스 대군이 합류해야만 했다. 그의 총명한 딸 마르가레테가 프랑스의 배신을 경고했지만 막시밀리안은 그녀의 조언을 무시한 채 숙적과 계약을 맺었다. 그들은 베네치아 주변 지역을 분할하기로 합의했다. 프랑스는 브레시아와 크레모나 이북을 차지하고, 막시밀리안은 베로나와 파도바, 그리고 무엇보다 바라던 로마로 가는 길을 차지하기로 약속했다. 교황과 아라곤의 페르난도도―그는 이탈리아 남부의 베네치아 영토를 탐냈다―동참했다.

푸거는 승리가 확실한 이 계획이 마음에 들었다. 이만한 규모의 연합군이 어떻게 패할 수 있겠는가? 푸거는 최대 규모의 대출을 해주기로 약속했다. 그가 황제에게 빌려주기로 한 30만 플로린은 일반 노동자 2만 5000명의 1년치 임금에 해당하는 거액이었다. 그 대가로 푸거는 티롤의 금속 채광권을 몇 년 더 연장하기로 했다. 푸거의 거래가 모두 위험하기는 했지만 특히 이번 거래는 총력전이었다. 남은 현금은 위태로운 수준이었다. 유동성 하락은―특히 은행가에게는―위험한 신호였다. 큰손인 예금주가 자신의 예금을 인출하겠다고 하면 푸거는 영지와 부르고뉴 보석, 심지어 집까지 팔아 자금을 마련해야 할 상황이었다. 일이 완전히 잘못되면 사촌 루카스처럼 파산해 할아버지의 고향으로 달아나야 할지도 몰랐다. 오두막에 살면서 치욕을 당하며 귀리죽으로 연명할 수도 있었지만 푸거는 파멸의 가능성에 사로잡히지 않았다. 그는 전쟁에 자금을 지원하기로 결정했다.

푸거는 안트베르펜과 리옹에 있는 사무소를 통해 프랑스에서의 자금 이체를 순식간에 처리해 금융의 마술사라는 명성을 떨쳤다. 베네치아를 나누어 가질 만반의 준비가 끝났다. 베네치아는 이들 4명과 한꺼번에 싸울 수 없음을 깨닫고 교황과 페르난도에게 즉각 영토를 내어 주고는 막시밀리안과 프랑스에 집중했다. 프랑스는 밀라노 근처에서 베네치아에 대승을 거두고 도시를 점령했다. 막시밀리안도 목표한 지역을 모두 차지했다. 베네치아가 그나마 스스로를 구할 수 있었던 것은 16세기판 핵무기 덕분이었다. 그것은 튀르크를 이탈리아로 불러들이겠다는 협박이었다. 튀르크의 참전을 바라는 사람은 아무도 없었다. 평화가 찾아오자 프랑스는 마르가레테가 예견한 대로 막시밀리안에게 흥미를 잃었으며, 그의 로마 행군을 전혀 돕지 않았다. 막시밀리안은 프랑스의 지원이 사라지자 파도바를 잃었으며, 베로나를 제외한 모든 점령지를 다시 빼앗겼다. 푸거에게 진 빚은 그대로였다.

⚜

푸거는 베네치아와의 전쟁이 잦아들자마자 멜히오르 폰 메카우 추기경이 서거했다는 놀라운 소식을 전해 들었다. 이는 최악의 소식이었다. 메카우는 푸거의 최대 예금주였기 때문이다. 그는 푸거에게 20만 플로린을 맡겼으며, 이자까지 계산하면 총 금액은 30만 플로린에 달했다. 유일한 문제는 이 자금이 대부분 막시밀리안의 용병의 손에 들어갔다는 것이다. 당분간은 여유 자금으로 버틸 수 있지만 오래가기는 힘들었다.

교활한 기회주의자 메카우는 작센주 마이센의 귀족 가문 출신으로 라이프치히와 볼로냐에서 공부한 뒤 사제가 되었으며, 수수료를 내고 브릭센(지금의 이탈리아령 티롤)의 주교가 되었다. 그는 세속에서 은밀히 부를 쌓았다. 막시밀리안은 티롤을 관리할 여력이 없었으므로 메카우에게 통치를 맡겼다.

브릭센에도 슈바츠처럼 은광이 있었다. 생산량은 슈바츠에 훨씬 미치지 못했지만 그래도 은이 꽤 많이 묻혀 있었다. 광산은 교구 소유였으나 사실은 메카우 소유나 마찬가지였다. 그는 주교 자격으로 광석을 팔 수 있었으며, 교구민을 속이려고 들면 얼마든지 돈을 자기 계좌에 입금할 수 있었다. 메카우는 정말로 그렇게 했다. 그는 베네치아와 뉘른베르크에 개인 계좌를 하나씩 가지고 있었다. 푸거를 만나 그가 이자를 얼마나 많이 지급하고, 돈을 얼마나 효율적으로 움직이는지 알고서는 계좌를 푸거에게로 옮겼다.

메카우와 푸거는 상부상조했다. 교황 알렉산데르 6세(율리우스 2세의 전전임 교황)는 1503년 서거하기 직전 주교 여러 명을 추기경으로 승진시켰다. 메카우는 그중에서 유일한 독일인이었다. 그가 추기경으로 임명된 것은 푸거의 로마 대리인 요하네스 칭크(이 사람에 대해서는 잠시 뒤에 언급할 것이다)가 교황에게 뇌물 2만 플로린을 건넨 뒤였다. 메카우는 로마에서 푸거 찬미가를 불렀으며, 교회의 여러 고위 인사를 끌어들여 푸거에게 예금하도록 했다. 푸거를 궁지에서 구해 준 적도 있었다. 몇 해 전 메카우는 막시밀리안이 푸거에게 격분해 푸거라우를 빼앗겠다고 협박했을 때 막시밀리안을 달래는 데 중요한 역할을 하기도 했다. 푸거는 점점 메카우에게 의지하게 되었으며, 급전이 필요할 때마다 그에게 손을 벌렸다. 푸거는 메카우와의 친분 덕분에 금융계의 다른 경쟁자들과는 차원이 달랐다. 그들의 후원자는 메카우만큼 부자가 아니었다.

메카우가 죽자 보물찾기가 벌어졌다. 그의 보좌관들은 광산에서 벌어들인 돈이 어디론가 사라졌다는 사실을 알고 있었다. 그 돈은 틀림없이 어딘가에 있을 터였다. 메카우가 죽은 지 이틀 뒤 수사 몇 명이 브릭센 주교궁에서 그의 유품을 뒤지다 영수증을 찾아냈다. 메카우가 푸거에게 이자까지 총 30만 플로린을 예금했다는 사실이 드러났다. 상상도 하지 못할 거액이었다.

자신이 속한 로마의 수도회인 성 아니마 호스피스에 재산을 상속하라는 유언장도 발견되었다. 유언장에는 금액이 쓰여 있지 않았지만 영수증이 증거가 되었다. 호스피스에서는 푸거에게 30만 플로린을 일시납으로 지불할 것을 요구했다. 인근의 교황청에 있던 교황 율리우스 2세도 그 돈에 대한 이야기를 전해 들었다. 그는 자신이 그 돈을 받아야 한다고 생각했다. 율리우스가 간파했듯이 유언장은 교회법에서는 아무 효력이 없었다. 추기경의 것은 모두 교회의 것이었으며, 교황 율리우스는 곧 교회였다.

푸거에게는 선택의 여지가 별로 없었다. 다른 투자자에게서 자금을 마련할 수는 있었지만, 그랬다가는 채무 상태가 훨씬 열악해질 것이 뻔했다. 자산을 매각하는 방법도 있었지만 시간적 여유가 없었다. 게다가 자산을 매각하기 시작하면 그에게 문제가 생겼다는 소문이 널리 퍼질 터였다. 그것은 자살 행위나 마찬가지였다. 나머지 예금주들까지 공포에 사로잡혀 예금 인출을 요구할 테니 말이다. 그렇게 되면 푸거는 끝장이었다. 율리우스에게 돈을 갚을 수는 있어도 모든 채권자에게 한꺼번에 상환할 수는 없었다. 푸거의 눈앞에서 뱅크런이 벌어지고 있었다. 채무자 감옥보다는 할아버지의 오두막이 차라리 나을지도 몰랐다.

푸거는 스트레스에 시달린 적이 전혀 없었다고 주장했다. 한번은 "아무것도 나의 수면을 방해하지 못한다. 나는 윗옷을 벗으며 그날의 모든 근심과 고생을 벗어버린다"[1]라고 이야기하기도 했다. 푸거는 메카우 사태가 발생했을 때도 침착했다. 물론 자신이 곤경에 처한 사실을 전혀 입 밖에 내지 않았다. 하지만 소문날 것을 우려해 경쟁자들에게 돈을 빌려주고 슈미헨에서 자선을 베푸는 등 평상시와 다름없이 행동했다. 그는 불쏘시개로 쓸 만큼 돈이 많았다. 적어도 다들 그렇게 생각하길 바랐다.

하지만 오래 버틸 수는 없었다. 시간이 흐르고 선택지가 바닥나자 푸거는 로마의 대리인 요하네스 칭크에게 도움을 청했다. 그에게는 이 난국에서 벗어날 묘안이 있을 터였다. 칭크는 푸거와 같이 아우크스부르크 출신이었다. 1501년 수도원에서 문서 작업으로 생계를 유지하던 그를 푸거가 채용해 로마에서 자신의 업무를 보게 했다. 칭크는 눈부신 실적을 거두었지만 그가 성공을 이룬 방식은 푸거의 평판에 영구적인 오점을 남겼으며, 이 때문에 푸거는 마르틴 루터를 비롯한 개혁가들의 손쉬운 표적이 되었다. 푸거는 오랫동안 이탈리아가 독점한 교황청 금융업에 진출하려고 시도했으나 성공을 거둔 것은 칭크가 로마에 도착한 뒤였다. 칭크는 전임자와는 다른 방식으로 사업을 따냈다. 그는 비용과 서비스 품질을 내세운 것이 아니라 뇌물과 선물로 교황청 고위급 인사들의 환심을 샀다. 그는 교황 선거 운동에 기부하고 메카우의 자금책이 되면서 바로 최상층에 연줄을 댔다. 칭크가 로마에 도착한 지 몇 해 지나지 않아 푸거는 교황청의 주 거래 은행가가 되었다. 이는 칭크가 성사시킨 일로 우연의 일치가 아니었다.

칭크는 푸거의 일을 보면서 자신의 이익도 함께 챙겼다. 르네상스 시대 교회의 여러 부패 중 하나는 성직을 사고파는 일이었다. 성직은 평생 직업이었으며 세금도 내지 않으면서 편안하게 돈을 벌 수 있었다. 성직은 수요가 많았으므로 경매에 부쳐졌으며 자격보다 돈이 우선이었다. 교황청은 돈맛에 푹 빠졌으며, 이를 보고 분노한 사람들은 성직 판매를 '시모니아simonia'라고 불렀다. 이는 축복을 사려고 한 초기 기독교인 시몬 마구스Simon Magus의 이름에서 유래한 것이다. 칭크는 성직을 누구보다 많이 사들였는데, 수입을 비용과 견주어 보고는 수익에 만족해 성직을 최대한 매입했다. 그가 사들인 성직은 모두 56개나 되는데, 서쪽으로는 쾰른에서 동쪽으로는 밤베르크에 이른다. 칭크는 어느 도시에서는 서기관이었고, 다른 도시에서는 공증인이었으며, 또 다른 도시에서는 교황 기사였다. 그는 아랫사람에게 업무를 떠넘기고는 가끔씩만 출근하거나 아예 출근하지 않았다. 아우크스부르크에서만 5개의 성직을 맡았다.

푸거는 자신을 위해서는 한 번도 성직을 사지 않았지만 다른 사람을 위해서는 (칭크를 통해) 여러 번 사들였다. 슈파이어시에 공석이 생기자 에버하르트 폰 노이엔하우젠이라는 사제가 푸거에게 48플로린을 건넸다(푸거는 독일에서 성직 경매를 감독하고 있었다). 노이엔하우젠은 아우크스부르크 성당의 수석 사제였다. 그는 귀족 가문 출신으로 주위에 영향력 있는 친구들이 있었다. 그 정도의 조건이라면 그 자리를 탐낼 만했으며, 노이엔하우젠은 성직에 따라올 돈과 명예를 기대했다. 그런데 놀랍게도 푸거는 열세 살짜리 신학생을 그 자리에 앉혔다. 이는 터무니없는 인선으로, 낙점자는 놀랄 만큼 어렸을 뿐 아니라 학위도 없었으므로 아예 자격 미달이었다.

노이엔하우젠은 낙점자의 이름을 듣고는 자신이 왜 떨어졌는지 이해할 수 있었다. 신학생의 이름은 마르쿠스 푸거, 즉 푸거의 조카였다. 노이엔하우젠이 불만을 제기하자 푸거는 로마에서의 시세가 780플로린이라고 설명했다. 그가 준 48플로린은 어림도 없는 금액이었다. 노이엔하우젠이 돈을 더 내겠다고 하자 푸거는 그의 제안을 거절했을 뿐 아니라 로마에 손을 써 일종의 금지 명령을 내리도록 했다. 이에 맞서 노이엔하우젠은 막시밀리안과 아우크스부르크 시의회를 상대로 푸거를 성직 판매 혐의로 고발했지만 무시당했다.

칭크의 여러 직책 중에서 그가 진지하게 수행한 것은 푸거가 맡긴 일뿐이었다. 메카우가 죽었을 때 칭크는 로마에서 푸거를 위해 일하고 있었으며, 푸거를 뱅크런에서 구하는 것은 그의 임무였다. 교황은 막강한 권력을 가지고 있었지만, 그런 교황조차도 돈을 손에 넣으려면 절차에 따라 유언장 문제를 해결해야 했다. 칭크는 시간을 벌기 위해 유언장이 여러 부 있다는 소문을 퍼뜨려 고의로 혼란을 야기했다. 칭크와 푸거는 막시밀리안을 또 다른 청구인으로 내세웠다. 브릭센에 있는 메카우의 영토는 여느 교회령과 마찬가지로 교회법이 적용되었다. 하지만 제국의 지리적 경계에 속해 있기도 했으므로 황제가 돈을 차지하지 못할 이유가 있겠는가? 막시밀리안은 청구서를 작성했으며, 청구가 종결되기 전까지는 한 푼도 건드려서는 안 된다고 명령했다. 이쯤 되자 돈을 차지할 수 있는 가망이 사라진 율리우스는 격분했다. 칭크는 그에게 교회 계좌가 아닌 교황의 개인 계좌로 3만 6680플로린을 넣어 줄 테니 청구를 철회하라고 제안했다. 이에 율리우스는 그의 제안을 수락했으며, 이로써 푸거는 기사회생할 수 있었다. 푸거는 어느 교황이든 돈으로 구슬릴 수 있다는 것을 알고 있었다.

5

상인의 전투

1510년 11월 네덜란드 선박 1척이 푸거 소유의 헝가리산 구리 200톤을 싣고 단치히에서 출항했다. 배가 헬반도 근처를 지날 때 다른 배의 선원들이 배 위로 올라와 화물을 탈취했다. 지구상에서 가장 강력한 상업 조직인 한자동맹의 소행이었다.[1] 한자동맹은 발트해와 북해를 지배했으며, 그곳을 항해하는 선박들을 공격했다. 한자동맹이 푸거를 공격하면서 촉발된 오랜 충돌은 푸거의 전략 능력과 불굴의 의지를 여지없이 보여 주었다. 푸거는 한자동맹에 맞서기 위해 전술적 양동 작전, 고급 외교 전략, 끈기 등을 동원했다. 그는 포기할 줄 몰랐다. 사태가 진정되었을 무렵 상인 모험가들이 바다를 주름잡고 주먹으로 거래를 성사시키던 한자동맹의 시대는 책상 앞에 앉은 자가 세상을 정복한 (역사가 리처드 에렌버그Richard Ehrenberg의 표현을 빌리면) '푸거 시대'에 자리를 내주었다. 여러 요인이 한자동맹에 불리하게 작용했지만 최후의 일격을 가한 사람은 푸거였다. 그는 싸움의 규모에 결코 주눅 들지 않았다.

뤼베크, 함부르크, 브레멘, 쾰른 등의 독일 도시는 이권과 방어를 위해 동맹을 결성했다. 이곳은 베네치아에 비하면 작은 도시였다.

어느 곳도 혼자 힘으로는 해안선 전체를 확보할 수 없었다. 이 도시들은 자원을 공유했으며, 서로 교역 특권을 부여했다. 단치히와 브루게가 동맹에 합류했고 북독일의 모든 항구 도시가 그 뒤를 따랐다. 멀리 템스강을 끼고 있는 런던은 한자동맹이 런던교 근처에 상관商館을 짓도록 허가했는데, 벽으로 둘러싼 이 상관에는 창고와 숙소가 완비되어 있었다. 이곳의 비어가르텐Biergarten은 함부르크 에일과 라인 포도주를 구비하고 현지 술집과 경쟁했다. 한자동맹의 규정은 잉글랜드의 해상법에 영향을 미쳤다. 한자 도시에서 쓰던 화폐인 이스털링Easterling은 영어 단어 '스털링sterling'에, '한자hansa'는 독일 항공사 루프트한자Lufthansa에 영감을 주었다.

전성기에는 동맹 소속 도시가 90곳에 달했다. 너무 강성해서 국왕조차 동맹을 통제하지 못할 정도였다. 한자동맹은 북해와 발트해가 만나는 뤼베크를 비공식 수도로 정하고 무력으로 독점을 보호했다. 스웨덴 국왕이 독일인 상인이 너무 거만하다는 이유로 이들을 투옥하자 한자동맹은 스웨덴 선단을 나포하기도 했다. 또한 노르웨이가 잉글랜드 무역상들과 너무 가까워지자 해적을 보내 노르웨이의 항구 도시 베르겐을 약탈하고 항구를 점령한 뒤 런던에서와 같은 상관을 지었다. 한자동맹은 규율이 무엇보다 중요했다. 베르겐 한자는 '후스본드husbond, 가장家長'를 중심으로 한 소규모 집단으로 조직되어 질서를 유지하고 동맹 회원들에게 독신을 강요했다. 한자동맹은 스코네 앞 어장漁場에 눈독을 들이고는 덴마크를 물리치고 청어 교역의 독점권을 확보했다. 문제는 청어가 유럽인의 주식이었다는 것이다. 교회력에 따른 금식 기간에도 생선은 먹을 수 있었다. 덴마크 해협에서 나는 청어가 없었으면 유럽인들은 굶어야 했을 것이다. 한자동맹은 덴마크와의 전쟁에서 승리한 것을 기념하기 위해 말린 생선 3마리를 상징으로 채택했다.

한자동맹의 상인들은 강인해야 했다. 한자동맹의 선장들은 허약한 지원자를 가리고 단결력을 기르기 위해 지원자들에게 연기 나는 굴뚝을 통과하게 하거나 바다에 처넣고서 고개를 내밀면 후려쳤다. 또한 제단에 눕히고 회초리로 죽지 않을 만큼 매질을 하기도 했다.[2] 마치 신병 훈련소 같은 풍경에서 보듯 한자동맹은 군사적 성격이 강했다. 외부인에게는 더욱 가혹했다. 남독일을 비롯한 외부 상인들은 한자동맹에 소속되지 않은 선박을 이용하면 돈을 아낄 수 있었지만, 화물이 바다에 가라앉거나 빼앗기는 위험을 감수해야 했다. 1399년 뉘른베르크시가 한자동맹을 거치지 않고 플랑드르로 구리를 운반하자 한자동맹은 다음과 같은 경고를 보냈다. "이 작태가 계속되면 그대와 그대의 화물이 심히 유감스러운 손실을 입게 될 것이오." 보통은 경고도 없이 배를 파괴했다.

푸거는 한자동맹 지역에서의 활동을 비밀에 부쳤다.[3] 한자동맹이 알면 보복할 것이 틀림없었기 때문이다. 푸거는 무시하기에는 너무 큰 위협이었다. 한자동맹은 모피 사냥꾼과 어부에게 가격을 지정할 수 있었다. 이들은 가장 가까운 항구 이외에는 판로가 없었지만 푸거는 달랐다. 은과 구리의 수요가 커서 매력적인 사업 파트너였으므로 한자동맹 도시들과 개별적으로 교섭을 시도할 수 있었다. 일부 도시는 푸거의 금속을 구입하기 위해 필요하다면 기꺼이 동맹을 탈퇴하려고 했을지도 모른다. 하지만 지금은 전쟁을 벌일 시기가 아니었다. 한자동맹은 여전히 막강했으므로 푸거는 바지 사장을 내세웠다. 이 전략은 몇 년간 효과가 있었다. 한자동맹이 파악하기로 푸거가 북부 지방에서 벌이는 유일한 활동은 교회 관련 사업과 자금 이체뿐이었다. 1503년 한 해에만 헝가리산 구리(푸거의 구리)가 단치히에서 안트베르펜으로 41차례나 운반되었다는 사실은 거의 알지 못했다. 이후 한자동맹은 푸거의 활동을 파악하고는 그를 공격했다.

푸거가 한자동맹에 맞설 엄두를 낼 수 있었던 것은 그에게 담력이 있었고 동맹이 쇠퇴하고 있었기 때문이다. 1425년 동맹은 쇠퇴하기 시작했다. 알 수 없는 이유로 청어가 덴마크 해협을 떠나 (한자동맹의 영향력이 약한) 네덜란드 연안의 산란장으로 이동한 것이다. 이어서 플랑드르의 즈빈강이 토사로 막히면서 한자동맹의 근거지인 브루게가 몰락하고 독립적인 안트베르펜이 부상했다. 러시아에서는 이반 뇌제의 아버지 이반 3세가 한자동맹에 대한 경계심을 강화했다. 1494년 푸거 형제들이 야코프를 동업자로 받아들인 날 이반은 한자동맹이 지배하던 노브고로드에서 동맹을 축출했다. 노브고로드는 한자동맹 상인들에게 물건을 계속 팔기는 했지만 이제는 모피와 밀랍을 (푸거를 비롯한) 누구에게나 자유롭게 팔 수 있게 되었다.

한자동맹이 푸거의 구리를 몰수하자 푸거는 맹렬한 외교전으로 대응했다. 이는 그가 북부 교역로를 중시했으며, (적어도 당시에는) 자신이 아우크스부르크 사무소에서 유럽의 경제 정책을 좌우할 수 있는 능력이 있다고 과신했음을 보여 주는 것이었다. 푸거는 칭크를 통해 교황 율리우스에게 한자동맹이 전쟁을 도발하는 바람에 자금을 취합해 로마로 보내는 일에 차질이 생겼다고 주장하며 보복을 재촉

했다. 율리우스는 최근의 분쟁에서 베네치아를 파문한 전력이 있었다. 뤼베크에도 똑같이 할 수 있지 않을까? 그런 다음 푸거는 막시밀리안에게 한자동맹 때문에 돈을 빌려주기 힘들다고 말했다. 푸거가 북부 지방에서 금속을 팔지 못하면 황제에게 지원할 자금을 마련할 수 없다는 것이었다. 푸거는 한자동맹의 상품을 제국 전체가 불매하는 방안을 제안했다.

한자동맹은 권위에 굴복함으로써 최고의 자리에 오른 것이 아니었으며, 푸거와 마찬가지로 영향력 있는 인맥을 등에 업고 있었다. 당연하게도 교황은 동맹에 아무런 조치도 취하지 않았으며, 막시밀리안은 그저 시늉만 냈을 뿐이다. 그는 한자동맹의 상품을 압수하라고 명령했으나 결코 명령을 집행하지는 않았다. 아우크스부르크에서조차 상인들이 한자동맹의 물품을 여전히 사고팔았다. 그들이 보기에 이것은 푸거의 문제였지 자신들의 문제가 아니었다.

한자동맹은 모든 수단을 동원해 푸거에 맞섰다. 북독일은 남독일에 뒤지지 않는 제국의 일부였으며, 뤼베크는 제국의 도시였다. 따라서 제국의 법 제도에 호소할 수 있었고 제국의회에 대표를 보낼 수 있었다. 한자동맹은 뉘른베르크의 제국 검찰관에게 보낸 문서에서 푸거가 위험한 독점자라고 주장하며 후추의 가격 상승과 티롤산 은의 통제를 증거로 제시했다. 막시밀리안은 푸거에 대한 변호를 주도했다. 그는 뉘른베르크에 편지를 보내 푸거의 활동이 "타당하고 합리적이며 정직하고 독점이 아니"라고 주장했다.[4] 그는 독점 고발에 직접 답변하지 않은 채 푸거가 자신의 돈을 투자했는데 손실 감수의 대가로 이익을 취하는 것은 정당하다고 했다. 막시밀리안은 비판자들이 사실을 잘못 알고 있다고 덧붙였다. 그들이 야코프 푸거를 푸거 가문의 다른 사업가와 혼동했다는 것이다. 푸거는 삼촌, 사촌, 조카가 여러 명 있었다. 독점 혐의를 받는 사업에서 야코프 푸거의 몫은 일부에 지나지 않았다. 막시밀리안의 마지막 변론은 푸거가 티롤 광산을 지배한다는 주장이었다. 막시밀리안은 아무도 감히 자신을 반박하지 못할 것이라고 생각했던지 푸거가 티롤 광산의 광석을 팔았다는 사실을 부인하면서 자신이 광석을 전부 사용했다고 허위로 주장했다. "이 광산의 산물은 세상 누구와도 거래되지 않는다."

한자동맹은 공격을 이어 갔다. 쾰른에서는 제국의회가 열릴 예정이었는데, 한자동맹은 검찰관을 교섭해 제국의회가 푸거를 조사하고 거대 산업을 분할하는 법률을 제정하도록 요구했다. 상황이 푸거에게 불리하게 돌아가고 있었다. 막시밀리안이 거부권을 행사하더라도 제국의회 조사 과정에서의 선동적 고발과 달갑지 않은 관심이 푸거에게 피해를 입힐 수 있었다. 푸거는 사태를 매듭지어야 했다. 그는 여느 문제를 처리할 때와 같은 방법으로, 즉 돈으로 이번 사건을 해결했다. 푸거는 한자동맹의 입을 막기 위해 빼앗긴 구리를 뤼베크로부터 다시 구입했다. 뇌물이라고 말하는 사람은 아무도 없었지만 그것은 분명 뇌물이었다. 뤼베크는 고발을 철회했다.

푸거는 한자동맹에게 승리를 내주었지만 동맹의 내분을 이용해 전쟁을 계속했다. 그와 동시대 사람인 마키아벨리는 강적과 싸울 때는 그들을 분열시키라고 충고했다. "지휘관은 적군을 갈라놓기 위해 모든 방법을 동원해야 한다."[5] 푸거는 마키아벨리를 한 번도 만난 적이 없으나 이 개념을 본능적으로 알고 있었다. 단치히는 한자동맹 최대의 도시였으며, 폴란드의 기름진 심장부에서 생산되는 곡물은 모두 이 도시를 통해 운송되었다. 푸거는 한자동맹을 미워하는 폴란드 제후들의 도움으로 물품을 단치히 항구에서 자유롭게 운반하는 계약을 맺을 수 있었다. 에스토니아의 도시 리가와 도르파트(타르투)도 곧 합류했다. 러시아는 이 도시들의 가장 중요한 무역 상대국이었다. 단치히는 푸거의 금속을 러시아에 팔지 못하면 사업을 유지할 수 없었다. 한자동맹의 발단이 된 함부르크조차 푸거에게 특혜를 주었다. 한자동맹은 여전히 명맥을 유지하고 있었으나 뤼베크만이 싸움을 이어 가고 있었다. 1513년 해적이 구리 300톤을 실은 푸거의 선박 2척을 나포하자 뤼베크는 희희낙락했지만 이제는 소용이 없었다. 청어, 토사, 이반 3세가 한자동맹을 약화시켰고 푸거가 결정타를 날렸다. 몇 해 뒤 푸거는 인도네시아의 향료 섬으로 가는 스페인의 향료 무역에 투자했는데, 먼저 단치히에서 스페인까지 배를 보냈다. 막시밀리안의 뒤를 이은 카를 5세는 뤼베크에 항해를 방해하지 말라고 경고했다. 배를 가만두지 않으면 혼쭐을 내 주겠다는 것이었다.

❧

푸거가 막시밀리안에게 베푼 은혜 중 하나는 막시밀리안을 그 자신으로부터 구하는 것이었다. 푸거의 동기는 충성심이 아니라 사리사욕이었다. 그는 고객을 자신의 손아귀에 두려고 했고, 그에게서 돈과 혜택을 뽑아낼 새로운 기회를 만들고 싶어 했다. 1511년 교황 율리우스 2세가 열병에 걸렸을 때도 그 같은 기회가 찾아왔다. 교황은 일흔을 앞두고 있었다. 병환이 길어지면서 죽음이 가까워지고 있었다. 막시밀리안은 묘안이 떠올랐다. 자신을 스스로 교황으로 선출하면 황제 대관식 문제를 말끔히 해결할 수 있을 것이라고 생각했다. 교황과 황제를 겸하면 황제관을 자기 머리에 직접 씌울 수 있으며, 그 권력으로 모든 기독교 세계를 통치할 수 있을 터였다.

막시밀리안은 네덜란드의 섭정이 된 딸 마르가레테에게 편지를 보내 자신의 계획을 설명했다. 병든 교황에게 자신을 추정 상속인으로 지목해 달라고 설득한다는 것이었다. "그가 죽으면 나는 교황권을 얻고 독신으로 산 뒤에 성인이 될 것이며, 내가 죽으면 너는 나를 숭배해야 할 것이며 그리하여 나는 많은 영광을 얻을 것이야." 막시밀리안은 벌거벗은 여인을 다시는 볼 수 없음을 애석해했으나 자신이 거룩한 자로 죽을 수 있음을 기뻐했다. 그는 편지에 "너의 좋은 아버지이자 미래의 교황으로부터"라고 서명했다.[6]

괴상망측한 발상이었다. 프랑스와 베네치아를 비롯한 열강이 막시밀리안을 황제이자 교황이 되도록 내버려 둘 리 없었다. 황제의 권력에는 한계가 있었으며, 교황의 세속적인 권위는 로마와 교황령에 제한되어 있었다. 하지만 황제 겸 교황이 되면 이탈리아를 모두 차지할 수 있었다. 게다가 교황에게는 영적 권위가 있었다. 막시밀리안이 이것으로 어떤 장난을 칠지 누가 알겠는가?

막시밀리안은 반대 의견을 묵살했다. 그는 마르가레테에게 호언장담했던 것과 마찬가지로, 교황청을 매춘 소굴로 만들고 성대한 난교 파티를 연 호색한 알렉산데르나 갑옷을 입고 군대를 지휘한 호전가 율리우스보다 나은 본보기가 되겠노라고 약속했다. 막시밀리안은 알렉산데르 6세와 율리우스 2세의 기독교인답지 못한 행위는 비난받아 마땅하다고 말했다. 그는 자금을 충분히 마련해 추기경을 매수하면 교황 자리는 따 놓은 당상이라고 생각했다. 어차피 주교들도 돈으로 추기경 자리에 올랐으며, 율리우스 자신도 당선을 보장받기 위해 돈으로―그중 일부는 푸거가 지원했다―추기경들을 매수하지 않았던가? 막시밀리안은 필요 경비를 30만 두카트로 추산했다. 그는 리히텐슈타인을 푸거에게 보내 무슨 수를 써서라도 돈을 마련하라고 당부했다. "푸거가 두 번 이상 거절하더라도 다시 시도하라."

리히텐슈타인은 돈 심부름이 지긋지긋했을지도 모른다. 막시밀리안은 언제나 한결같았다. 리히텐슈타인은 황제가 허황된 꿈을 꿀 때마다 자금을 마련할 방법을 찾아야 했다. 막시밀리안은 향후 몇 년 동안의 채광 생산고와 암염 수익, 그 밖의 유휴 자산을 푸거에게 지급하기로 이미 약속한 터였다. 도시도 어지간히 팔아 치운 탓에 푸거는 남독일에서 제일가는 지주가 되어 있었다. 리히텐슈타인은 담보가 바닥나자 금기를 깨고 몇몇 합스부르크 영토의 조세 수입과 가문의 왕실 보석을 담보로 제시했다. 그는 빈과 인스브루크 이외에는 내어 줄 것이 아무것도 없었다. 어쩌면 보석이 조세 수입보다 값이 더 나갔을지도 모른다. 합스부르크 가문은 여러 해에 걸쳐 헝가리의 보석 왕관, 용담공 샤를의 다이아몬드가 박힌 망토, 그 밖의 잠긴 금고에 보관된 귀금속을 손에 넣었다. 리히텐슈타인은 푸거에게 이 보물들을 소유할 수 있다고 말했다.

리히텐슈타인은 막시밀리안이 교황이 되면 푸거를 교황 재무관으로 임명하겠다는 보너스도 제시했다. 푸거는 이미 교황청의 주거래 은행가였다. 하지만 재무관은 로마 외곽의 백반 광산을 독점해 짭짤한 부수입을 거둘 수 있는 알짜 직책이었다. 섬유업계는 매염제로 쓸 백반이 필요했는데, 유럽의 거의 모든 백반을 로마에서 공급했다. 율리우스 시절의 교황 재무관 아고스티노 키지는 백반으로 로마 제일의 부자가 되었다. 푸거 입장에서 조세 수입, 왕실 보석, 백반 계약을 한꺼번에 담보로 걸겠다는 리히텐슈타인의 제안은 환상적이었다. 틀림없이 솔깃했을 것이다. 하지만 푸거는 정치적 감각이 있었으므로 그의 제안을 거절했다. 그가 머뭇거리는 동안 율리우스의 건강이 회복되었다. 이듬해 율리우스가 세상을 떠났을 때 막시밀리안은 이미 다른 사업에 눈을 돌린 뒤였다.

❦

푸거는 50대를 앞두고 집 장만을 고민하기 시작했다. 부유한 가문에서 태어난 그는 유대인 언덕에 있는 어머니 집에서 살던 젊은 시절에도 재산가처럼 보였다. 황금색 베레모와 모피 깃으로 사치금지법을 조롱했으며, 이동할 때는 마차를 이용했다. 신사주점에 들어설 때는 경비원의 제지를 받지 않았다. 푸거가 부유해질수록 다른 사람들과의 거리는 더욱 눈에 띄게 분명해졌다. 그는 수행원과 함께 다녔으며 사치스러운 축하연을 열어 사람들을 압도했다. 하지만 푸거 부부는 자기 소유의 집에 살고 있지 않았다. 두 사람은 포도주 시장에 있는 근사한 반목조 주택에 살았는데, 그곳은 푸거 장모의 소유였다. 푸거가 처가에 머문 이유는 적어도 재산세를 아낄 수 있었기 때문이다. 푸거는 사람들의 이목에도 신경을 썼을 것이다. 그는 가문의 기업 '울리히 푸거와 형제들'의 핵심이었다. 그는 인스브루크와 로마에 연줄이 있었으나 명패에는 여전히 울리히의 이름이 쓰여 있었다. 형보다 큰 집에 사는 것은 좋아 보이지 않았을 것이다.

하지만 울리히가 죽자 푸거는 망설일 이유가 없었다. 푸거는 자신이 살던 집과 이웃의 주택 2채를 사들여 철거했다. 그 자리에는 웅장한 4층 건물이 들어섰다. 아치가 1층을 둘렀으며 창문의 쇠창살과 부르크마이어의 벽화가 외관에 생동감을 더했다. '푸거 궁'이라 불린 이 건물은 시에서 가장 컸는데, 바닥 넓이가 아우크스부르크 성당과 맞먹었다. 푸거 궁은 주택, 창고, 유럽 최대 기업의 본부를 겸했다.

궁은 자체 예배당과 마구간을 갖추었으며, 방문객을 놀라게 한 편의 시설인 수도가 설치되어 있었다. 한 방문객은 다음과 같이 기록했다. "기계장치로 물을 끌어오는 분수가 심지어 방 안에도 있다."[7] 이웃 건물들은 칙칙한 점판암 지붕을 얹었지만 푸거 궁은 그의 광산에서 나온 값비싼 구리를 사용했다. 사람들은 기름 먹인 양피지를 창호지로 사용했지만 푸거는 베네치아의 동업자가 보내 준 유리를 끼웠다. 또한 겨울철 난방이 거의 불가능하던 시절에 푸거는 벽난로와 오븐으로 대부분의 방을 따뜻하게 덥혔다. 하인들이 불이 꺼지지 않도록 관리했다. 가장 눈에 띄는 것은 다멘호프라는 뜰로, 가운데에는 물놀이장이 있고 기둥이 사방을 둘렀다. 다멘호프는 알프스 이북 최초의 르네상스 구조물이었다. 타일, 아치, 프레스코화를 보면 피렌체에 와 있는 듯했다. 아우크스부르크의 연대기 작가 클레멘스 젠더는 푸거가 집의 일부를 거지에게 개방했다고 주장했다. 그럴 필요가 있었다는 것은 의심할 여지가 없다. 가난한 사람은 어디에나 있었다. 하지만 건물은 상업적인 목적으로 지었음이 틀림없다. 물건을 가득 실은 수레가 관문만큼 넓은 출입구로 드나들었다.

반세기 뒤에 푸거의 종손자인 마르쿠스를 찾은 손님 2명이 자세한 기록을 남겼다. 그곳을 방문한 공작의 집사는 다음과 같이 기록했다. "푸거 가문 저택의 식당은 금색이 어느 색보다 많았다. 대리석 바닥은 유리처럼 매끈했다. 식당을 덮다시피 한 탁자에는 베네치아산 유리를 깔았는데, 황금 1톤보다 값이 더 나갔다. 푸거 씨는 주인 나리에게 저택을 안내했다. 어찌나 넓은지 로마 황제의 왕궁을 고스란히 옮겨 놓을 수 있을 정도였다."[8] 프랑스의 인문주의자 미셸 드 몽테뉴는 더 흥분했다. "궁의 방 2곳을 둘러보는 것이 허락되었다. 한 곳은 넓고 높으며 바닥이 대리석이었고, 또 한 곳은 옛 장식과 현대식 장식으로 가득한 방이었는데 뒤쪽에 작은 진열장이 있었다. 이제껏 본 것 중에서 가장 화려한 방들이었다."[9]

푸거는 방 안에 서서 창밖을 바라보며 만족감을 느꼈으리라. 도시에서 가장 큰 저택이 자신의 집이었으며, 도시는 자기 덕에 유럽의 금융 수도가 되었으니 말이다. 밖으로 내다 보이는 시장 노점에서는 (슈바벤 시골에 처박힌) 아우크스부르크 주민들이 프랑스산 브로케이드(다채로운 무늬를 부직浮織으로 짠 무늬 있는 직물/옮긴이), 인도산 후추, 중국산 비단을 살 수 있었다. 이는 모두 푸거가 수입에 관여한 물건이었다. 또한 푸거는 불우한 사람들을 내려다보았을 것이다. 술에 취한 병사가 장난으로 칼을 휘둘렀고, 길거리에서는 장인과 수사, 거지가 돼지, 염소, 닭과 뒤엉켰다. 축일이면 행진이 벌어졌다. 푸거 궁 오른쪽으로는 성 울리히 아프라 교회의 첨탑이 솟아 있었다. 이 교회는 고딕 양식의 걸작 건축물로 300년 뒤에 모차르트가 이곳에서 작곡을 하기도 했다. 왼쪽으로는 더 높은 건축물인 페를라흐 시계탑이 보였다. 이 시계탑은 교회가 아닌 사업가들이 도시를 다스린다는 사실을 웅변하고 있었다.

거리를 지나는 사람들은 푸거를 돌아보면서 왜 그는 저렇게 많이 가졌는데 자신들은 이렇게 조금밖에 갖지 못했는지 의문을 품었으리라.

❖

1512년이 끝나 갈 무렵 푸거가 가족을 불러 모았다. 아우크스부르크에서 성탄절은 행복한 날이었다. 사람들은 축제, 음악, 성인의 삶을 그린 연극 등을 즐겼다. 하지만 푸거의 관심사는 명절의 여흥이 아니었다. 그의 머릿속은 사업 생각으로 가득했다. 울리히 형은 3년 전에 세상을 떠났고, 게오르크 형도 이미 6년 전에 세상을 떠났다. 푸거는 자식이 없었지만 형들은 대가족을 이루었다. 푸거는 성탄절을 보내고 찾아온 친척들에게 조카들을 가족 기업에 영입하고 싶다고 말했다. 여기서 푸거의 막무가내식 면모를 엿볼 수 있다. 그의 발자취를 따른 많은 거부와 마찬가지로 푸거는 이익을 얻기 위해 공정함을 외면했다.

푸거는 형들과 맺은 원래의 동업 계약서를 10년 전에 개정하면서 이날을 대비했다. 1494년에 맺은 처음 계약에 따르면 상속인은 죽은 형의 자리를 마음대로 차지할 수 있었다. 지분을 현금화할 수도 있었고, 회사에 남아 의사 결정 권한을 행사할 수도 있었다. 이것을 푸거가 1502년에 수정한 것이다. 그는 상속인이 지분을 청산하지 못하도록 했고 사업에 대한 발언권을 모두 빼앗았다. 따라서 모든 권한은 마지막에 죽는 형제에게 돌아가도록 되어 있었다. 푸거가 제일 어렸으므로 최후의 1인이 될 가능성이 가장 컸다. 그의 예상은 적중했다. 울리히가 죽자 푸거는 모든 권한을 갖게 되었다. 하지만 1512년이 되자 조카들도 나이가 들었으므로 푸거는 이들을 영입해 후계 체제를 준비해야겠다고 생각했다.

푸거는 한자리에 모인 친척들에게 앞으로는 회사 이름을 '야코프 푸거와 조카들Jakob Fugger und Gebrüder Söhne'로 부르겠다고 말했다.[10] 하지만 그것은 진심이 아니었다. 푸거는 권력을 독차지할 심산이었다. 그는 새로운 동업 계약서를 꺼냈다. 계약서에는 '나'와 '나의 사업'이라는 단어가 가득했다. 조카들은 허수아비에 불과했다. 계약서에는 "그들은 내가 지시하고 허락하는 일만 해야 한다. 내가 그중 한 명에게 임무를 부여했다가 나중에 철회하더라도 불만을 제기해서는 안 된다"라고 쓰여 있었다. 계약서에 따르면 조카들은 푸거에게 늘 정직해야 하고 모든 비용을 보고해야 하며 푸거의 사업에 대해 철저히 비밀을 유지해 아무에게도 발설해서는 안 되었다. 조카들은 독자적으로 사업에 참여할 수 없었고 푸거의 동의 없이는 어떤 계약도 맺을 수 없었다. 푸거에게는 조카 중 누구든 어느 때, 어떤 이유로든 해고할 수 있는 권한이 있었다. 조카와 나머지 친척은 지분에 대한 소유권을 보유했으나—푸거는 지분을 빼앗지는 않았다—투자를 회수할 수는 없었다.

　계약서에서 가장 특이한 점은 푸거가 누구와도 상의하지 않고 마음대로 조항을 수정할 수 있다는 것이었다. "내가 위의 조항을 수정하고 다르게 이행하거나, 이 사업과 관련해 어떤 조항이든 추가할 경우 조카와 그 상속인은 이를 엄격히 준수해야 한다." 푸거는 절차를 마무리하자며 성경을 내밀었다. 그는 모두 성경에 손을 얹게 하고 새 계약을 존중하겠다는 맹세를 하게 했다.

6

대금업의 합법화

푸거는 생애 전반부는 돈을 벌면서 보냈으며, 후반부는 돈을 지키려고 투쟁하면서 보냈다.

그는 생애 전반부에 상업적으로 대성공을 거두었다. 티롤의 은광 계약을 따내고, 헝가리에 거대 광산업 시설을 지었으며, 이를 유럽 대륙 전역의 다양한 고객에게 판매할 수 있는 유통망을 구축했다. 푸거는 티롤과 헝가리에서 얻은 수익을 새로운 기회에 투자했다. 그럼으로써 어마어마한 부를 창출하는 기계를 만들었으며, 해가 갈수록 순자산을 높였다. 그의 바람은 이것뿐이었다. 푸거는 영지를 넓히거나 슈바벤 공이 될 생각이 전혀 없었으며, 아우크스부르크 시장이 되고 싶지도 않았다. 푸거에게는 메디치 가문처럼 부를 정치권력으로 전환하려는 욕망이 없었다. 푸거는 속도를 늦추고 싶지도 않았다. 아무리 생각해 보아도 그는 계약을 성사시키거나 장부를 들여다볼 때 가장 행복했다. 그에게 더 큰 부자가 되는 데 필요한 것보다 즐거운 일은 없었다.

푸거는 이후의 삶도 변함없이 흘러가기를 바랐을 것이다. 일반적으로 보면 실제로 그렇게 흘러갔다. 그는 해마다 재산이 늘어났으며,

'그냥 부자'에서 '세상에서 가장 부유한 사람'이 되었다. 하지만 이 시기에 푸거는 분노한 대중과 이들의 대변자를 자처하는 이들의 공격을 막아 내는 데 많은 시간을 할애했다. 그는 재계의 경쟁자들을 상대할 때처럼 적극적으로 이들과 맞섰다. 피를 흘려야 할 때조차 한 번도 머뭇거리지 않았다. 푸거는 자신의 행동이 정당하다고 확신했다. 이것이 그의 천성이었다. 그는 하느님께서 나를 이 땅에 돈을 벌라고 보내셨다는 사고방식을 가지고 있었다. 누구도 신의 의지를 방해할 수는 없었다.

지기스문트 공작에게 전 재산을 빌려주고, 장기 광산업 계약으로 유동성을 위험에 빠뜨리고, 헝가리 광산의 운영을 감독하고, 자신의 역투자가 성공했는지 확인하기 위해 직접 말을 타고 돌아다니던 30대의 저돌적 사업가는 이제 옛말이 되었다. 50대가 된 푸거는 수익률이 낮은 부동산으로 투자를 다각화해 (적어도 부분적으로는) 고정적인 수익을 추구했다. 하지만 이것은 투자 스타일이 변한 것에 불과했다. 그는 나이가 들고 25년간 결혼 생활을 유지하며, 형들을 여의고도 돈벌이의 길에서 한 번도 벗어난 적이 없었다. 좋든 싫든 가장 큰 변화는 정치가로서의 비중이 사업가 못지않게 커진 것이었다. 사업 규모와 활동 범위 탓에 그의 의사와는 무관하게 당대의 주요 사건들에 얽히고, 정치 문제에 관여할 수밖에 없었다. 푸거가 최고위층의 정치 게임을 즐겼는지는 모르지만—또한 자신은 밤에 숙면을 취한다고 주장했지만—유럽 최대의 상업 활동을 관리하다 보면 압박감이 여간 심하지 않았을 것이다. 채권자, 고객, 공급자가 그를 귀찮게 했으며, 유럽 전역의 국왕과 주교가 그에게 돈을 빌리고자 했다. 이해관계가 그보다 더 복잡한 사람은 황제뿐이었다. 아우크스 부르크의 미술가 대☆외르크 브로이Jörg Breu der Ältere가 이 당시의 푸 거를 그렸는데, 그림에서 푸거는 쇠약한 모습으로 하늘을 올려다보 고 있다. 그림의 의도가 인간의 유한성에 대한 그의 자각을 보여 주 려는 것임을 쉽게 알 수 있다. 이기는 일의 달인인 그도 자신이 모든 것에서 이길 수 없음을 깨달은 것이다.

푸거가 역사에 흔적을 남긴 것은 이 생애 후반기였다. 토머스 칼 라일Thomas Carlyle의 영웅 이론에는 국왕, 예언자, 시인이 등장하지만 사업가의 자리는 어디에도 없다. 왜 그럴까? 그것은 사업가란 뒷받침 하는 사람이기 때문이다. 사업가는 남들이 위대함을 추구할 수 있도 록 돈을 지원할 뿐 스스로 세상을 바꾸지는 않는다. 푸거는 칼라일 의 기준에 적합한 사람이 아니었을 수도 있지만 그가 세상에 가져온 변화는 그를 역사상 가장 영향력 있는 사업가로 손꼽기에 손색이 없 다. 록펠러나 로트실트 가문의 그 누구도 당대의 정치적 사건에 그 보다 큰 영향을 미치지는 못했다.

푸거가 가장 큰 역할을 한 것은 합스부르크 가문과 관련해서였 다. 이후 다시 보겠지만 첫 번째 사건은 1514년에 일어났다. 푸거는 막시밀리안을 떠밀어 오스트리아-헝가리 제국의 토대를 놓게 했다 (이 정치 체제는 400년 동안 유지되었으며, 제1차 세계대전 때 최후를 맞 기까지 유럽 역사에서 중요한 역할을 했다). 두 번째 사건은 1519년에 일어났다. 푸거는 10대의 국왕 카를 5세를 후원해 합스부르크 가문 이 독일어권 유럽을 계속 지배하도록 함으로써 이 거대 제국을 단단 한 토대 위에 올려놓았다.

아쉬운 점은 그의 상업적·정치적 성취가 너무 오래전의 일이어서 현대와 거의 무관한 것처럼 보인다는 것이다. 오늘날 푸거가 구리 카르텔을 무너뜨리고 한자동맹에 타격을 입힌 사실이 중요한 것은 우리에게 교훈을 주기 때문이다. 경쟁자의 약점과 고객의 동기를 이해하는 것이 중요하고, 없어서는 안 될 존재가 되는 것이 유리하며, 공격을 당해도 침착해야 한다는 등의 교훈은 어느 시대에나 일맥상통한다. 한편 푸거의 정치적 성취는 나폴레옹 시대와 (심지어) 비스마르크와 우드로 윌슨 시대에도 의미가 있었으나 지금은 중요성이 낮아졌다. 이제 스페인과 독일을 묶는 것은 왕가가 아니라 유럽연합이다. 스페인은 라틴아메리카 영토를 잃었고, 오스트리아는 헝가리 영토를 잃었다. 이 지역에는 합스부르크 가문의 영향이 아직도 남아 있지만—4억 명에 이르는 라틴아메리카인이 스페인어를 사용한다는 사실에서 가장 확실히 드러난다—푸거의 도움으로 그려진 지도 위 선들은 이제 더는 남아 있지 않다.

푸거의 또 다른 위업은 세상에 중대한 변화를 일으켰다. 푸거는 고리대금(빌린 돈에 이자를 물리는 것)에 대한 교회의 금지 조치를 뒤집는 데 큰 역할을 담당했다. 우리가 집을 사거나 차를 빌리거나 예금 이자를 받을 수 있는 것에 감사해야 할 사람이 딱 한 명 있다면 그것은 바로 푸거다.

한자동맹과의 갈등에서 시작된 반反푸거 운동은 푸거의 영향력이 커질수록 더욱 거세어졌다. 푸거는 자신의 부를 숨기지 않았다. 그는 문장으로 신뢰를 얻었듯이 콘스탄츠에서는 황금 수레로 고객의 시선을 사로잡았다. 이 시대는 입소문이 곧 홍보였다. 하지만 명성에는 감시와 비난이라는 유명세가 뒤따랐다. 1513년 푸거의 성공이 뉘른베르크 지식인 집단의 관심을 끌었다. 푸거의 부와 치부 방법에 격분한 그들은 교회의 고리대금업 금지 조치를 동원해 공격했다. 그들에게는 지금 우리가 자본주의라고 부르는 것을 끝장내려는 더 큰 목표가 있었다. 베른하르트 아델만이라는 성직자가 이 집단을 이끌었는데, 그는 푸거의 방해로 아우크스부르크 주교가 되지 못한 것에 앙심을 품고 있었다. 인문학자 빌리발트 피르크하이머도 동참했다. 피르크하이머는 뒤러의 친구였으며, 에라스뮈스가 '독일에서 제일가는 영광'이라고 부를 만큼 뛰어난 학자였다. 교역과 기술이 발전함에 따라서 영주, 농노, 자급적 장원으로 이루어진 봉건제도가 시장 모형(사람이 무엇을 필요로 하는가가 아니라 무엇을 할 수 있는가에 따라서 자원을 배분하는 경제 체제)에 밀려난 것은 지금 시각에서 보면 필연적 결과다. 푸거는 이것이 모두에게 최선이라고 주장했다. 자유 시장은 일자리를 창출했으며, 성장은 모두의 파이를 키웠다. 하지만 푸거 시대의 지식인들은 동의하지 않았다. 그들은 푸거 같은 똑똑한 자들이 모든 것을 독차지한다고 생각했다.

　푸거를 가로막는 유일한 공식적 걸림돌은 교회, 더 넓게는 기독교였다. 예수는 수차례 부자를 비난했다. 푸거는 "너희는 하느님과 재물을 아울러 섬길 수 없다"와 같은 모호한 비판은 일축할 수 있었지만, "되받을 생각을 말고 꾸어 주어라"(누가복음 6장 35절)라는 말씀은 무시할 수 없었다. 로마가 이 말씀을 근거로 고리대금업을 금지했기 때문이다. 사전에서는 고리대금을 '비양심적으로 높은 이자를 물리는 것'으로 정의하지만, 교회는 예수의 말씀을 곧이곧대로 해석했다. 이율과 상관없이 이자를 물리면 무조건 고리대금으로 간주했다. 교회는 이자를 물리는 모든 사람을 고리대금업자로 비난했으며, 파문, 면죄 거부, 기독교식 장례 거부 등 사형을 제외한 온갖 처벌을 가했다. 이런 처벌을 받은 사람은 사회에서 불가촉민 취급을 받았다. 가혹한 처벌을 목격한 기독교인들은 설령 교회가 벌하지 않아도 신이 벌할 것이라고 생각했다. 신은 모든 것을 알고 있기 때문이다. 신은 고리대금업자를 찾아내어 불지옥에 던져 버릴 터였다.

푸거는 파문이 전혀 두렵지 않았다. 교회가 자신을 파문한다면 기독교인 대금업자를 모두 파문해야 할 테니 말이다. 수많은 대금업자 모두를 파문한다는 것은 상상할 수 없는 일이었다. 푸거는 고리대금업자로 낙인찍히는 것도 두렵지 않았다. 푸거의 강점 중 하나는 자신이 하는 일 모두가 옳다는 절대적 확신이었다. 그가 보기에 위험을 감수하는 대신 그에 대한 보상을 받는 것보다 더 공정한 일은 없었다. 푸거는 "되받을 생각을 말고 꾸어 주어라"라는 예수의 말씀을 문자 그대로 해석하면 안 된다고 생각했다. 자선을 베풀라는 막연한 충고일 뿐이라는 것이었다.

하지만 푸거도 고리대금 금지 조치를 무시할 수는 없었다. 예금주들이 이것을 진지하게 받아들였기 때문에 푸거도 진지하게 받아들일 수밖에 없었다. 예금주들은 푸거에게 돈을 맡길 때마다 은행가처럼 이자를 기대했다. 그들은 자신의 몫인 5퍼센트를 챙겼지만 그것에 대해 죄책감을 느꼈다. 뉘른베르크 지식인들은 쾰른 회의가 끝난 뒤 고리대금에 대한 소책자를 유포했다. 그들의 바람은 은행의 자금줄을 끊고 푸거의 부를 창출하는 기계를 파괴하는 것이었다. 공격은 치명적이었다. 푸거는 자금을 마련하지 못하면 고객의 대출 요구를 들어줄 수 없었다. 대출을 해 주지 못하면 사업 규모가 위축되어 영향력이 사라질 터였다. 푸거는 공격이 점점 거세어지자 교회가 눈감아 주는 것만으로는 안 되겠다고 판단했다. 교회가 이자를 공식적으로 합법화하기를 바란 것이다. 푸거는 '예수의 말씀은 잊어버리라'고, 그것은 예수의 본뜻이 아니었다고, 이자가 무조건 범죄인 것은 아니라고, 이자를 올바르게 책정하면 기독교적 가치에 부합한다고 로마가 말해 주기를 바랐다. 푸거는 고리대금 금지 조치와 맞서 싸울 만큼 강력한 유일한 사람이었는지도 모른다. 봉건제에서 근대적 경제로의 전환이 이 싸움에 달려 있었다.

고리대금은 수세기 전부터 논란거리였다. 아리스토텔레스가 포문을 열었다. 그는 소를 빌려주고 대가를 받는 것은 정당하다고 말했다. 소는 젖이 나오기 때문이다. 하지만 돈은 불임이어서 아무것도 생산하지 못한다. 따라서 돈을 빌려주고 대가를 받는 일은 부당한 처사인 것이다. 아리스토텔레스의 이 주장은 합리적 논증이라기보다는 감정적 반응의 정당화처럼 들린다. 그는 빚이 가진 파괴적 힘을 증오했다. 그는 대금업을 '추악한 짓'이라고 일컬었으며, 대금업자를 뚜쟁이에 비유했다.

상업 활동이 강의 물 한 방울에 불과하던 암흑시대에는 아무도 고리대금 논쟁에 관심을 갖지 않았다. 하지만 11세기에 교역이 성행하고 대금업이 이를 뒷받침하면서 고리대금의 피해자가 급증했다. 교회는 고리대금업자를 공격하면서 이것이 그들을 위한 일이라고 주장했다. 그들의 영혼이 위험에 처했으므로 교회가 구원해 주어야 한다는 논리였다. 1139년 제2차 라테란 공의회에서는 고리대금을 비난하되 죄로 규정하지는 않았다. 1187년 교황 우르바누스 3세는 더 나아가 누가복음 6장 35절을 들어 고리대금을 대죄大罪로 규정했다. 하지만 대금업은 계속 성장해 상업을 뒷받침했으며 파산하는 채무자도 늘어났다. 이에 격분한 단테는 《신곡》에서 아리스토텔레스보다 더 강경한 입장을 취했다. 대금업자를 뚜쟁이에 비유한 것은 약과였다. 단테는 그들을 남창에 비유했다. 위대한 신학자 토마스 아퀴나스는 대금업의 상업적 유익을 외면했다. 그는 돈을 주고 밀이나 말을 받는 것은 아무 문제가 없다고 생각했다. 정당한 가치를 가진 물건을 대가로 얻는 것이기 때문이다. 하지만 돈을 빌렸을 때는 왜 원금보다 많은 돈을 돌려주어야 한단 말인가? 이는 수지가 맞지 않으며 (따라서) 부당한 거래였다. 아퀴나스는 교회법을 더 엄격히 시행하라고 요구했으며, 어찌나 분개했던지 아리스토텔레스와 단테보다 한 술 더 떠서 고리대금업자를 살인자에 비유했다. 대중도—적어도 일부는—같은 생각이었다. 1310년 마인츠 의회에서는 최근 공동묘지에 매장된 고리대금업자의 시신을 파내도록 했는데 썩어 가는 시체가 거머리, 구더기, 거미 같은 악마의 부하들에 덮인 채 악취를 풍기며 올라왔다. 시체의 상태는 망자가 죄인이라는 '증거'였다. 이듬해 교황 클레멘스 5세는 아퀴나스의 영향으로 고리대금 금지 조치를 재천명했으며, 고리대금을 합법화한 세속법을 뒤집었다. 이로써 교회의 집행 기관이 분주해졌다. 14세기에는 (수백 곳에 이르는) 교구 법정에서 해마다 평균 3건의 기소가 이루어졌다. 법정 밖에서 해결된 사건은 이보다 훨씬 많았다.

하지만 기소는 대금업의 인적 구성을 바꿨을 뿐이다. 기독교인이 밀려난 공백은 유대인 차지가 되었다. 교회와 유대인의 관계는 복잡했는데, 이를 상업적으로 보여 주는 현상은 교회가 유대인이 농업과 상업에 종사하지 못하게 금지하되 대금업을 허용했다는 사실이다. 교회는 유대인이 기독교인과 '좋은' 일자리를 놓고 경쟁하지 못하도록 한 반면 훨씬 짭짤한 일을 독점하도록 허용했다. 교회는 대금업자가 기독교인이 아니면 간섭하지 않았다. 동전의 반대쪽에 대해서도 아무 조치를 취하지 않았다. 즉 기독교인이 돈을 빌리는 것은 여전히 자유로웠다. 이 접근법은 모순적이었지만 로마는 영혼 구원의 임무를 다할 수 있었다. 게다가 유대인 행상이 마을에 들어와 농부에게 몇 푼 빌려준다고 해서 누가 신경이나 쓰겠는가? 해로울 것이 무엇이겠는가?

하지만 15세기가 되자 대금업은 농부에게 푼돈을 빌려주는 차원을 넘어섰다. 경제가 호황을 누리면서 대금업은 거대 산업이 되었다. 유대인의 독점을 시기한 기독교인이 슬금슬금 대금업에 뛰어들어 최고 자리를 차지했다. 부유한 베네치아인과 피렌체인은 이자를 위약금, 경비, 선물, 손실 보전금 등으로 바꿔 부르는 편법으로 고리대금 금지법을 조롱하며 죄책감을 덜었다. '이자'라고 부르지만 않으면 뭐라고 불러도 상관없었다. 또 다른 꼼수는 이자를 복잡한 화폐 거래로 위장하는 것이었다. 하지만 결과는 같았다. 대금업자들은 돈을 빌려주고 더 많은 돈을 돌려받았다. 뭐라고 불리든 '더 많은 돈'이 바로 이자였다. 가장 유명한 은행업자는 메디치 가문이었다. 다른 이탈리아인도 대금업에 적극적이었다. 이탈리아인은 서로에게, 군주에게, 해협을 건너 잉글랜드 국왕에게 돈을 빌려주었으며 교황, 추기경, 주교에게도 빌려주었다. 고리대금 금지법은 무용지물이었다.

한 세기 뒤 독일에 변화가 찾아왔다. 이탈리아인을 따라잡고도 싶고, 43퍼센트에 이르는 이자율에 혹하기도 한 독일 도시들은 자신들의 텃밭에서 불청객을 몰아냈다. 1438년 아우크스부르크는 유대인을 추방하고 유대인 공동묘지의 묘비를 가져다 시 청사 신축에 사용하기도 했다. 한스 모이팅이라는 직물 무역상은 아우크스부르크 최초로 대규모 금융을 시도했다. 그는 티롤의 지기스문트 대공에게 거액을 빌려주었는데, 훗날 푸거가 그랬듯이 슈바츠 은광의 생산고를 담보로 설정했다. 다른 사람들도 유대인 대금업자를 대신해 크든 작든 금융 거래에 뛰어들었다. 독일인 풍자가 제바스티안 브란트는 1494년에 출간한 베스트셀러 《바보배》에서 대금업의 변화를 묘사한 바 있다. "11파운드에서 선이자 떼고 10파운드라고 적는다네. 유대인들의 높은 이자에 등이 휘었는데, 그리스도교를 믿는 유대인들이 들어와서 유대인들과 경쟁을 벌이더니 유대인들이 오히려 쫓겨나고 말았네"《바보배》, 안티쿠스, 2006, 263쪽). 푸거는 다른 사람보다 대금업에 더 깊이 몸담았지만, 그조차도 이탈리아인처럼 이자를 숨기려고 도제를 내세웠다. 그는 티롤 광산에서 현금 대신 은을 받음으로써 대출 상환을 대출이 아닌 구매처럼 보이게 했다.

뉘른베르크 지식인 집단은 푸거와 그가 주도하는 새 경제 체제를 가로막기 위해 현명하게도 대금업을 표적으로 삼았다. 그들은 푸거를 막는 가장 빠른 방법이 자금줄을 끊는 것임을 잘 알고 있었다. 뉘른베르크는 아우크스부르크에서 북동쪽으로 150킬로미터 떨어져 있었다. 이곳은 아우크스부르크와 마찬가지로 황제만 섬기는 상업 도시였으며, 뒤러와 회중시계 발명자 페터 헨라인, 세계 최초로 지구의를 제작한 마르틴 베하임을 배출하기도 했다. 하지만 아우크스부르크에는 푸거 이외에도 벨저와 호흐슈테터가 있었으며, 자본주의 경쟁에서 뉘른베르크를 앞서고 있었다. 뉘른베르크는 질투의 시선으로 아우크스부르크를 바라보았다. 푸거가 한자동맹에 자신을 눈감아 주는 대가로 뇌물을 건넨 직후 뉘른베르크의 학교 교장 안톤 크레스가 고리대금을 비난하는 논평을 발표한 데는 이런 경쟁 구도도 작용했을 것이다. 크레스는 푸거가 들어 봤음 직한 말을 사용해 가며 대금업을 매정하고 비기독교적인 짓으로 치부했다. 여기에 아델만이 가세해 푸거가 "교황과 황제가 내 호주머니 안에 있다"라고 떠벌리는 말을 직접 들었다고 주장했다. 피르크하이머는 아델만의 재촉에 의해 플루타르코스가 "야비한 고리대금업자들이 가난한 자들을 먹잇감 삼아 뼛속까지 갉아먹는도다"[1]라고 고리대금을 비난하는 글을 그리스어에서 라틴어로 번역해 푸거를 공격했다. 그러고도 알아듣지 못하는 사람이 있을까 봐 호메로스를 인용해 채무자를 나약한 그리스 신에, 고리대금업자를 '날카로운 부리로 그들의 내장을 꿰뚫'는 독수리에 비유했다.

피르크하이머의 번역은 분량이 몇 쪽밖에 되지 않았으므로 강력한 한 방을 날린 것이기보다는 뺨을 살짝 때린 정도로 보일지도 모른다. 애매모호한 글을 아무도 사용하지 않는 언어에서 소수만이 사용하는 언어로 번역했을 뿐이기 때문이다. 하지만 16세기에 그의 번역은 메가폰에서 울려 퍼지는 굉음 같았다. 지식인과 여론 주도층은 고대의 것이라면 모두 숭배했으며, 당시에는 읽을거리가 흔하지 않았으므로 정신을 자극하는 것이면 무엇이든 환영했다. 피르크하이머의 번역은 곧 사람들의 입에 오르내렸다. 이에 푸거는 대책을 마련해야 했다. 그의 후원을 받은 아우크스부르크의 교장 제바스티안 일중은 아우크스부르크 계약(푸거가 5퍼센트의 이윤을 약속하며 예금주와 맺은 법적 계약)으로 주제를 좁혀 대금업을 옹호했다. 일중은 대부자가 차입자처럼 파산의 위험을 감수한다면 계약이 유효하다고 주장했다. 그러던 중 요하네스 에크라는 젊은 신학자가 대학 강의에서 일중의 주장을 되풀이해 푸거의 눈길을 끌었다. 푸거는 에크에게 아우크스부르크 계약에 대한 논문을 쓰고 이를 입증하는 토론회 — 학자들이 심판으로 참가하는 공개 대결 — 를 열어 달라고 부탁했다.

　푸거는 위험을 무릅썼다. 교회법에 따르면 아우크스부르크 계약은 합법적일 수도 있고 불법적일 수도 있었다. 하지만 널리 통용되고 있었으며, 푸거가 자금을 마련하려면 이 계약이 필요했다. 에크가 토론회에서 패하고 심판들이 계약을 고리대금으로 판정하면 푸거의 예금주들은 돈을 내놓지 않으려고 할 것이기에 그에게 치명타가 될 터였다. 회색지대에서 움직이는 것과 이단으로 판정된 행위에 가담하는 것은 별개의 문제였다. 푸거의 목표는 스콥스 재판(미국에서 고등학교 교사인 존 T. 스콥스가 진화론을 가르침으로써 주의 법을 위반했다는 혐의로 받은 재판/옮긴이)과 다를 바 없었으므로 그는 승리를 확신했을 것이다. 독단과 근대성의 정면충돌이라는 점은 같았으나, 그 중심에는 원숭이 대신 돈이 있었다. 푸거에게는 선례가 적어도 하나는 있었다. 신학자들이 연금 보험annuity(도시가 자금을 마련하려고 판매한 이자부 연금 상품) 문제와 씨름한 뒤 교황이 이를 승인한 것이다. 그해 초 '전사 교황' 율리우스 2세의 뒤를 이은 레오 10세도 아우크스부르크 계약에 대해서 같은 결정을 내릴 것이었다. 또한 레오는 은행가 메디치 가문의 일원이었으므로 계약을 합법화하는 것이 자신의 이익에도 유리했다. 게다가 레오는 푸거의 차입자이기도 했다. 레오가 자신에게 돈을 빌려준 사람에게 우호적일 것이라는 사실은 두말할 필요도 없다.

에크는 잉골슈타트대학에 재직하고 있었으며, 훗날 교황청에 루터를 이단으로 고발해 파문시키기도 했다. 에크가 토론회에서 이기면 승승장구할 수도 있지만 패하면 조롱거리가 될 것이었다. 에크는 논문을 완성해 대학에 제출한 뒤 토론회를 개최해 달라고 요청했다. 일반적으로 대학은 이 같은 요청을—특히 학내 인사의 요청이라면—으레 수락하는 것이 관행이었다. 하지만 뉘른베르크 사람들은 에크가 이길까 봐 두려웠다. 그래서 토론회를 거부하도록 대학에 압력을 넣었다. 아델만이 에크가 푸거의 꼭두각시라고 비난하자 잉골슈타트 관할 주교는 토론회를 취소해 버렸다. 이는 너무 민감한 주제였기 때문에 독일의 다른 대학들도 몸을 사렸다. 이단적 견해를 논의할 수 있는 자리에 앉고 싶은 사람은 아무도 없었다.

푸거는 단념하지 않았으며, 에크가 레오에게 토론회 개최를 잉골슈타트대학에 명령해 달라는 편지를 쓰자 서명했다. 답신이 없자 푸거와 에크는 이탈리아로 눈을 돌렸다. 그곳 대학들은 베네치아와 피렌체 덕에 대금업에 개방적이었다. 유럽 최고最古의 명문 대학인 볼로냐대학에서 토론회 개최를 기꺼이 수락했다. 토머스 베켓Thomas Becket, 에라스뮈스, 코페르니쿠스, 미란돌라가 이곳에서 공부했다. 에크는 볼로냐로 가는 길에 아우크스부르크를 지났는데, 푸거는 그에게 통역과 지원 임무를 맡겼다. 아우크스부르크 출신의 도미니크 수도회 사제 요하네스 파브리가 반대편 토론자로 나서기 위해 볼로냐로 향했다. 어쩌면 파브리는 푸거가 지목한 인물이었는지도 모른다. 그러면 승리를 보장받을 수 있었을 테니 말이다. 하지만 파브리는 자기 소신이 있는 사람이었던 것 같다.

1515년 7월 12일 에크와 파브리는 14세기 바실리카 양식의 웅장한 건물인 성 페트로니우스 성당 앞에서 만났다. 오후 4시에 문이 열렸다. 학생과 교수들이 좋은 구경거리를 놓치지 않으려고 몰려와 입이 2개인 흉측한 루시퍼의 거대한 그림 — 이 그림은 이단을 기다리는 것이 무엇인지 상기시켰다 — 앞을 지나쳐 신도석에 자리를 잡았다. 주최 측은 토론회를 오락 행사로 준비했으므로 청중은 야유와 환호성을 질러도 무방했다. 에크와 파브리의 토론은 5시간 동안 이어졌다. 에크는 성경을 인용하지 않고 내용에 치중했다. 그는 사악한 의도가 없는 거래는 고리대금이 될 수 없다고 단언했다. 대부자가 차입자에게 일부러 피해를 주려고 하는 경우는 고리대금이지만 정당한 사업적 이익을 추구하는 경우는 합법적이라는 것이었다. 파브리는 자기 차례가 되자 아리스토텔레스, 아퀴나스 등이 제시한 옛 논증을 근거로 들어 자신의 주장을 피력했다. 에크는 파브리에게 완승을 거두었다고 생각했다. 청중 가운데 교수 3명도 같은 생각이었다. 하지만 심판들은 양쪽 모두 일리 있다고 생각했다. 그들은 승부를 가리려고 들지 않았으며, 토론회는 찜찜한 무승부로 끝났다.

푸거는 실망했을지도 모르지만 위안을 삼을 수는 있었다. 심판들이 아우크스부르크 계약을 이단으로 규정하지는 않았으니 말이다. 에크와 파브리는 대출금에 이자를 물리는 전형적 사례를 제시했으며, 심판들에게 누가복음 6장 35절을 승인할 수 있는 완벽한 기회를 제공했다. 하지만 심판들은 푸거의 사업을 망칠 수도 있는 판결을 내리지 않았다. 이는 암묵적 승인이었다. 게다가 푸거가 교황 레오에게 보낸 편지가 효력을 발휘했다. 레오는 토론회 장소에 대한 이의를 묵살했으며, 같은 해에 아리스토텔레스와 고대 사상가들의 견해와는 정반대로 이자 부과의 정당성을 인정하는 교황 칙령에 서명했다. "고리대금은 본성상 불모인 것에서 얻는 이익, 즉 노동이나 비용, 위험 없이 얻는 이익을 일컬을 뿐이다."[2] 돈은 소와 다르다거나 돈에서는 젖이 나오지 않는다는 등의 이야기는 이제 논란거리가 되지 않았다. 노동, 비용, 위험이 결부되면 불모가 아니므로 이자를 부과하는 행위는 합법적이었다. 이는 청천벽력 같은 소식이었다. 물론 고리대금은 죄악이었다. 문제는 고리대금을 어떻게 정의하느냐다. 교회의 새 교리에 의하면 고리대금의 정의는 이자를 물리는 행위에 대한 예수의 말씀을 엄격히 따르지 않았다. 노동, 비용, 위험 없이 이자를 부과하는 행위만 고리대금에 해당했다. 그런데 이 중 하나라도 결부되지 않는 대출이 어디 있겠는가? 대출이 이 수월한 기준을 통과하는 한 대부자는 걱정할 필요가 없었다. 푸거의 로비는 눈부신 성과를 거두었다. 그를 비롯한 대금업자들은 교회의 묵인하에 차입자에게 자유로이 이자를 부과하고 예금주에게 이자를 지급할 수 있게 되었다. 제5차 라테란 공의회와 더불어 발표된 레오의 칙령은 자본주의의 분수령이었다. 금융이 가속화되면서 근대식 경제가 출범했다.

푸거는 에크와 토론회 이후에도 연락을 주고받았으며, 뒤에서 언급하겠지만 그를 설교자로 아우크스부르크에 데려오려고 했다. 에크도 로마에 가서 교황을 설득해 루터를 파문시키고 체포 영장을 발부하게 함으로써 역사에 족적을 남겼다. 실제로 체포가 이루어졌다면 루터는 신앙을 버렸거나 화형당했을 것이다. 동시대인들은 에크가 푸거의 지령을 받고 로마에 갔다고 수군거렸다. 결정적 증거는 없지만 기록에 따르면 푸거는 일찌감치 루터를 반대했으며, 교황권과 로마에서의 사업을 지키고 싶어 했다. 푸거는 궂은일을 처리하기 위해 에크를 종종 파견했다.

푸거는 고리대금에 대한 토론회 이후 헝가리에서 다시 공격을 받았다. 푸거가 헝가리에서 성공한 비결은 독점이었다. 푸거가 헝가리의 구리 광산을 처음 사들였을 때 독일의 다른 상인들은 그를 바보라고 생각했다. 그들은 헝가리 민족주의자들이 아니더라도 튀르크에게 당할 것이라고 수군거렸다. 독일 상인들은 헝가리가 너무 야만적이고 예측 불허라며 — 한 세대 전에 트란실바니아의 드라큘라 백작이 튀르크인들의 몸을 말뚝으로 꿰뚫고 그들의 머리를 창에 꽂아 전시했다—투자하기를 꺼렸다. 하지만 20년 동안 아무 일도 일어나지 않았으며, 푸거는 헝가리산 구리를 채굴해 전 세계에 수출함으로써 큰돈을 벌었다. 원광석으로 수출하지 않는 것은 무기로 제작해 제후와 교황에게 판매했다.

푸거는 헝가리 영토 내에 광산 여러 곳을 소유했다. 가장 큰 곳은 브라티슬라바에서 북동쪽으로 200킬로미터 떨어진 슬로바키아의 노이졸(반스카비스트리차)에 있었다. 헝가리 광산 중에서 슈바츠만큼 생산량이 많은 곳은 없었지만, 이를 모두 합하면 푸거의 소유 기간 동안 150만 플로린어치의 이익이 발생했다. 구리 수익만 이 정도였으며, 은에서도 비슷한 이익을 얻었을지 모르지만 기록이 남아 있지 않다. 헝가리 주물 공장에서 주조한 화기에서는 더 많은 수익을 올렸다. 이렇게 번 돈은 막시밀리안을 비롯한 차입자에게 빌려줄 요긴한 자금이 되었다. 푸거는 일생 동안 헝가리에서 다른 어떤 투자보다 더 많은 돈을 벌었다.

하지만 1514년 튀르크가 공격의 수위를 높이면서 헝가리에서의 전망이 어두워졌다. 튀르크가 마을을 약탈하고 여인들을 잡아가 노예로 파는 횟수가 부쩍 늘었다. 헝가리는 튀르크를 막기 위해 루마니아 출신의 전사 게오르게 도자를 영입해 농민군을 결성하고 반격하게 했다. 튀르크는 농민들에게 공포의 대상이었으므로 도자는 지원병을 쉽게 모집할 수 있었다. 도자는 군대를 소유하게 되자 튀르크를 잊고 헝가리 귀족들에게 포화를 돌려 스스로 왕이 되고자 했다. 농민들은 튀르크보다 귀족을 훨씬 더 증오했기 때문에 부자를 공격할 수 있는 기회를 환영했다. 손쉽게 승리를 거둔 도자는 체나

드 요새를 함락시키고 드라큘라에게 주교의 몸을 꿰뚫어도 좋다는 허락을 했다. 도자가 헝가리를 점령하는 것은 시간문제였다.

아우크스부르크에 있던 푸거는 자신의 헝가리 자산을 보호하기 위해 조치를 취했다. 그는 칭크에게 농민들을 진정시키기 위해 헝가리 사제들에게 뇌물을 건네라고 지시했으며, 헝가리 엘리트들에게 선물을 보내 환심을 사기도 했다. 하지만 그가 할 수 있는 일은 거기까지였다. 마침내 도움의 손길이 찾아왔다. 헝가리 최대 지주 자포여야노시가 군대를 일으킨 것이다. 자포여는 도자를 사로잡아 반란자가 어떤 최후를 맞이하게 되는지 본보기를 보였다. 당대의 잔혹한 관습에 따라 거행된 끔찍한 즉위식에서[3] 도자는 벌겋게 달군 쇠에 앉아 연기 나는 왕관을 쓰고 뜨거운 홀을 들어야 했다. 자포여는 도자를 화형대에서 불태운 뒤 도자의 추종자들에게 사형을 당하든지 (불속에서 몸부림치는) 그를 산 채로 먹든지 선택하라고 했다. 그들이 새까만 살을 뜯어 먹자 도자는 "이 개새끼들아!"라고 울부짖었다.

자포여는 승리를 거두었지만 헝가리는 여전히 일촉즉발의 상황이었다. 튀르크가 날뛰고 농민들이 기회를 엿보는 등 푸거의 투자는 위험에 처해 있었다. 설상가상으로 헝가리 귀족들은 파벌로 나뉘어 전쟁을 벌였다. 푸거에게는 영구적 평화가 필요했다. 헝가리 왕가도 같은 생각이었다. 헝가리 왕가는 몇 해 전부터 막시밀리안에게 결혼 동맹을 제안하고 있었다. 합스부르크 가문이 자신들을 지켜 줄 것이라고 생각했기 때문이다. 하지만 막시밀리안은 이탈리아 일로 너무 바빠서 신경 쓸 겨를이 없었다. 이때 자신의 보물이 위협받자 푸거가 나섰다. 그는 막시밀리안에게 헝가리와 동맹을 맺지 않으면 대출을 중단하겠다고 최후통첩을 보냈다. 일찍이 푸거가 막시밀리안을 이토록 노골적으로 조종하려고 든 적은 없었다. 예전에는 막시밀리안의 계획(이를테면 가짜 황제 대관식)이 마음에 들면 자금을 아끼지 않았으며, 막시밀리안이 교황이 되려고 했을 때처럼 그의 계획에 반대할 경우에는 대출 요청을 차일피일 미루었다. 푸거가 먼저 일을 시작한 적은 단 한 번도 없었다. 그런 푸거가 먼저 나선 것이었다. 앉아서 기다리기에는 상황이 너무 급박했다.

위협은 통했다. 막시밀리안은 푸거를 달래기 위해 헝가리에 사절을 보내 결혼 동맹을 협상했다. 헝가리 왕가는 최종적으로 합스부르크 가문에 주권을 넘기겠다고 약속했다. 헝가리 국민이 합스부르크 가문의 지배에 반대하리라는 것은 그리 중요하지 않았다. 오스트리아-헝가리 제국의 전신이 될 거대한 정치적 화약고를 만들어 유럽 지도를 다시 그리게 되는 것도 상관없었다. 푸거가 자신의 자산을 지키려면 합스부르크 가문이 헝가리를 차지해야 했다.

막시밀리안은 구체적 논의를 위해서 헝가리의 울라슬로 국왕과 그의 형인 폴란드의 지기스문트 국왕을 만나기로 했다. 군주들은 원래 뤼베크에서 만날 계획이었다. 뤼베크에서 가까운 폴란드의 역할이 핵심적이었기 때문이다. 아이들이 야구 카드를 교환하듯이 막시밀리안은 헝가리를 차지하는 대가로 튜턴 기사단의 본거지인 프로이센의 제국 소유권을 지기스문트에게 넘겨줄 작정이었다.

푸거는 뤼베크 회동 계획이 마음에 들지 않았다. 한자동맹이 그곳에 있었기 때문이다. 푸거는 왕들이 찾아왔을 때 한자동맹이 자신을 비방할 것을 염려해 빈을 대안으로 제시했다. 푸거는 자신도 회의에 참석하고 싶었는데, 마침 빈은 도나우강을 따라 배로 쉽게 갈 수 있었다. 그의 제안은 수용되었다. 정확히 300년 뒤인 1815년에 유럽 열강이 빈에 모여 '세력 균형'이라는 명언을 남긴 조약을 체결하여 한동안 유럽에 평화를 가져다주었다. 이 회담의 명칭은 '빈 회의'였는데, '제2차 빈 회의'가 더 알맞은 명칭일 것이다. 제1차 빈 회의 때는 3명의 국왕─막시밀리안, 울라슬로, 지기스문트─이 모여 헝가리와 (그 결과로) 푸거의 구리 광산의 미래를 논의했다.

회담 결과는 서로의 개인적 호감도에 달려 있었는데, 푸거에게는 다행히도 막시밀리안과 지기스문트가 서로를 좋아했다. 막시밀리안은 지기스문트를 위대한 제후라고 불렀으며, 지기스문트는 폴란드에서 사냥하기 위해 막시밀리안을 초청하기도 했다. 그들은 푸거의 바람대로 협정을 맺었다. 헝가리는 곧바로 오스트리아의 꼭두각시가 되고, 합스부르크 가문은 울라슬로의 혈통이 끊어진 뒤 헝가리를 공식적으로 차지하기로 했다. 폴란드는 프로이센을 손에 넣게 되었다. 막시밀리안은 당시 폴란드와 전쟁 중이던 러시아와 동맹을 맺지 않겠다고 약속했다. 왕들이 봉인한 합의서에는 2건의 결혼 계획이 적혀 있었다. 막시밀리안의 손자 페르디난트는 울라슬로의 딸 안나와 결혼하고, 막시밀리안의 손녀 마리아는 울라슬로의 아들 러요시와 결혼하기로 했다.

결혼식에는 많은 비용이 들었다. 게다가 두 왕가는 겹사돈을 맺을 계획이었다. 푸거는 막시밀리안에게 결혼 자금을 지원해 주었다. 막시밀리안은 아우크스부르크에서 작성해 티롤 의회에 보낸 서한에서 자신이─따라서 국가가─더 빚을 져야 하는 이유를 구구절절이 설명했다.

푸거가 약속한 대출이 이행되지 않으면 우리는 헝가리를 차지할 수 없소. 그 돈 없이는 계획을 추진할 수 없으며, 두 국왕과의 합의를 철회하고 우리와 그들 자녀에 대한 계획도 포기해야 하며, 모든 준비를 취소해야 할 것이기 때문이오. 그들과의 회담을 최종적으로 철회한다면 앞에서 언급한 불이익과 피해가 초래될 것이오. 다른 융자 방법이 있다면 그대들에게 손을 벌리지 않았겠지만, 달리 방법이 없소.[4]

자금 조달 문제가 해결된 뒤 푸거를 비롯한 1만 명의 하객이 빈에 도착했다. 푸거는 용담공 샤를이 스위스에 갔을 때처럼 보석을 가지고 왔다. 합스부르크 가문은 부르고뉴 가문의 사람처럼 차려입었으며, 가문의 부를 짐짓 과시하려면 푸거의 보석이 필요했다. 막시밀리안의 재산은 멋쟁이 장인 샤를의 발뒤꿈치에도 미치지 못했지만 푸거 덕분에 그날 하루만큼은 샤를처럼 꾸밀 수 있었다. 푸거는 슈테판스돔 신도석에 앉았고, 막시밀리안의 오르간 연주자가 라틴어 찬송가 〈테 데움Te Deum〉을 우렁차게 연주했으며, 헝가리 음악가들이 행진곡을 연주했다. 막시밀리안의 보좌관은 헝가리인의 군사적 태도가 불쾌해 그들을 '말고기 먹는 놈들'이라고 불렀다.

결혼 계약서의 작은 글자들은 16세기 왕실 결혼이 얼마나 터무니없고 복잡한지 잘 보여 준다. 페르디난트 공은 안나와 결혼하기에는 너무 어렸으나 두 사람의 결혼은 동맹에 필수적이었다. 일을 성사시키기 위해 홀아비 막시밀리안이 안나와 대리 결혼을 했으며, 페르디난트가 성년이 되기 전에 죽으면 그녀를 아내로 맞이하기로 합의했다. 막시밀리안은 쉰다섯 살이었으며ー정확히 안나의 다섯 배였다ー유럽에 퍼진 알 수 없는 신종 질병(매독)에 시달려 더 늙어 보였다. 1504년 에르난 코르테스가 신세계에서 이 질병을 옮겨 와 곧 막시밀리안과 에라스뮈스를 비롯한 많은 사람이 이른바 '프랑스 병'에 걸리고 말았다. 체사레 보르자는 너무 심하게 앓은 나머지 사람들 앞에서는 가면을 써야 했다. 루터는 수도원에서 매독이 발병하고 있다며 비난하기도 했다. 막시밀리안은 어느 때든 목숨을 잃을 수 있었으므로 만일을 대비해 관을 가지고 다녔다. 막시밀리안이 제단 앞에서 안나에게 말했다. "하느님께 나의 건강을 간구하시오." 그는 안나의 머리에 왕관을 씌우고 그녀를 황후로 선포했다. 러요시와 마리아는 앞서 식을 올렸다. 푸거는 결혼 서약이 울려 퍼질 때마다 헝가리 투자 가치가 점점 탄탄해지고 있다고 생각했다.

푸거는 빈에 머물면서 사업 기회를 물색했다. 그는 새 예금주에게 토스터가 아니라 다이아몬드, 루비, 사파이어를 선물했다. 여자에게는 목걸이를, 남자에게는 금반지를 주었다. 선물은 영업 비용으로 마련했다. 기록에 따르면 그는 빈 일정에서 여행 경비를 포함해 9496플로린 18실링 5라이니시를 사용했다. 선물이 효과를 발휘해 헝가리 최고 부자 중 한 명인 서트마리 죄르지 에스테르곰 대주교가 푸거에게로 계좌를 옮겼다.

가권정치의 관점에서 볼 때 결혼식은 만인의 승리였다. 혼자 힘으로 자신의 가문을 헝가리 왕좌에 앉혀 두기에 너무 나약했던 헝가리의 국왕 울라슬로는 이 결혼으로 튀르크에 맞설 세력과 아군을 얻게 되었다. 폴란드의 국왕 지기스문트는 오스만제국 및 러시아와의 양면 전쟁에서 발을 뺄 수 있게 되었다. 막시밀리안은 빈의 안나를 손자와 결혼할 때까지 데리고 있으면서 헝가리를 오스트리아의 위성 국가로 묶어 둘 수 있었다.

로마의 시인 오비디우스는 트로이 전쟁의 영웅 프로테실라오스를 전쟁보다는 사랑에 어울리는 인물로 묘사했다. 빈을 프리드리히 황제에게서 빼앗은 마티아스 코르비누스 헝가리 국왕은 오비디우스의 글을 개작해 합스부르크 가문에 빗댔다. "남들은 전쟁을 벌이나 그대 행복한 오스트리아는 결혼하는도다Bella gerant alii, tu felix Austria nube."[5] 이 문구가 가훈이 되었다. 이로써 푸거는 합스부르크 가문의 결혼식 4건을 성사시켰다. 용담공 샤를을 만나러 가는 프리드리히를 푸거와 형제들이 치장해 준 덕에 막시밀리안과 부귀공 마리가 결혼해 합스부르크 가문이 베네룩스 3국을 차지할 수 있었다. 그 뒤 푸거는 막시밀리안이 돋보이도록 자금을 빌려주어 막시밀리안의 아들 펠리페가 카스티야의 후아나에게 매력적인 구혼자로 보이게 했다. 이 결혼으로 합스부르크 가문은 스페인을 손에 넣을 수 있었다. 이번에는 푸거의 성화로 겹혼인이 이루어져 합스부르크 가문은 헝가리를 지배하게 되었다.

합스부르크 가문이 빈에서 거둔 승리는 푸거의 승리나 마찬가지였다. 헝가리가 푸거를 완전히 받아들이지 않았을지는 모르지만 적어도 최고위층의 지지는 더욱 높아졌다. 푸거는 빈에서 부자와 권력자를 만나고 사귀면서 자신이 영웅처럼 느껴졌을 것이다. 그의 노력으로 두 왕국이 하나가 되었으며, 튀르크에 맞선 기독교 세계의 전선이 탄탄해졌다. 합스부르크 여인들의 목에서는 그의 보석이 반짝거렸으며, 푸거는 손님들이 자신의 다이아몬드에 경탄하는 모습을 지켜보고, 자신이 돈으로 이룬 성과에 대해 그들이 이야기 나누는 것을 엿들었을지도 모른다.

❧

결혼식이 끝난 뒤 푸거는 막시밀리안과 계약을 맺었다. 이 계약에서 푸거가 승승장구한 한 가지 요인을 알 수 있다. 그것은 사회가 자본주의를 억제하는 능력보다 자본주의가 움직이는 속도가 더 빨랐다는 사실이다. 상업은 앞으로 내달리고 있었으나 과도한 질주를 제어할 민주 제도는 그보다 느리게 진화하고 있었으므로 푸거처럼 연줄이 탄탄한 사람은 다른 사정이 어떻든 자신의 뜻을 관철시킬 수 있었다. 빈에서 돌아온 푸거는 용광로를 빌리는 대가로 황제에게 10만 플로린을 지급했다. 겉으로는 단순한 거래였지만 여기에는 한 가지 문제가 있었다. 막시밀리안이 독일 소매 금융의 창시자 호흐슈테터에게 이미 용광로를 빌려준 상태였다.

인스브루크에서 막시밀리안에게 조언한 귀족 집단인 티롤 의회는 푸거와의 계약 소식을 듣고 격분했다. 호흐슈테터와의 계약을 철회하면 불이익과 비난, 조롱을 당하리라는 것이었다.[6] 의회는 막시밀리안의 자금 사정이 이미 위험 수위에 이르렀기 때문에 그가 호흐슈테터와 우호적인 관계를 유지하고, 다른 대금업자들과 얼굴을 붉히지 않으면서 푸거에 대한 의존도를 낮추기를 바랐다. 막시밀리안은 의회에 겹혼인을 위한 대출 허락을 요청하는 편지에서 자신의 뜻대로 하게 해 달라고 간청했다. "짐을 곤궁하게 내버려 두지 마시오. 우리의 안녕이 경각에 달려 있소." 그의 요청은 예의를 차렸을 뿐 사실은 명령이나 다름없었다. 의회는 그의 요청을 받아들였다.

의회는 약한 통치자보다는 강한 통치자가 낫다고 믿었으므로 늘 거수기 역할을 했다. 지기스문트는 빚을 지며 사치와 향락을 추구해 공국을 약소국으로 전락시켰지만, 막시밀리안은 공격적 외교 정책으로 공국을 강대국으로 발전시켰다. 귀족들은 반대 입장에 설 경우 제시할 카드가 하나밖에 없었다. 그것은 무기를 들고 막시밀리안을 몰아내는 것이었다. 하지만 그들은 여전히 그를 믿었으며, 호흐슈테터의 용광로는 반란을 일으킬 만한 가치가 없었다. 귀족들은 저항을 포기하고 용광로를 푸거에게 넘겨주었다.

푸거가 푸거 궁으로 돌아왔을 때 막시밀리안의 자문관 몇 명이 그를 찾아왔다. 그들은 새로운 위기가 발발해 황제가 추가 대출을 요청하기 위해 보낸 자들이었다. 푸거와 막시밀리안이 빈에서 무도회를 즐기는 동안 프랑스의 루이 12세가 숨을 거두었는데, 뒤를 이은 종질, 즉 사촌 형제의 아들 프랑수아 1세가 이탈리아를 침공해 밀라노를 스위스로부터 되찾았다. 프랑수아는 여인들을 쫓아다니고 폭음을 하는 등 성격이 무모했다. 한번은 술래잡기를 너무 열심히 한 나머지 목숨을 잃을 뻔하기도 했다. 마키아벨리는 스위스인을 세계 최고의 전사라고 일컬었는데, 프랑수아가 이들을 물리침으로써 스위스인의 명성을 자신의 것으로 만들었다. 무패 행진에 종지부를 찍은 스위스는 정치적 중립의 입장을 택해 오늘날까지 이어 오고 있다. 밀라노의 상실은 푸거가 막시밀리안에게 마지막으로 대출해 주는 계기가 되었다. 계약 조건에 대한 논의에서 우리는 푸거의 협상 전술을 엿볼 수 있다.

밀라노가 함락되자 막시밀리안은 당장 쳐들어가 프랑수아를 몰아내고 싶었다. 그는 원정에 필요한 돈을 마련하기 위해 아우크스부르크로 사람을 보냈다. 푸거는 방문객들에게 흥미는 없었지만 예의상 만나겠다고 했다. 그들이 돈 이야기를 꺼내자 푸거는 이 핑계 저 핑계를 댔다. 막시밀리안은 이미 빚에 허덕이고 있고 담보가 바닥났으며, (협상단의 눈살을 찌푸리게 했을지도 모르지만) 푸거는 돈을 빌려준다는 생각 자체가 불쾌하다고 — 고리대금이니까 — 했다. 막시밀리안이 구리 계약을 추가로 제안했지만, 푸거는 구리가 이미 필요 이상으로 많이 있다며 거절했다. 그러면서 자신이 늙고 지쳤다고 덧붙였다. 푸거는 협상단에게 자신이 언제 죽을지도 모르며 전쟁이 끝나기 전에 죽을 수도 있다고 말했다. 게다가 그에게는 자식도 없었다. 푸거는 자산을 팔고 기업을 분리할 생각이라고 했다.

오랫동안 황제와 그의 은행가에게 충성을 다하던 리히텐슈타인이 빈 의회가 열리기 전에 세상을 떠났다. 후임자로 들어온 자문관들은 푸거와 그의 협상 전술에 친숙하지 않았다. 그들은 푸거가 '할 수 있을 때까지' 돈을 벌겠다고 맹세하는 것을 한 번도 듣지 못했다.

그래서 제국일반세 사태 때 푸거가 대금업이 너무 골치 아프다고 불평하고 나중에 더 열심히 대금업에 뛰어들었던 과거를 재탕하고 있다는 사실을 알아차리지 못했다. 리히텐슈타인이라면 눈치챘을 것이다. 지쳤다는 불평은 담보를 더 내놓으라는 신호였으며, 청산이라는 협박은 이자를 높여 달라는 요구였다. 푸거가 정말로 지쳤을지도 모른다. 하지만 돈을 버는 일에도 지쳤을까? 그럴 리 없었다.

푸거는 밀라노 원정에 대해서도 의혹을 품었다. 밀라노에서 막강한 스위스를 물리친 프랑스와 맞서는 것은 어리석은 짓이라고 생각했다. 푸거는 막시밀리안과 그의 용병들에게 그런 능력이 있느냐고 반문했다. 막시밀리안의 협상단은 푸거의 말을 받아 적었다. 그들은 푸거가 황제의 친정親征 계획을 "괴상하고 받아들이기 힘들다"라고 평했다고 적었다.[7] 막시밀리안이 수정안을 제시하자 푸거는 "더 형편없다"고 말했다.

푸거가 귀를 쫑긋 세운 것은 잉글랜드의 헨리 8세가 관심을 보인 뒤였다. 프랑스의 승리는 헨리를 자극했다. 그는 외국 사절들이 프랑수아를 군사적 천재라고 칭송하는 것이 못마땅했다. 헨리는 화려한 승리를 갈망했으나 왕위에 오른 지 6년이 지나도록 별다른 전적을 올리지 못했다. 헨리는 자신의 능력을 입증하고 프랑스의 전리품을 빼앗기 위해 보좌관들을 대륙으로 보내 합스부르크 가문의 공격을 후원하겠다고 제안했다. 사절은 두 번 방문을 했는데 한 번은 인스브루크에 들러 막시밀리안에게 말을 전하기 위해서였고, 또 한 번은 아우크스부르크에 들러 푸거를 만나기 위해서였다. 헨리는 막시밀리안에게 직접 돈을 주면 프랑수아가 아니라 베네치아를 침공할 것이 우려되어 푸거에게 대신 건넸다. 헨리는 푸거가 이런 문제를 전문가답게 처리했으므로 자금을 적절히 지출할 것이라고 믿었다. 그리하여 푸거의 안트베르펜 지점에 10만 크라운이 이체되었으며, 푸거는 그곳에서 전쟁 비용을 지원했다.

푸거는 자신의 돈도 함께 지원했는데, 이에 막시밀리안은 푸거의 소원을 들어주었다. 그는 푸거와 (물먹은) 호흐슈테터에게 예전 구리 연합 비슷한 체제를 창설하도록 했다. 푸거는 20년 전에 1차 연합을 거부했는데, 경쟁자들을 무너뜨리기 위해서였다. 하지만 이번에는 자신이 연합을 좌우할 수 있었기에 기꺼이 받아들였다. 구리 무역의 유일한 경쟁자와 손잡음으로써 가격을 부풀릴 수 있었기 때문이다.

봄이 되자 막시밀리안은 합스부르크 가문의 독수리 깃발을 휘날리며 3만 대군을 이끌고 이탈리아로 진군했다. 그가 지휘한 군대 중 최대 규모였다. 이는 막시밀리안의 숙원이기도 했다. 그는 이번 진군이 언젠가 예루살렘으로 진군하겠다는 자신의 바람을 예시豫示하는 것이기를 바랐다. 프랑스와 베네치아는 브레시아를 포위하고 있었다. 막시밀리안은 그들을 주둔지까지 추격했다. 군사적 우위로 보면 승리는 시간문제였다. 잉글랜드는 프랑스를 물리치고 10만 크라운의 투자금에 대한 수익을 기대하고 있었다. 그런데 그때 막시밀리안이, 평상시 싸움을 마다 않던 그가 생각지도 못하게 전투를 중단했다. 잉글랜드는 격분했으며 프랑스가 뇌물을 썼다고 의심했다. 막시밀리안은 군량미가 바닥나고 겨울이 다가오고 있었으며, 기병이 열세라고 변명했다. 푸거는 막시밀리안의 변명에 개의치 않고 헨리에게서 자신의 몫을 챙겨 제 갈 길을 갔다.

16세기에 출판된 푸거 가문 연대기의 표지로 쓰인 야코프 푸거의 초상화. 초상화 위에는 푸거 가문의 문장이 있으며 아래에는 아우크스부르크의 전경이 그려져 있다.(출처_Fuggerei Museum, Augsburg, Germany/Bridgeman Images)

외르크 브로이Jörg Breu의 〈아우크스부르크 월례노동화Augsburger Monatsbuilder〉(1531). 푸거의 고향이자 근거지인 아우크스부르크의 모습이 나타나 있다.(출처_Deutsches Historisches Museum, Berlin, Germany Copyright ⓒ DHM/Bridgeman Images)

신성로마제국 황제 막시밀리안 1세(위)와 그의 손자 카를 5세(아래)의 초상화. 둘 모두 합스부르크 가문을 유지하고 번창시키기 위해 푸거의 대출에 의존했으며, 그것이 낳은 파장은 전 유럽에 영향을 미쳤다.(막시밀리안 초상화: Albrecht Dürer, Portrait of Maximilian I. 출처_개인 소장품/Bridgeman Images; 카를 5세 초상화: Christoph Amberger, Portrait of Charles V. 출처_Musée des Beaux-Arts, Lille, France/Bridgeman Images)

푸거가 소유했던 슈바츠와 아르놀트슈타인의 은 광산 및 구리 광산에서의 노동을 잘 보여주는 목판화들. 푸거의 막대한 부는 상당 부분 이들 광산에서 비롯되었다.(Workers hoisting leather buckets from mine shaft, 1556. 출처_Universal History Archive/UIG/Bridgeman Images; Blast furnace for smelting, 1556. 출처_Universal History Archive/UIG/Bridgeman Images)

영국 여왕 엘리자베스 1세를 그린 윌리엄 세거William Sager의 〈족제비 초상화Ermine Portrait〉(1585). 그림의 가운데를 보면 세 개의 붉은색 직사각형 루비에 둘러싸인 다이아몬드, 삼형제를 확인할 수 있다. 엘리자베스 1세의 부와 권력의 상징이 되기 전까지 이 보석은 야코프 푸거의 소유였다.(출처_Hatfield House, Hertfordshire, UK/Bridgeman Images)

라파엘로 산치오Raffaello Sanzio의 〈교
황 레오 10세와 메디치 가문의 두
추기경들Ritratto di Leone X coi cardinali
Giulio de' Medici e Luigi de' Rossi〉(1518).
면죄부를 판매하여 종교개혁을 촉
발한 것으로 유명한 레오 10세는 푸
거에게 돈을 빌리기도 했다. 푸거의
설득으로 교회의 대금업 금지를 철
폐했다.(출처_Galleria degli Uffizi/
Bridgeman Images)

루카스 크라나흐Lucas Cranach the Elder의 〈마르
틴 루터Martin Luther〉(1532). 마르틴 루터를 격분
케 한 가톨릭교회의 면죄부 판매는 사실 푸거에
게 진 빚을 갚기 위한 것이기도 했다. 루터가 푸
거를 직접적으로 비판하지는 않았지만, 그의 후
원자인 울리히 폰 후텐은 푸거를 강력히 비난했
다.(출처_Kurpfalzisches Museum/Bridgeman
Images)

독일 농민 전쟁의 전투 장면을 그린 16세기의 목판화. 엥겔스에 따르면 독일 농민 전쟁은 최초의 자본주의와 사회주의 사이의 전투였다. 푸거는 귀족 가문의 군대를 후원하여 자신의 재산과 초기 자본주의를 지켰다.(출처_Copyright ⓒ SZ Photo/Bridgeman Images)

TOMAS MVNCER PREDIGER ZV ALSTET IN DVRINGEN.

토마스 뮌처의 목판 초상화. 뮌처는 독일 농민 봉기를 이끌었던 사람 중 하나로 사유 재산의 폐지를 주창하여 푸거와 대립했다. 냉전 시기에 서독은 푸거우표를 발행했고, 동독은 5마르크 지폐에 뮌처를 새겨 넣었다.(출처_개인 소장품/Bridgeman Images)

푸거는 누구도 신뢰하지 않아 자기 사업의 세부 사항을 다른 사람에게 맡기지 않았다. 그러나 그에게 사업의 기술을 배워간 사람들은 있었다. 이 그림에서 푸거는 '황금 세는 방'에서 제자 마테우스 슈바르츠에게 회계를 가르치고 있다.(Jacob Fugger in his office, 1518. 출처_개인 소장품/Bridgeman Images)

한스 말러Hans Maler의 〈안톤 푸거의 초상 Portrait of Anton Fugger〉(1524). 야코프 푸거의 사업은 그의 조카 안톤 푸거가 물려받았다.(출처_Louvre-Lens, France/Bridgeman Images)

오늘날까지 남아있는 야코프 푸거의 유산들. 위의 그림은 푸거 궁을 그린 엽서의 그림으로 여전히 원형 그대로 남아있으며 여러 아우크스부르크 사업체들이 사용하고 있다. 아래는 푸거의 공공 주택 프로젝트의 일환으로 지어진 푸거라이 사진으로 오늘날에도 여전히 사용되고 있다.(출처_푸거 궁: Private Collection Archives, Charmet/Bridgeman Images; 푸거라이: De Agostini Picture Library/G. Dagli Orti/Bridgeman Images)

7

종교개혁의 불씨

1514년 푸거는 베를린 근방을 다스리는 호엔촐레른 가문의 후손 알브레히트에게 돈을 빌려주었다. 이 빚을 갚으려는 계획은 역사상 가장 중요한 사건 중 하나인 종교개혁을 촉발했다. 종교개혁에는 여러 요인이 작용했다. 교황청의 부패, 성직자의 탐욕, 교회의 세속 개입 등이 가톨릭교회에 대한 저항에 일조했다. 하지만 도화선에 불을 붙인 사람은 푸거였다. 그는 유명한 성 베드로 대성당의 공사비를 마련하기 위해 면죄부 판매의 산파 노릇을 했다. 교회는 신자가 돈을 바치는 대가로 구원을 약속하며 자금을 마련했는데, 이는 마르틴 루터가 95개조 반박문을 작성하는 계기가 되었다.

푸거가 알브레히트에게 돈을 빌려준 것은 또 다른 성직 판매를 후원하기 위해서였다. 이번에는 주임신부나 부제 정도가 아니라 독일에서 가장 막강한 지위, 바로 마인츠 대주교 자리였다. 신성로마제국의 일곱 선거후 중 마인츠 주교가 가장 강력했는데, 이는 제국의회를 주재했기 때문이다. 남들처럼 표는 하나였지만 그에게는 의제를 결정할 권한이 있었다. 이 덕분에 독일에서 황제를 제외한 그 누구보다 더 큰 권위를 누렸다. 잉글랜드로 치면 대법관 격이었다. 하지만 잉글랜드의 헨리 국왕은 울지 추기경을 마음대로 내쫓을 수 있었다. 반면에 황제는 마인츠 선거후를 건드리지 못했다. 마인츠는 로마를 제외하고 스스로 '성좌聖座'라고 칭할 수 있는 유일한 도시였다. 1514년 우리엘 폰 게밍겐 마인츠 선거후가 세상을 떠났는데, 이는 10년 동안 세 번째 사망이었다. 게밍겐이 선거후 자리를 살 수 있게 하기 위해 마인츠는 큰돈을 빌렸다. 이 때문에 신용이 바닥나 게밍겐의 후임은 다른 상환 방법을 찾아야 했다.

주교 후보는 3명이었다. 팔츠의 선거후는 자신의 동생을 추천했고, 막시밀리안은 조카를, 호엔촐레른 가문의 알브레히트는 자신을 추천했다. 알브레히트는 스물네 살로 연령 미달에 대학 학위도 없어 자격 미달이었으며, 이미 마그데부르크와 할버슈타트 주교였으므로 ─ 규정상으로도 부적격이었으나 ─ 주교직은 한 사람당 하나로 제한되었다 ─ 승산이 가장 높았다. 왜냐고? 푸거가 뒤를 봐 주었기 때문이다. 알브레히트는 비용을 얼마든지 댈 수 있었다.

결정권은 대금업의 이자 부과를 승인한 교황 레오 10세에게 있었다. 그는 부패한 시대의 부패한 교황이었다. 본명이 조반니 데 메디치인 레오는 로렌초 데 메디치의 둘째 아들이었다. 로렌초에게는 아들이 셋 있었는데, 그는 셋 중 하나는 착하고 하나는 멍청하고 하나는 약삭빠르다고 했다. 조반니는 약삭빠른 아들이었다. 로렌초는 조반니를 교황으로 키웠는데, 그는 일곱 살 때 사제가 되고, 열네 살 때 추기경이 되었다. 로렌초는 아버지로서 조반니에게 돈을 아끼는 법과 건강 돌보는 법을 조언했다. 조반니는 아버지의 조언을 받들어 사냥을 하며 신선한 공기를 마셨다. 하지만 돈을 버는 것보다 쓰는 것을 더 좋아했으므로 교황 레오 10세가 되자마자 로마에서 일찍이 없던 가장 호화로운 대관식을 거행해 교황청 금고를 거덜 내기도 했다. 낯선 사람에게 내키는 대로 돈을 주었으며, 그가 주최한 파티에서는 매춘부가 추기경을 모시고 하인들이 금 쟁반에 음식을 날랐다. 그는 형제에게 이같이 썼다. "하느님께서 우리에게 교황의 지위를 내리셨으니 마음껏 즐기자."[1] 알브레히트가 마인츠에 눈독을 들인다는 것은 그에게는 거부할 수 없는 치부致富의 기회였다.

알브레히트는 비용을 충당하기 위해 푸거에게 2만 플로린을 빌렸다. 알브레히트의 수하들은 아우크스부르크에 들러 대출 허가증을 받은 뒤 푸거의 교황청 사무소에서 차입금을 인출하고 레오에게 임명 승인을 받기 위해 로마로 향했다. 요하네스 블랑켄펠트 박사가 알브레히트 사절단을 이끌었다. 이들은 로마에서 알브레히트를 대리했을 뿐 아니라 교황청 복도를 기웃거리며 자신들도 성직을 사들였다.

순조롭던 임무에 차질이 생긴 것은 잘츠부르크 주교 마테우스 랑이 마인츠의 알브레히트 주교 겸직에 반대하면서였다. 랑은 막시밀리안의 최고 자문관이자 트렌트에서 그에게 황제관을 씌워 준 주교였다. 레오는 랑의 반대를 구실로 자리의 값을 더 올렸다. 여기서 묘한 반전이 일어난다. 훗날 블랑켄펠트는 교황청 복도에서 신원 미상의 인물이 다가와 레오의 조건을 전달했다고 회고했다. 교황은 축복의 대가로 1만 두카트(1두카트는 약 1.4플로린)를 요구했다. 게다가 교황청 계좌가 아니라 자신의 개인 계좌에 입금하기를 원했다.

미지의 중개인은 푸거의 수하 칭크였을 것이다. 로마에 있던 사람 중에서 독일 정치와 교황청 사정을 잘 알고 중개 역할을 할 만한 사람은 그밖에 없었기 때문이다. 칭크가 블랑켄펠트에게 자신의 이름을 발설하지 말라고 요구했을지도 모른다. 그들이 하는 일은 부도덕한 행위였기 때문이다. 어쨌든 블랑켄펠트의 고백에 따르면 그가 놀란 것은 요청 자체가 아니라 요구 금액의 액수였다.

이후의 회합에서 미지의 인물은 요구 금액을 1만 2000두카트로 인상하면서 농담조로 12사도를 들먹였다. 머리 회전이 빠른 블랑켄펠트는 성사聖事가 일곱 가지뿐이라며 7000두카트를 제시했다. 두 사람은 원래 금액인 1만 두카트에 합의했다. 이로써 총액은 3만 4000 플로린에 이르렀는데, 이는 알브레히트의 전임자 게밍겐을 주교로 세우기 위해 마인츠가 지급한 금액의 딱 두 배였다. 푸거는 교황의 계좌로 돈을 이체했다. 일이 성사되자 알브레히트는 푸거에게 빌린 돈을 갚을 방법을 궁리해야 했다. 아랫사람들이 아이디어를 내놓았다. 그들의 안은 면죄부라는 모금 수단이었다.

❦

신자들은 교황을 성 베드로의 후계자이자 신의 지상 대리인이라고 믿었다. 그렇다면 교황에게는 죄를 용서할 수 있는 권한이 있었다. 아무리 비열한 죄인이라도 교황의 축복을 받으면 천국에 갈 수 있고 연옥에서 구원받을 수 있었다. 교황의 힘은 그에게 구속救贖 능력이 있다는 믿음에서 비롯되었다. 11세기의 교황 우르바누스 2세는 이 믿음을 이용해 제1차 십자군 원정에서 병사들을 모집했다. 그는 라틴어로 쓴 뒤 교황인教皇印을 찍은 편지를 병사들에게 나누어 주어 죄를 용서해 주었다. 이 편지가 '면죄부'라고 불린 것은 로마에서 이 편지를 이용해 악행에 대한 죄를 용서해 주었기 때문이다. 우르바누스 교황은 이 제도를 확대해 병사뿐 아니라 십자군 후원자에게도 적용했다. 저주에서 벗어나고 싶은 사람들은 아낌없이 돈을 지불했다. 면죄부 아이디어는 인기를 끌었는데, 주교들은 면죄부를 팔아 성당을 짓기도 했다. 작센의 선거후 프리드리히 현공은 엘베강의 다리를 개축하기 위해 교회와 손잡고 면죄부를 발행했다.

레오는 알브레히트의 면죄부 아이디어를 대번에 좋아했다. 면죄부로 독실한 신자를 등쳐 먹을 수 있음을 누구보다 잘 알고 있었기 때문이다. 그는 그럴듯한 말로 이를 요약했다. "그리스도의 이 이야기는 얼마나 유익한가."[2] 하지만 레오와 알브레히트는 신중해야 했다. 교인들이 십자군이나 건설 사업을 후원하는 것이야 이해할 수 있었지만 은행가를 구제하는 것에는 아무리 어수룩한 신자라도 의문을 품을 수밖에 없었다. 핑곗거리를 만들어야 했다. 실마리는 성 베드로 대성당에 있었다.

4세기 콘스탄티누스 대제는 원래의 성 베드로 대성당을 지으면서 키르쿠스 네로를 부지로 정했다. 800년 카롤루스는 대성당 바닥에 무릎을 꿇고 황제관을 대관했다. 16세기가 되자 낡은 목조 구조물은 무너지기 일보직전이었다. 이에 율리우스 2세는 지구상에서 가장 웅장한 건물을 짓겠다는 계획 아래 대리석으로 공사를 시작했지만 완공 전에 공사 자금이 바닥나고 말았다. 사업을 물려받은 레오는 성 베드로 대성당이 면죄부 자금 조달에 이상적이라고 생각했다. 베드로는 12사도 중 한 명으로 교회를 세웠으며 그리스도를 위해 순교한 인물이다. 그에게 걸맞은 안식처를 바친다는데 누가 거부하겠는가? 레오는 성 베드로 대성당 면죄부를 공식 발표할 작정이었다. 하지만 이 면죄부는 푸거를 위한 것이기도 했다. 교황과 푸거는 푸거 궁에서 돈을 나누기로 은밀히 모의하고 절반은 성 베드로 대성당이, 나머지 절반은 푸거가 갖기로 했다.

✤

푸거와 로마가 가격을 정하고 계획을 수립하자 검은 옷을 입은 땅딸막한 작센의 사제 1명이 체코 국경 근처의 탄광촌 안나베르크로 엄숙하게 걸어 들어왔다. 사제의 이름은 요하네스 테첼로, 최고의 면죄부 판매원이었다. 테첼 패거리는 성경과 십자가, 커다란 나무 상자를 가지고 다녔는데, 상자 옆에는 자물쇠가 달려 있고 위에는 사탄이 그려져 있었다. 또한 사제는 금실을 두른 벨벳 쿠션을 높이 쳐들었는데, 쿠션에는 교황의 면죄령이 수놓아져 있었다. 푸거의 회계 담당관이 사제의 뒤를 따랐다. 도시의 명사名士들은 촛불을 들고 행진에 참가했다. 행렬이 교회를 향해 나아가면서 엄숙함은 흥분으로 바뀌었다. 첨탑에서 종이 울리자 주민들은 노인에서 학생까지 하던 일을 멈추었다. 안나베르크는 따분한 곳이어서 볼거리라면 무엇이든 환영했다. 이 방문객들이 주민들을 매우 흥분하게 한 이유는 신의 가장 큰 선물인 구원의 선물을 가져왔기 때문이다. 교회 안에서는 흥분이 광란으로 바뀌었다. 오르간이 울려 퍼지고 사람들은 찬송가를 목청껏 불렀다. 방문객들은 교황기敎皇旗를 단 거대한 빨간색 십자가를 세웠다. 한 참석자는 "하느님께서 직접 오셨어도 이보다 성대한 환영은 받지 못하셨으리라"[3]라고 말했다.

테첼이 소란을 잠재운 뒤 입을 열었다. 처음에는 천천히 말을 이어 가며 면죄부를 홍보하기 위한 기반을 다졌다. 그는 돈을 마련하러 왔다고 말했다. 테첼은 신의 지상 대리인인 교황이 베드로를 기리기 위해 장엄한 교회를 짓고 있으며, 안나베르크의 선한 사람들이 교황의 인증서를 구입해 이 일을 도와야 한다며 이 마법의 편지가 모든 죄를 용서해 준다고 잘라 말했다. 과부의 돈을 훔쳤든, 아기를 죽였든, 동정녀를 범했든 면죄부는 모든 죄를 용서해 준다는 것이었다. 테첼은 사람들의 부담을 덜어 주기 위해 누진제를 제안했다. 왕과 왕비, 주교는 25플로린을 내야 하고, 백작과 남작, 성당 감독은 20플로린, 상인은 3플로린, 노동자는 1플로린을 내야 했다. 소득이 없는 자는 기도만 드려도 충분했다. 테첼은 사람들을 향해 면죄부는 자신을 위해 살 수도 있지만 아내와 (심지어) 죽은 친척을 위해서도 살 수 있다고 말했다. 그는 이기심뿐 아니라 죄책감에도 호소했다. "귀를 열라. 아버지가 아들에게, 어머니가 딸에게 하는 소리를 들으라. '우리가 너를 낳고 먹이고 키우고 재산을 남겼는데, 너는 매정하게도 우리를 지옥에서 해방시킬 작은 은혜조차 베풀지 않는구나. 우리가 화염 속에서 죽도록 내버려 둘 작정이냐?'" 테첼은 자신의 설교를 한마디로 요약했다. "동전이 연보함에서 땡그랑 울리면 영혼이 연옥에서 올라오는도다."[4]

테첼은 그날 구원을 홍보하는 것에 그치지 않고 부를 약속하며 많은 이야기를 했다. 주민들이 면죄부를 후원하면 안나베르크의 광산은 은으로 가득 찰 것이라고 했다. 하지만 테첼이 이야기하지 않은 한 가지가 있었으니 그것은 알브레히트와 푸거였다. 사람들은 테첼이 성 베드로 대성당만을 위해 일하는 줄 알고 있었다. 포도주 통으로 만든 탁자를 준비하던 푸거의 수하들은 그 진실을 알고 있었다. 그중 한 명이 (사탄이 그려진) 상자를 열어 헌금 받을 준비를 했다. 그는 상자를 빼앗길세라 발치에 두었다.

테첼과 회계 담당관은 여러 달 동안 베를린, 브라운슈바이크, 괴를리츠, 위터보크 등 전국을 누비며 면죄부를 판매했다. 어느 곳도 빠뜨리지 않았다. 아우크스부르크 근처의 소도시 라우잉엔은 두 번이나 방문했다. 그런데 테첼은 작센에서 장애물에 부딪혔다. 본국으로 돌아가던 중 국경선에서 경비대가 그를 불러 세운 것이다. 작센의 프리드리히 현공은 성 베드로 면죄부가 자신의 자금 마련 계획과 경쟁한다고 생각했다. 프리드리히의 사업은 성유물이었다.[5] 비텐베르크 궁전에 있는 그의 수집품은 세계 최대 규모였다. 1만 9000점의 성유물 중에는 성 히에로니무스의 치아, 타지 않는 떨기나무 가지, 최후의 만찬 빵 조각도 있었다. 교회는 성유물을 친견하면 죄를 용서받을 수 있다고 약속했다. 순례자들은 비텐베르크를 방문해 입장료를 내고 성유물을 관람했다. 성유물은 값비싼 물건이었으므로 어디에나 복제품이 있기 마련이다. 푸거는 이탈리아 공방에서 만든 복제품을 밀수하기도 했다. 프리드리히의 성유물이 진짜인지는 중요하지 않았다. 교회가 그의 나뭇가지와 치아, 뼈를 진품으로 인증했기 때문이다. 성유물을 보러 오는 순례자들에게는 그것으로 충분했다.

❧

    작센에는 광부 집안 출신으로 변호사 공부를 하던 서른세 살의 학자가 살고 있었다. 훗날 어떤 이는 그의 논쟁 실력에 주목해 그를 '철학자'라고 불렀으며, 또 어떤 이는 명료한 화법을 들어 그를 '비텐베르크의 나이팅게일'이라고 불렀다. 19세기의 칼라일은 그를 나폴레옹과 셰익스피어에 비견했으며, 그를 '위대한 사람'으로 일컬었다. 하지만 그 시절의 그는 비텐베르크 등지에서 마르틴 루터로 알려진 초라한 학자에 불과했다.

    루터는 면죄부를 산 작센 사람에게서 테첼 이야기를 들었다. 테첼은 공국의 금지 조치 때문에 튀링겐주 위터보크의 국경선에서 면죄부를 판매했다. 이 소식이 루터의 귀에 들어갔다. 루터는 면죄부 판매에 격분했으며, 그 결과는 유럽에 지각 변동을 일으키게 된다. 루터는 면죄부가 저주에 대한 대중의 두려움을 이용해 돈을 벌려는 로마의 수작임을 간파했다. 성 베드로 면죄부는 독일인을 겨냥했기에 더욱 가증스러웠다. 면죄부 판매원들이 프랑스와 스페인 같은 나라를 내버려 둔 것은 그곳 통치자들이 로마에 맞설 만큼 강하기 때문이었다. 그 나라의 통치자들은 테첼 같은 자들이 왕국에 들어오지 못하게 했다. 특히 나라 밖에서 만든 면죄부를 가지고 있다면 더더욱 사절이었다. 독일은 조각조각 분열되어 있었으므로 로마에 저항하지 못하고 휘둘렸으며, 오래전부터 로마에 착취당하고 있었다. 루터는 더는 참을 수 없었다. 테첼 소식에 격분한 루터는 면죄부에 반대하는 95개 조항을 작성했다. 이것이 그 유명한 95개조 반박문이다. 이 중 제67조는 정곡을 찔렀다. "성인들은 면죄부를 최고의 은혜로 칭송하지만 실은 돈벌이 수단이다."[6]

루터는 프리드리히가 성유물을 일반에 공개하는 만성절을 기해 반박문을 발표하기로 했다. 거룩한 치아, 뼈, 나뭇가지를 보러 온 순례자들이 비텐베르크를 가득 메울 터였기 때문이다. 루터는 세간의 이목을 집중시키기 위해 만성절 전날 밤인 핼러윈에 비텐베르크 성당 정문에 반박문 사본을 붙여 모든 순례자가 볼 수 있게 했다. 루터는 고위 인사들에게도 반박문을 보냈는데, 마인츠 대주교 알브레히트도 그중 한 명이었다. 루터는 알브레히트가 면죄부 사업에 연루되어 있는지 몰랐으므로 그를 설득하면 테첼을 막을 수 있을 것이라고 생각했다. 알브레히트에게 보낸 편지에서는 루터의 순진함을 엿볼 수 있다. 또한 공손한 어투에서 그의 낮은 사회적 지위와 당시의 예의범절을 알 수 있다.

편지는 다음과 같이 시작된다. "그리스도 안에서 아버지이시며 지극히 이름 높은 군주이시여, 저와 같은 허섭스레기가 지고한 분께 감히 말씀 올리는 것을 용서하소서. 제가 자신의 하찮음과 무가치함을 알고 있음은 주 예수께서 증인이 되신 바이옵니다. 존귀한 이여, 이 티끌 같은 자를 굽어 살피시고 저의 청을 들어주소서."[7] 루터는 '면죄부 소동'을 언급한 뒤에 용기를 냈다. 그는 알브레히트에게 "이 문제를 살펴보셔야 할 때가 되었나이다"라며 면죄부 사업을 엄금하라고 간청했다. 알브레히트는 답장을 보내지 않았다. 대신 편지 사본을 교황에게 보냈다.

8

황제 선거

푸거는 아우크스부르크 엘리트가 다니는 성 모리츠 성당의 신도석 앞줄에 속이 부글부글 끓어오른 채 앉아 있었다. 그는 사제들이 성경 구절을 웅얼거리고 설교 또한 부실하게 하는 것이 못마땅했다. 푸거는 친구들에게 보낸 편지에서 사제들이 미사를 드리는 횟수가 너무 적고, 초를 너무 적게 켠다고 불평했으며, 성절聖節을 지키지 않는 때도 있다고 분통을 터뜨렸다.

푸거는 사제의 임무가 너무나 중요하므로 아마추어에게 맡길 수 없다고 생각했다. 푸거와 그의 동시대인들은 사제가 지상에서의 삶을 사후의 삶으로 바꿀 수 있는 구원의 대리인이라고 여겼다. 그들은 사제가 미사를 올리고 고해성사를 집전하고 기도문을 암송함으로써 자신들을 천국으로 인도할 수 있다고 믿었다. 하지만 사제들도 사람이었다. 상당수는 일을 제대로 하지 않았고, 음식과 술을 탐하고 애인을 두었으며, (교구민이 보기에 가장 통탄스럽게는) 거룩한 중재자로서의 의무를 게을리했다.

사제가 대장장이나 농부를 실망시키는 것과 푸거를 실망시키는 것은 차원이 전혀 다른 문제였다. 푸거에게는 반격의 수단이 있었다.

푸거는 지역 사제들의 수준을 높이고자 자기 교회에서 소규모 개혁 운동을 벌였는데, 이 일로 자신의 주교와 사이가 틀어지고 교황까지 개입했으며 (그의 하인 중 한 명의 주장에 따르면) 살해당할 뻔하기도 했다.

성 모리츠 성당의 싸움은 부자가 자신이 원하는 것을 얻을 때까지 떼를 쓰는 차원이 아니었다. 그것은 무엇보다 영혼을 구하는 문제였다. 물론 푸거는 현대인의 시각으로도 이해할 수 있는 사람이다. 그는 제품을 만들고 돈을 빌려주고 계약서에 서명하고 경쟁자와 다투었다. 초보적 기술을 논외로 하면 푸거는 러시아의 올리가르히가 될 수도 있었고, 라틴아메리카의 통신 갑부가 될 수도 있었으며, 19세기 미국의 철도 귀족이 될 수도 있었다. 하지만 이런 푸거의 인상에 현혹되면 그가 살았던 시대의 사람들이 교회를 중심으로 살아가고, 그들의 임무가 신을 섬기고 천국에 가기 위해 노력하는 것임을 간과하게 된다. 푸거와 그의 동시대인들은 신이 인간을 창조했고 그리스도가 부활하신 주主이며, 죄인이 불지옥에 빠진다고 믿었을 뿐 아니라 구원에 대한 상투적 접근법도 믿었다. 그들은 기도문을 외우고 죄를 고백하고 (물론) 면죄부를 사서 추가 점수를 얻으면 불길 속에 떨어지지 않을 것이라고 믿었다. 푸거가 성 모리츠 성당에 관심을 가진 것은 바로 이 때문이었다. 그는 구원받고 싶었다.

푸거는 다양한 상황에서 처음으로 지역 교회 문제에 관여하게 되었다. 형들이 살아 있을 때 아우크스부르크의 또 다른 교회인 성 안나 교회의 주임사제가 건물이 좁다고 불평한 적이 있다. 그는 구세주에게 영광을 돌릴 만큼 아름답고 회중을 수용할 만큼 넓은 예배당을 지으면 근사하지 않겠느냐고 제안했다. 이 아이디어는 푸거 형제를 사로잡았으며, 푸거는 울리히와 게오르크가 세상을 떠난 뒤 두 사람을 기리는 장례 예배당을 지어 꿈을 이루었다.

장례 예배당 건설은 푸거 자신의 위대함을 사회적 관습에 맞게 공표할 수 있는 기회가 되었다. 불멸을 믿은 푸거는 유명한 오르간 제작자와 이름난 대장장이를 고용했으며, 무엇보다 중요한 납골당 부조의 밑그림을 그리기 위해 막시밀리안이 총애하는 뒤러를 영입하기도 했다. 뒤러는 푸거 예배당을 위해 3점의 밑그림을 그렸다. 하나는 그리스도의 부활에 관한 것이었고, 다른 하나는 삼손에 관한 것이었다. 푸거는 뒤러의 작품을 고이 간직하고 싶어서 철문을 달아 미사 때만 열어 두고 평상시에는 닫아 두도록 했다. 열쇠는 푸거와 사제들만 가지고 있었다.

1511년 성 모리츠 성당 싸움은 성물의 보관 장소에 대한 논란이 발단이 되어 시작되었다. 푸거를 비롯한 지역 유지들은 교회 뒤에 보관소를 하나 지었다.[1] 이유는 알 수 없지만 성 모리츠 운영 재단은 ― 사제로만 이루어진 집단이었다 ― 이것을 반대했다. 푸거 측은 모욕감을 느껴 다른 교회에 헌금을 냈다. 긴장이 고조되던 차에 재단을 운영하던 사제가 퇴임하자 사제단과 예배를 일신할 수 있는 기회가 찾아왔다. 푸거는 예배꾼이 아니라 신학자를 원했는데, (고리대금 논쟁에서 그의 편을 든) 요하네스 에크를 추천했다. 재단은 난색을 표했다. 에크는 똑똑하지만 거만하고 성마른 위인이었다. 재단은 푸거가 자신들의 일에 일일이 간섭하는 것도 불만스러웠다. 자리가 별로 아쉽지 않던 에크가 기권하자 푸거는 또 다른 신학자 요하네스 슈파이저에게 출마를 요청했다. 슈파이저는 처음에 그의 제안을 거절하다가 푸거가 자신의 교회 월급을 개인 돈으로 보전해 주겠다고 하자 이를 수락했다.

후보를 찾는 것은 차라리 쉬운 일이었다. 이제 푸거는 재단을 설득해야 했다. 문제는 재단이 그의 돈을 필요로 하지 않으며 황제와 달리 그가 없어도 상관없다는 것이었다. 재단은 넓은 땅을 소유하고 있어서 재정적으로 독립해 있었기 때문이다. 재단은 푸거에게 간섭받는 것보다 (푸거가 지어 줄 수 있는) 새 성구 보관실이나 새 예배당 없이 지내고 싶어 했다. 재단이 제시한 협상안은 슈파이저의 설교를 허용하되 시간을 오후로 한정하는 것이었다. 이는 모욕적인 처사였다. 오후에 교회에 가는 사람은 거의 없었다. 푸거는 오기가 나서 슈파이저를 주임사제로 만들기 위해 배로 더 노력했다.

논란이 한창일 때 푸거는 마차를 타고 서쪽으로 50킬로미터를 달려 도나우강 북쪽 기슭의 딜링엔으로 갔다. 아우크스부르크 주교 크리스토프 폰 슈타디온과 만찬을 함께 할 예정이었다. 슈타디온은 11세기에 건축된 둥근 돔이 달린 10층짜리 성에 살고 있었다. 저녁을 먹은 뒤 푸거에게 급환이 생겨 수행원들은 그가 죽는 줄 알았다. 수행원들도 탈이 났지만 그중 몸이 성한 수행원 한 명이 푸거를 마차에 싣고 아우크스부르크로 돌아왔다. 의사들이 밤새 돌본 덕에 푸거는 이튿날 회복되었다. 몇 해 뒤 푸거를 수행한 하인 중 한 명이 그 사연을 기록하면서 독을 원인으로 지목했다.[2] 푸거는 슈타디온이 주교가 되려고 할 때 그를 도와주었기 때문에 슈타디온이 자기편이라고 생각했지만 그는 사제들 편이었다. 푸거는 슈타디온을 배은망덕

한 자라고 욕했다.

암살 시도가 실제로 있었느냐의 여부보다 더 중요한 것은 이 사건이 상징하는 바다. 푸거에게는 적이 있었는데, 그중에는 그를 죽이고 싶을 정도로 미워하는 사람들도 있었을 것이다. 분명한 사실은 푸거가 다시는 슈타디온을 칭찬하지 않았다는 것이다. 푸거는 계속해서 슈파이저를 밀었다. 그는 칭크에게 이 문제를 교황에게 전하라고 명령했다.

레오는 분주한 한 해를 보내고 있었다. 십자군 운동을 벌이고, 새로운 추기경을 31명이나 뽑고, 자신을 죽이려고 모의한 자들에 대한 재판을 감독해야 했기 때문이다. 하지만 정치인이 후원자에게 보답하듯 레오는 푸거를 계속 만족시키고 싶었다. 그래서 푸거 뜻대로 하게 하라고 재단에 명령했다. 재단은 교회 법원에 제소했으나 여기서도 푸거가 이겨 슈파이저는 성 모리츠 성당의 주임사제가 되었다. 이제 푸거는 신도석 앞줄에 앉아 진짜 신학자의 해박한 설교와 빠짐없는 기도를 들을 수 있게 되었다. 그는 미소를 지었을지도 모른다. 원하는 것을 얻어 구원에 대한 확신이 커지고 연옥 불에 대한 염려를 덜하게 되었을 테니 말이다.

⚜

이즈음 푸거는 마테우스 슈바르츠라는 열아홉 살의 아우크스부르크 청년을 회계사로 고용했다. 슈바르츠는 평생 푸거와 그 후계자들을 모셨다. 그는 조직의 요인이 된 뒤에도 개인의 영달을 추구하기

보다는 푸거의 자취를 빛내는 데 힘썼다. 슈바르츠는 평생에 걸쳐 초
상화를 남겨 그에 대한 많은 것이 알려져 있다. 어떤 초상화에서는
나체로 서 있고, 어떤 초상화에서는 갑옷을 입었으며, 또 어떤 초상
화에서는 푸거의 '황금 세는 방'에서 깃펜을 들고 있는 모습이다. 그
는 작업대에 앉아 있고 푸거가 지시를 내리고 있다. 푸거의 각 지점
이름이 적힌 서랍이 그들 뒤로 보인다. 옷차림에 관심이 많았던 슈바
르츠는 소매를 길게 튼 초록색 더블릿을 입고 있다. 검은 튜닉과 검
은 바지 차림의 푸거와 대조적으로 생기가 넘쳐 보인다. 푸거에게 유
채색이라고는 황금색 베레모뿐이다. 그림은 조잡하며 만화 같아 뒤
러가 보았다면 혀를 찼을 것이다. 하지만 푸거가 업무를 보는 장면을
묘사한 유일한 그림이라는 점에서 이 초상화는 중요한 자료이기도
하다.

　　슈바르츠의 예술성은 패션과 경영이라는 두 분야에 걸쳐 있었
다. 그는 초상화집을 제작했을 뿐 아니라 회계 교재도 저술했는데,
이 책을 보면 푸거가 정확한 기록을 강조했음을 알 수 있다. 슈바르
츠는 푸거와 마찬가지로 베네치아에서 도제 생활을 하기도 했다. 그
곳에서 부기를 배웠지만, (그의 책에 따르면) 푸거의 회사에 들어오
기 전에는 회계에 대해 아무것도 모르는 것이나 다름없었다. 그는 푸
거 밑에서 경험을 쌓으며 푸거의 경쟁자들이 얼마나 어리석은지 깨
달았다. 그들은 꼼꼼한 숫자 없이 사업을 할 수 있다고 믿었기 때문
이다. "이 하찮은 자들은 허접한 공책이나 종이 쪼가리에 거래 내역
을 써서 벽에 붙여 두고 계산 결과를 창틀에 적는다."[3] 이에 반해 푸
거는 사무소마다 직원을 두어 거래를 하나도 빠뜨리지 않고 일일이

감독했다. 지점들은 매주 수치를 수정하고 연말이면 어김없이 장부를 정리했다. 결산이 끝나면 아우크스부르크에 사본을 보냈는데 이곳에서 푸거의 직원들이 수치를 라인 플로린으로 환산했으며, 모든 지점의 전표를 하나의 전표로 통합했다(이 또한 푸거가 최초였다). 이탈리아 은행들은 지점마다 전표를 작성했지만 굳이 통합하려고 하지는 않았다. 이 덕분에 푸거는 어느 누구도 보지 못한 큰 그림을 볼 수 있었다. 매 순간 자신의 위치를 정확히 파악했기 때문에 대출해야 할 금액이나 대출액 삭감 여부 등을 언제나 알 수 있었다. 재고가 남아도는지 현금이 부족한지, 보석이나 공장에서 얼마만큼의 이윤을 낼 수 있는지도 알 수 있었다. 그는 자기 자산의 가치를 크로이처 단위로 정확하게 파악하고 있었다. 슈바르츠는 남들이 숫자를 추적하지 않는 것과 파산해 놀라는 것을 경멸적인 어조로 언급했다. 바보들, 꼴좋다. 슈바르츠는 이렇게 말하는 듯했다.

슈바르츠는 푸거가 선구적으로 도입한 회계 감사를 설명하면서 — 이탈리아인이 이후에 모방했다 — 부정을 방지하기 위해서는 재무제표 작성 단계에 세 사람이 관여해야 한다는 푸거의 주장을 소개했다. "부정을 저지를 때 3명의 의견이 일치하는 경우는 드물다. 따라서 이렇게 하면 주인은 속지 않고 종업원은 어쩔 수 없이 정직하게 된다."[4] 수석 감사관은 푸거였다. 푸거는 슬로바키아 노이졸에 있는 대형 광산의 장부를 검사하다가 총감독이 숙식에 돈을 너무 많이 쓰는 것을 알고는 씩씩거렸다. 그는 여백에 다음과 같이 썼다. "무슨 짓을 하고 있는 거야."[5]

슈바르츠는 사업에 관심 있는 젊은 독일인 대상으로 교재를 만들었다. 그는 독자들에게 투자 조언을 해 주었는데, 아마도 그 자신이 푸거에게서 배운 내용들이었을 것이다. 슈바르츠는 사업가는 자산의 3분의 1은 현금으로, 3분의 1은 투자로, 3분의 1은 현물로 보유해야 하며, 언제든 큰 손실을 입을 각오가 되어 있어야 한다고 말했다. 개인적으로 부동산을 보유해야 하는 것은 두말할 필요도 없었다. 투자는 실패하고 현금은 (인플레이션이 일어나면) 감소하지만 땅은 변함없기 때문이다.

❧

애덤 스미스는 《국부론》에서 자본주의가 모든 사람을 충족시키거나 적어도 최상의 결과를 제시한다고 주장했다. 그는 자본주의의 성공 요인으로 '보이지 않는 손'을 꼽았다. "[최고가 되고자 하는 사람은] 보이지 않는 손에 이끌려서 그가 전혀 의도하지 않았던 목적을 달성하게 된다. …… 그가 자기 자신의 이익을 추구함으로써 흔히, 그 자신이 진실로 사회의 이익을 증진시키려고 의도하는 경우보다 더욱 효과적으로 그것을 증진시킨다"(《국부론》, 비봉출판사, 2007, 552~553쪽). 말하자면 이익을 추구하는 개인이 공공선을 의도적으로 추구하는 국가보다 공공선에 더욱 기여할 수 있다는 것이다. 하지만 이것은 이론에 불과하다. 현실에서는 사익 추구를 제한하지 않을 경우 권력자들이 소수의 부유한 사업가와 결탁해 공익을 훼손하고 자신의 몫만 챙기는 정실 자본주의로 이어지게 된다. 재산의 소유권은 여전히 국가가 아니라 사적 개인에게 있지만, 부는 소수의 손에 집중되는 것이다. 한편 경쟁이 없으면 보이지 않는 손이 유익한 효과를 발휘하지 못한다.

푸거는 자신이 공공선의 적이라고 생각하지 않았다. 그의 광산과 창고, 공장에서는 수천 명의 노동자를 고용했다. 그의 공급업자들에게 고용된 사람도 수천 명에 이르렀다. 이 일자리가 없었다면 거의, 어쩌면 대부분의 노동자들은 소작농이나 (심지어) 거지로 살았을 것이다. 푸거가 사업을 '놀라운 보석'이라고 부른 것은 바로 이 때문이다. 사업은 사람을 먹여 살린다. 게다가 푸거는 모두를 위한 번영에도 반대하지 않았다. 그는 단지 사업가가 할 일을 했을 뿐이다. 푸거는 같은 상황에 처한 여느 사람과 마찬가지로 돈을 벌 수 있는 기회를 놓치지 않았다. 황제와의 특별한 친분을 활용하지 않는 것은 바보짓이었을 것이다. 왕실과의 연줄을 통하지 않고서는 갑부가 될 수 있는 방법이 없는 시절이었으니 말이다. 푸거는 뒤틀렸다기보다는 실용적인 사람이었다.

하지만 황제가 이탈리아 원정에 막대한 자금을 사용한 직후의 티롤 의회는 그렇게 생각하지 않았다. 그들은 푸거가 황제와 돈독한 사이인 탓에 경제 발전이 뒤처지고 (더욱 중요하게는) 공국이 파산 위협과 외국에 합병될 위협에 시달리고 있다고 확신했다. 피해 규모를 산출하기 위해 푸거와 황제의 최근 계약 현황을 합산해 본 의회는 말문이 막혔다. 거래는 터무니없이 일방적이었다. 푸거는 황제에게 13만 플로린을 빌려준 대가로 46만 6000플로린의 이익을 챙겼다. 앞선 거래와 마찬가지로 황제는 자신의 광산에서 나온 은과 구리로 채무를 상환하기로 되어 있었다. 하지만 막시밀리안이 이번 거래에서 내어 준 실제 대가는 그보다 훨씬 컸다. 푸거가 은과 구리를 공개 시장에 내다 팔면 대부금의 몇 배를 벌어들일 수 있었다. 거수기 역할을 거부한 의회는 이 결과를 조사하고 계약을 철회하기 위한 회의 소집을 요구했다.

의회는 국가 재정이 고갈되어 장부를 미리 조사해 두었다. 세계 최대의 은광인 슈바츠 광산의 생산량이라면 티롤의 재정 부담을 덜어 줄 수 있었다. 하지만 막시밀리안은 미래 수입을 저당 잡혀 막대한 채무를 지고 말았다. 사실 막시밀리안은 재정을 건전하게 운용하겠다고 약속한 뒤 황제가 되었다. 그런데 지금의 막시밀리안은 지기스문트만큼 형편없는 통치자였다. 유일한 차이점은 지기스문트가 사랑에 돈을 썼다면 막시밀리안은 전쟁에 돈을 썼다는 것이다. 지기스문트는 애인이 여러 명이었으며, 수십 명의 사생아 양육비를 책임져야 했다. 막시밀리안은 베네치아와 싸우기 위해 병사들의 임금과 무기 구입을 위해 돈을 빌렸다. 돈을 어디에 썼는가는 중요하지 않았다. 어쨌든 나라가 파산했으니 말이다. 지기스문트 시절과 마찬가지로 막시밀리안은 늪을 메우고 다리를 건설할 돈이 없었으며, 미래의 헝가리 왕비인 막시밀리안의 손녀 마리아와 손자 페르디난트의 아내인 헝가리의 안나에게 궁을 마련해 주는 것은 어림도 없는 일이었다.

푸거와 막시밀리안이 국가 채무의 시초는 아니지만 두 사람은 국가 채무의 신기원을 열었다. 두 사람의 제휴를 통해 티롤은 공적 차입의 한계를 가늠하는 실험장이 되었다. 오늘날의 정부는 일반적으로 최장 30년 기한으로 차입을 한다. 투자자들은 만기가 되었을 때 세금으로 상환받을 수 있을 것이라고 기대한다. 하지만 푸거 시대에는 단기 차입이 대부분이었다. 푸거는 전례를 깨고 최장 8년까지 기한을 늘렸다. 슈바츠 광산과 은이 건재할 것이라고 믿었기 때문이다. 그의 도박은 성공했지만, 푸거의 상속인들을 비롯한 이후의 투자자들은 왕실과의 금융 거래에서 뼈아픈 교훈을 얻었다. 16세기 말 막시밀리안의 증손자인 스페인의 펠리페 2세가 무적함대Armada Invencible를 편성하고 잉글랜드와 전쟁을 벌이기 위해 빌린 돈에 대해 채무 불이행을 선언한 것이다.

푸거는 황제의 신용이 불안정했으므로 자신은 고수익을 얻을 자격이 있다고 항변할 수도 있었다. 막시밀리안은 군주로서 법 위에 군림했다. 혁명의 위협이나 평판의 욕구가 아니고서는 무엇도 상환을 강제할 수 없었다. 푸거의 동시대인은 "지도자는 내키는 대로 행동한다"라는 말로 정곡을 찔렀다. 또 다른 위험은 은의 가격이었다. 8년 동안 많은 일이 일어날 수 있었다. 은값이 폭락하면 푸거는 이익이 아니라 손실을 볼 수밖에 없었다. 하지만 이익에는 정당한 이익과 부당한 이익이 있는데, 의회는 푸거의 이익이 부당하다고 비난했다. 감사관의 조사에 의하면 황제가 다른 은행가에게 돈을 빌렸다면 10퍼센트의 이율로 빌릴 수 있었던 반면 푸거의 이율은 50퍼센트가 넘었다. 막시밀리안이 셈에 밝지 못했을 수도 있지만, 이 터무니없는 조건은 계산 착오의 결과로 보기 힘들었다. 사기를 의심할 수밖에 없었다. 의회는 황제와 그의 전문가를 비롯한 어느 누구도 내막을 알고서는 그런 경악스러운 계약을 체결했을 리 없다고 생각했다. 따라서 푸거가 거짓말을 한 것이 틀림없었다.

보고서에는 또 다른 폭탄이 들어 있었다. 이따금 푸거는 구리

가격을 애초 계약보다 낮게 책정해 황제에게 손해를 입히곤 했다. 즉 막시밀리안은 구리 광석을 캘 때마다 손실을 본 것이다. 푸거와 상인들이 황제에게 함량 미달의 화폐나 (막시밀리안의 신하들이 값을 알지 못하는) 양털, 비단으로 융자를 일삼았다는 사실도 알아냈다. 이를테면 막시밀리안은 주화나 현물로 4만 플로린을 받았다고 생각했지만 사실 알고 보면 훨씬 적은 금액이었던 것이다.

오류와 과장이 난무하는 보고서 내용이 전부 사실은 아니었다. 하지만 푸거를 궁지로 몰기에는 충분했다. 막시밀리안이 의회에 동의해 푸거를 저버리면 끝장이었다. 프랑스 샤를 5세의 주거래 은행가 자크 쾨르를 언급한 사람은 아무도 없었다. 하지만 푸거는 그 순간 쾨르를 떠올렸을지도 모른다. 쾨르는 프랑스에서 가장 부유한 사람이었다. 부르주에 있는 그의 대저택은 왕궁과 맞먹었으며, 귀족들은 그를 질투하기도 했다. 쾨르가 전쟁 비용을 지원하고 승리를 뒷받침해 왕들은 그를 좋아했지만 왕에게는 은행가보다 귀족이 더 필요했다. 샤를은 압력에 굴복해 쾨르를 투옥시키고 그의 재산을 몰수했다. 쾨르는 간수를 매수해 탈출했지만 다시는 국왕의 후의를 입지 못했으며 이탈리아에서 객사하고 말았다. 티롤 의회의 일부 의원은 푸거도 그렇게 되기를 바랐다.

의회는 푸거가 황제의 신뢰를 악용했기 때문에 두 사람의 계약은 무효라고 주장했다. 게다가 푸거는 티롤의 관료들을 타락시켰으며, 푸거라우의 용광로에서 생산된 구리로 시장을 포화 상태에 이르게 하여 구리 가격을 조작했다. 관료들은 막시밀리안에게 40만 플로린을 주겠다며 — 슈바츠 광산의 몇 년치 생산량과 맞먹었다 — 푸거와의 결별을 요구했다.

하지만 푸거는 황제에게 더 큰 가치가 있었다. 막시밀리안은 의회에 돈을 넣어 두라 하고는 폐회한 뒤 일상으로 돌아갔다. 그가 반란의 위험을 무릅쓴 것은 일생일대의 계획을 앞두고 있었기 때문이다. 이 계획이 성공하면 합스부르크 가문은 유럽을 확고하게 장악할 수 있을 터였다. 성공을 위해서는 푸거가 필요했다.

❦

황제 선거 이야기에 보편적 진실이 있다면 그것은 바로 정치인들을 방치하면 그들은 금전적 이익을 얻을 수 있는 기회를 결코 놓치지 않는다는 것이다. 그렇게 하지 않을 이유가 없지 않은가? 일단 권력을 잡으면 지켜야 한다. 정치인에게 돈이 많을수록 사병私兵, 텔레비전 광고, 부정 선거 등 권력 유지에 필요한 곳에 많은 돈을 지출하게 된다.

1517년 막시밀리안이 관과 노구를 이끌고 손자 카를이 있는 네덜란드로 찾아가 황위를 물려받으라고 애걸하면서 선거 운동의 막이 올랐다. 막시밀리안은 황제가 세상에서 가장 좋은 직업이라고 생각했다. 그는 카롤루스의 황제관을 차지하는 자가 유럽 전체를 지배할 것이라고 믿었다. 하지만 그의 시대는 저물고 있었다. 막시밀리안은 쉰여덟 살이 되었으며, 매독이 그를 산 채로 집어삼키고 있었다. 게다가 낙마 사고로 한쪽 다리를 다쳐 끔찍한 통증에 시달리고 있었다. 너무 늦기 전에 미래를 대비해야 했다. 열일곱 살의 카를은 아직 국왕 수업을 마치지 못한 혼란스러운 10대였다. 하지만 그는 스페인과 네덜란드의 군주로서 이미 황제관의 무게를 알고 있었다. 독일까지 다스려야 한다고 생각하니 여간 두렵지 않았다. 카를은 할아버지와 달리 황제의 의무에 대해 낭만을 전혀 품고 있지 않았다. 카를이 머뭇거리자 막시밀리안은 가문의 명예에 호소하는 수밖에 없었다.

신성로마제국의 헌법인 금인칙서에 따르면 선거를 반드시 치러야 했지만 관행의 힘 때문에 유명무실한 상태였다. 막시밀리안은 프리드리히가 자신에게 황제관을 넘겨주었듯이 카를에게 다시 물려줄 것이라고 믿었다. 게다가 막시밀리안이 결단력, 계략, 푸거의 자금으로 황제의 지위를 격상시키기 전에는 아무도 황제가 되고 싶어 하지 않았다. 한 세대 전 선거후들은 막시밀리안의 아버지 프리드리히에게 황제관을 받아 달라고 사정을 하여 프리드리히는 몇 달 동안 망설인 뒤에야 수락하기도 했다. 황제에게는 권한이 거의 없었으며 득보다 실이 많았기 때문이다.

이번 선거는 달랐다. 한 세대 만에 경선으로 치러질 예정이었기 때문이다. 강력한 스위스를 물리쳐 유럽을 놀라게 한 용감한 모험가인 프랑스 국왕 프랑수아는 카를을 두려워했다. 그는 카를이 황제가 되면 자신이 사면초가 신세가 된다는 것을 잘 알고 있었다. 카를은 독일에서의 영향력을 이용해 이탈리아에서 자신을 공격한 뒤 프랑스로 쳐들어올 것이었다. 카를을 저지하려면 자신이 황제가 되어야 했다. 프랑수아는 자신을 지키기 위해 출마를 선언했다. 그가 내세운 이유는 다음과 같았다. "내가 제국을 차지하려는 이유는 스페인 국왕이 차지하지 못하게 하기 위해서다."[6]

자격으로 따지면 프랑수아가 더 나은 후보였다. 그는 경쟁자보다 나이가 몇 살 더 많았으며, 마키아벨리를 비롯한 사람들은 그를 유럽에서 가장 강하고 유능한 왕으로 여겼다. 그들은 결전의 날이 오면 프랑수아가 튀르크와의 싸움을 지휘하기를 바랐다. 그가 프랑스인이고 제국이 독일계라는 점은 전혀 문제가 되지 않았다. 국적을 문제 삼는 규정은 없었으며, 따지고 보면 카를도 독일인이라고 보기는 힘들었다. 자신의 말馬에게 독일어로 말을 했다는 농담이 사실인지는 모르지만 궁에서는 프랑스어를 사용했다.

후보들은 선거후들이 탐욕에 휘둘리고 이번 경선이 경매로 이어질 것임을 잘 알고 있었다. 왜 안 그러겠는가? 스페인의 부자 왕과 프랑스의 부자 왕 사이에 벌어진 선거는 선거후들에게는 일확천금의 기회였다. 막시밀리안은 카를에게 인색하게 굴지 말라고 경고했다. "뭇사람을 얻고 싶다면 그만한 대가를 치러야 한단다. 우리 집안과 후손을 번성시키려고 모진 고통과 노고를 겪어 왔는데, 몇 푼 아끼려다가 모든 것을 잃으면 얼마나 안타깝겠느냐." 프랑수아도 같은 생각이었다. 프랑수아는 자문관이 낮은 비용의 대안을 제안하자 그의 어수룩함을 질책했다. "짐이 고결한 자들만 상대한다면야 그대의 충언이 적절할 터이나, 지금처럼 교황권이나 황권에 마음을 두고 있는 시기에는 무력이나 금력 이외에는 목적을 이룰 방법이 없느니라."[7]

후보들이 선거 자금을 마련하려면 융자를 받아야 했다. 카를에게 푸거는 가장 확실한 돈줄이었다. 그는 오랫동안 합스부르크 가문을 모셨으며, 타의 추종을 불허하는 재력을 소유하고 있었기 때문이다. 하지만 그는 김칫국부터 마시지 않았다. 카를은 독일에 한 번도 간 적이 없었고 푸거를 한 번도 만난 적이 없었으며, 아마도 티롤 의회의 신랄한 보고서를 보았을 테고, 스페인 은행가들과 이미 거래를 하고 있었다. 카를과 거래하는 은행가 중에는 이탈리아인 이외에도 푸거의 아우크스부르크 경쟁자인 벨저 가문도 있었다(그들이 스페인에 지점을 낸 것은 포르투갈 향신료 무역 때문이다). 카를은 그중 누구든 찾아갈 수 있었다. 하지만 푸거는 다른 사람이 — 벨저 가문은 말할 것도 없고 — 계약을 하도록 내버려 둘 생각이 조금도 없었다.

푸거는 선거가 본궤도에 오르자마자 마케팅 전략을 준비했다. 이탈리아 추기경인 아라곤의 루이지가 9개월 넘도록 8개국 48개 도시를 둘러보고 레오나르도 다빈치를 방문하는 대장정의 일환으로 아우크스부르크를 향하고 있었다. 마지막 일정은 네덜란드에서 카를을 만나는 것이었다. 루이지가 보고 들은 모든 것을 카를에게 고할 것이라고 확신한 푸거는 그를 왕족처럼 대접했다. 푸거는 추기경이 도착하자 푸거 궁을 안내했다. 성 안나 교회의 푸거 예배당을 보여 주고 만찬도 열어 주어 추기경은 흥겨운 시간을 보냈다. 루이지가 서기로 데려온 문필가 안토니오 데 베아티스는 다음과 같이 기록했다. "푸거 가문은 정원에서 열린 무도회에 아름다운 여인을 많이 데려와 우리 주인을 즐겁게 했다." 푸거는 추기경에게 장례 예배당을 짓는 데 2만 3000플로린이 들었으며, 자신이 독일의 모든 주교에게 돈을 빌려주었다고 자랑했다.

푸거의 홍보 작전은 성공을 거두었으며, 베아티스는 보고 들은 것을 장황하게 이야기했다. "푸거 가문은 기독교 세계에서 손꼽히는 거상이다. 외부의 도움 없이도 30만 두카트를 그 자리에서 마련할수 있는데, 결코 작지 않은 자신의 자산에는 손끝 하나 건드리지 않고도 그렇게 할 수 있다."[8] 베아티스는 벨저 가문을 칭송하면서도 "그들은 푸거 가문의 상대가 되지 않는다"고 덧붙였다.

❈

공교롭게도 그해 제국의회는 아우크스부르크에서 열렸다. 튀르크 문제가 공식 안건으로 올라왔다. 교황 레오는 선거후들이 십자군 원정을 후원하기를 바랐으므로 교황 특사를 독일에 보내 참여를 독촉했다. 1521년 튀르크가 베오그라드를 점령해 헝가리로 통하는 — 헝가리는 유럽 전역으로 통하는 관문이었다 — 길을 열자 교황은 충격에 휩싸였다. 로마가 콘스탄티노플(이스탄불)처럼 무너질까 봐두려웠다. 그렇게 되면 기독교 세계 자체가 몰락할 수도 있었다. 하지만 선거후들은 선거와 떡고물에 정신이 팔려 교황만큼 걱정하지는 않았다. 보헤미아, 팔츠, 작센(프리드리히)의 선거후 3명은 카를 편이었다. 카를이 공정 가격을 지불하기만 하면 표를 얻을 수 있었다. 나머지 3명(트리어, 쾰른 그리고 푸거의 고객인 마인츠의 알브레히트)은 프랑수아 쪽이었다. 기름칠만 하면 득표는 따 놓은 당상이었다. 선거후들이 표를 던지기 전에는 확실한 것이 아무것도 없었지만, 아우크스부르크 회의가 개회되자 각 후보는 최소 3표는 자신하며 호각지세를 이루었다.

일곱 번째 선거후는 브란덴부르크의 요아힘이었다. 그는 마인츠의 알브레히트를 배출한 호엔촐레른 가문의 수장이었다. 훗날 비스마르크와 함께 독일을 통일한 빌헬름 1세와 독일을 제1차 세계대전으로 몰고간 빌헬름 2세도 호엔촐레른 가문 출신이다. 요아힘은 농담조로 자신이 매만 돌본다고 했지만, 실제로는 대학을 설립하고 영토 내 사법과 행정을 개혁했다. 이재에 밝은 요아힘은 알브레히트를 위해 푸거와 함께 면죄부 사업을 진행하기도 했다. 지금은 막시밀리안과 프랑수아를 최대한 쥐어짜는 데 자신의 역량을 발휘하고 있었다. 아우크스부르크에 있는 합스부르크 가문 측 협상가 막스 폰 베르게스는 그를 "돈 문제라면 악마 같은 자"라고 일컬었다.[9] 프랑스 측 협상가는 요아힘이 탐욕에 눈이 멀었다고 말했다.

프랑수아는 극적인 제안으로 경쟁자를 일찌감치 따돌리려고 했다. 그는 현찰과 함께 재종매, 즉 육촌 누이 르네 공주를 선물로 제시했다. 이에 요아힘은 몸이 달았다. 호엔촐레른 가문은 가권정치 게임의 2류 참가자였으므로 역사적으로 현지에서 배우자를 찾는 것이 고작이었기 때문이다. 호엔촐레른 가문의 상대는 포메른의 공녀公女나 메클렌부르크의 백녀伯女일 뿐 발루아 같은 유력 가문이 아니었다. 하지만 알브레히트가 승승장구한 것에서 보듯 호엔촐레른 가문은 신분의 사다리를 올라가고 있었다. 발루아 가문과의 혼인은 그들에게 날개를 달아 줄 수 있었다. 하지만 르네가 그들의 꿈을 무산시켰다. 프랑수아의 요청을 거절하고 프랑스의 공작과 결혼해 버린 것이다.

프랑수아가 또 다른 공주를 대령하기 전에 카를이 자신의 누이인 스페인의 카타리나와 지참금 30만 플로린을 제안했다. 요아힘은 그의 제안이 마음에 들어 — 합스부르크는 이제 발루아만큼 일류 가문이었다 — 수락했다. 하지만 지참금의 3분의 1을 미리 달라고 주장했다. 푸거가 의심했듯이 카를은 돈이 부족했다. 푸거만이 급전을 마련할 수 있었으므로 카를은 푸거에게 손을 벌렸다. 푸거는 협상가들이 결혼 계약을 먼저 맺어야 한다고 주장했다.

양 가문은 제국의회에서 신랑만 참석한 채 임시 결혼식을 올렸다. 신부가 없는 결혼식은 초라해 보였을지도 모른다. 어쨌든 아우크스부르크에서는 사흘간 축하 행사가 열렸다. 그들은 합스부르크 가문과 호엔촐레른 가문의 결합이 사업과 안전에 유리하다고 여겼다. 파티 주최를 마다하지 않은 푸거가 가장무도회를 열었다.

요아힘이 카를 편에 서자 프랑수아에 대한 지지가 사라졌다. 다른 선거후들이 요아힘이 챙긴 소득을 보고 자신들에게도 표의 대가를 달라고 요구했다. 교황 특사가 튀르크에 대한 선거후들의 무관심을 질타하고 있을 때 막시밀리안은 그들과 모여 앉아 뇌물 협상을 하고 있었다. 막시밀리안은 특별 손님을 회합에 초청했는데, 바로 푸거였다. 푸거가 콘스탄츠 제국의회에 황금 수레를 보낸 뒤 그의 이름은 전설이 되었다. 모두 카를이 얼마를 약속하든 푸거가 지불할 수 있을 것이라고 믿었다. 푸거가 선거후들에게 뭐라고 했는지는 기록이 남아 있지 않다. 어쩌면 아무 말도 하지 않았을지 모른다. 그의 존재만으로도 충분했을 것이다. 어쨌든 7명의 선거후는 카를을 찍겠다는 각서에 서명했다.

금인칙서에 따르면 선거는 프랑크푸르트에서 치러야 했다. 신성 로마제국은 프랑크족의 도시에서 투표함으로써 카롤루스 대제에게 경의를 표했다. 그는 황제가 되기 이전에 프랑크 왕국의 국왕이었다. 선거후들은 현찰을 원했으므로 푸거는 운송 방안을 마련하느라 분주했다. 황금 자루를 프랑크푸르트까지 옮기려면 말과 마차, 무장 경비대가 필요했다. 또 국경을 넘을 때마다 군주에게 뇌물로 바칠 선물도 준비해야 했다. 그리고 무엇보다 가장 중요한 것이 하나 남아 있었다. 30만 두카트를 즉석에서 마련할 수 있다고 호언장담하기는 했지만 사실 푸거에게는 그만한 돈이 없었으므로 달리 마련해야 했다. 하지만 이것은 그의 장기長技였다. 거래 실적이 전무한 상태에서 친구와 가족을 설득해 지기스문트 공작에게 필요한 자금 전액을 빌려주도록 한 것에서 보듯 푸거는 투자자들을 설득하는 방법을 알고 있었다. 30년이 지난 지금 그는 유럽의 어떤 은행가보다 실적이 우수했다. 당시에 전화가 있었다면 통화 몇 번으로 충분했을 테지만 푸거는 제국의회에서 일대일로 대화하며 자금을 마련해야 했다. 최대 투자자는 작센 공 게오르크였다. 마흔여섯 살의 게오르크는 프리드리히 현공의 친척이었다. 푸거는 그를 제국의회에서 처음 만났다. 그는 보헤미아 국경 근처에 광상鑛床을 소유하고 있었으며, 푸거처럼 광산업에 관심이 있었다. 푸거는 게오르크가 투자한 뒤 평생 그에게 편지를 썼다. 최고 경영자가 주주들에게 해마다 보내는 것과 비슷한 이 편지들은 남아 있는 몇 안 되는 푸거의 편지 중 하나다. 편지에서 푸거는 공식적인 어조를 유지하고 있지만, 그럼에도 종교와 사회 불안, 합스부르크 가문의 연체에 대한 그의 생각을 엿볼 수 있다. 이 편지들은 푸거에 대한 역사 기록 중에서 가장 중요한 문서로 꼽힌다.

뇌물을 제공할 만반의 준비를 마쳤을 때 스페인에서 충격적인 소식이 들려왔다. 카를이 그를 내치고 다른 은행가들과 손잡고 싶어 한다는 것이었다. 푸거가 유리한 조건을 너무 고집하는 바람에 카를이 더 저렴한 방안을 선택하게 했다. 자세한 내용은 알 수 없지만 푸거는 남들보다 더 값나가는 담보물을 요구했던 것 같다. 은행가 중에서—적어도 개인으로는—필요한 금액을 빌려줄 수 있는 사람은 아무도 없었지만 뭉치면 가능했다. 채권단은 모두 이탈리아인으로 푸거의 경쟁자 벨저 가문만 유일하게 예외였다. 막시밀리안의 보좌관들은 아연실색했다. 푸거만이 선거후들에게 신임을 받고 있었기 때문이다. 카를이 벨저 가문과 손잡으면 선거후들이 이탈할 우려가 있었다. 한 보좌관은 벨저 가문이 아무짝에도 쓸모없다고 비난했다. "벨저 가문에서는 융자를 받거나 한 푼의 돈도 얻을 수 있는 방법이 없었습니다. 그래서 늘 푸거를 찾아가야 했습니다." 푸거 자신도 틀림없이 울화가 치밀었을 것이다. 선거후들이 카를의 지지 각서에 서명한 것은 벨저 가문 때문이 아니라 푸거가 그 자리에 있었기 때문이다. 카를은 뼈다귀를 던져 주어 푸거를 달래기 위해 자금 이체와 관련 문서를 금고에 보관하는 임무를 맡겼다. 푸거에게는 눈먼 돈이 들어오는 셈이었다. 하지만 푸거가 바라는 것은 대출이었다. 대출은 이체 수수료에 비해 수익이 어마어마했으므로 자신이 성사시켜야 했다.

✦

　선거후들이 돈 앞에서 비굴하게 굴고 있을 때 알브레히트 뒤러는 이젤과 붓, 스케치판을 들고 아우크스부르크로 향했다. 그는 당대 독일 최고의 화가이자 탁월한 사업가였다. 그림을 의뢰받을 수 있는 기회를 포착한 뒤러는 제국의회에 참석한 부유한 고위 인사들이 초상화를 그려 달라고 줄을 설 것이라고 기대했다. 뒤러는 목판화 전문이었는데, 목판화는 대량 생산해 여러 번 판매할 수 있었기 때문이다. 그는 위조를 방지하기 위해 작품마다 로고를 찍었다. 그러나 그는 고위 인사들이 목판화를 원하지 않는다는 사실을 알고 있었다. 그들이 원하는 것은 캔버스에 그린 화려한 유화였다. 푸거가 원하는 것도 바로 유화였다. 푸거 차례가 되었을 때 뒤러는 그를 살짝 돌려 세워 옆모습이 보이게 했다. 뒤러는 금발을 모자 밑으로 밀어 넣고는 목탄으로 빠르게 스케치를 시작했다. 그렇게 하면 푸거의 시간을 절약할 수 있었다. 색은 나중에 뒤러 혼자서 칠하면 되었다.

　푸거는 생전에 초상화를 여러 점 남겼는데 뒤러가 아우크스부르크에서 그린 것이 가장 뛰어났다. 여기서 푸거는 황금색 모자를 쓰고 모피 깃이 달린 망토를 걸쳤는데, 같은 시기에 그린 막시밀리안의 초상화와 뚜렷이 대조된다. 황제는 피곤해 보였으며, 그의 빛나는 보석들도 죽음의 그림자를 감추지 못하고 있다. 뒤러는 막시밀리안의 딸에게 그림을 팔려고 했으나 마음에 들지 않는다며 거절했다. 푸거는 황제와 같은 나이였지만 초상화에서는 활기차 보인다. 시선은 차분하며 지적이고 기품 있으며, 표정은 확신에 차 있다. 현재 이 그림은 아우크스부르크 시립 미술관에 전시되어 있다.

✤

회의가 폐회하는 시간에 맞추어 마르틴 루터가 아우크스부르크 관문 앞에 나타났다. 교황은 루터가 자신의 주장을 철회하기를 바랐으며, 그에게 아우크스부르크에 가서 그같이 진술하라고 명령했다. 교황은 루터가 모습을 드러내도 체포하지 않겠다고 약속했으나 루터는 1415년 이단 혐의로 화형당한 체코의 개혁가 얀 후스Jan Hus를 떠올렸다. 후스도 신변의 안전을 약속받았었다. 루터는 최악의 사태를 대비했다. 그는 다음과 같이 말했다. "이제 나는 죽어야 하리라."[10]

루터는 95개조 반박문에서 교황의 죄사함 권한을 부정함으로써 교황의 권위와 권력의 기반을 공격했다. 제국의회에 파견된 교황 사절인 카예탄 추기경은 루터를 위협해 주장을 철회하도록 할 작정이었다. 카예탄은 도미니크 수도회 사제로, 루터가 체포되기 전에 피코 델라미란돌라와 논쟁을 벌여 유명해졌다. 그는 교황의 권위를 끝까지 옹호했지만, 그 자신은 교황청의 사치를 비판한 개혁가였다. 카예탄은 아우크스부르크에서 사치의 진수를 맛보았다. 푸거의 초대로 푸거 궁에서 머물 때였다. 루터는 궁에서 카예탄을 만났는데 뜻밖에도 고집을 꺾지 않았다. 사과하기는커녕 성경을 근거로 자신을 옹호했으며, 협박에도 굴하지 않고 논제를 단 하나도 철회하려고 들지 않았다. 카예탄은 세 번째이자 마지막 만남에서 흥분해 루터에게 꺼지라고 명령했다. 루터는 성 안나 교회 근처에서 수사들과 함께 지내고 있었는데, 수사들은 루터와 그의 메시지를 좋아했다. 그들은 루터가 관문을 나서면 당국이 그를 체포하거나 (심지어) 죽일까 봐 두려운 나머지 방벽의 비밀 통로를 알려 주었다. 밖에서는 말이 기다리고 있었다. 루터는 말을 싫어했지만 빠르게 도망치려면 다른 방법이 없었다. 그는 들키지 않고 아우크스부르크를 빠져나갔다.

　루터가 자신의 집에 와 있었지만 푸거는 그를 만나지 못했을 것이다. 루터는 아직 무명이었으며, 푸거의 관심사는 작센의 수사가 아니라 선거후들이었기 때문이다. 루터 또한 푸거를 굳이 만나지 않아도 그에 대해 충분히 알 수 있었다. 푸거 궁을 보고, 성 안나의 형제들에게서 푸거의 행실을 듣는 것만으로도 충분했다. 그가 어떤 인상을 받았든 이것 하나만은 분명하다. 루터는 아우크스부르크를 떠나며 새로운 표적을 정했다. 그 뒤 몇 해 동안 루터는 푸거를 가만히 내버려 두지 않았다.

　카예탄 추기경은 루터를 만나기 전에도 고역을 치렀다. 제국의회에서 간신히 튀르크 문제를 안건으로 올렸더니 회의장은 로마에 대한 성토장이 되어 버렸다. 선거후들은 (적어도 그때까지는) 루터파가 아니었다. 하지만 루터가 유명해지기 전부터 독일인은 로마에 등을 돌리고 있었다. 많은 독일인은 면죄부 판매, 성직 매매, 게으르고 음란한 사제들에 대해 — 일부 선거후를 비롯해 — 인내심을 잃어 갔다. 로마에 대한 대중의 분노는 머지않아 푸거에게 위험한 결과를 초래하게 된다.

＊

　　막시밀리안은 가문을 최고의 위치로 끌어올렸지만 금전적으로
는 내세울 것이 하나도 없었다. 돈은 모두 푸거 차지였으며, 막시밀리
안에게 남은 것은 빚뿐이었다. 막시밀리안은 아우크스부르크 제국의
회가 자신에게 한 푼도 주지 않았으며, 푸거에게 밥값까지 빌려야 했
다고 불평했다. 그는 회의 내내 비참한 심정이었으며, 의회가 끝나자
남은 푼돈을 챙겨 인스브루크로 떠났다. 그곳에서 죽음을 맞이하고
싶었다. 젊고 꿈 많던 시절 막시밀리안은 인스브루크에서 가장 유명
한 건축물인 황금 지붕Goldenes Dachl을 지었다. 황금 지붕은 광장이
내려다보이는 발코니로, 금박을 입히고 반짝이는 구리로 덮었다. 이
곳은 마상 창 시합을 구경하는 관람석이자 막시밀리안을 위한 기념
물이었다. 또한 이곳에는 그의 영지들을 상징하는 문장과 2개의 거
대한 부조가 새겨져 있었다. 그는 한 부조에서 궁정 광대와 서기관
을 거느린 채 웃고 있었고, 또 한 부조에서는 사랑하는 부귀공 마리
와 함께 있었다. 인스브루크에 도착한 막시밀리안은 자신이 쌓은 명
성이 아무짝에도 쓸모없음을 절감했다. 여관 주인은 숙박비를 내놓
으라며 방을 내주지 않았다. 막시밀리안은 잠잘 곳을 구하지 못해
인스브루크와 빈 중간에 있는 벨스까지 절룩거리며 걸어갔다. 그는
명금鳴禽을 좋아했는데, 시종들이 그의 방에 몇 마리를 가져다주었
다. 그는 마리와 그녀의 매를 떠올렸는지도 모른다. 막시밀리안은 새
들의 노랫소리를 들으며 숨을 거두었다.

　　막시밀리안이 세상을 떠나자 선거후들은 카를에게 한 맹세를

무효화하고 후보들에게서 더 많은 돈을 뜯어낼 수 있게 되었다. 푸거도 해방되었다. 오랜 고객이자 수호자가 사라지자 그는 자유로운 행위자가 되었다. 유럽에서 가장 부유한 은행가는 이제 합스부르크 가문에 얽매이지 않고 자신의 이익을 추구할 수 있게 되었다. 카를이 그를 원하지 않아도 상관없었다. 다른 길을 찾으면 되니까.

9

승리 그리고 패배

은행가는 경쟁에서 질 것 같으면 가끔 '막무가내 입찰bid 'em up' 전술을 쓰기도 한다. 의뢰인에게 엄청나게 높은 가격을 부르게 하여 나머지 입찰자들이 버티지 못하게 하는 것이다. 입찰 규모가 너무 커지면 의뢰인은 파산까지 감수해야 하지만 그것은 중요하지 않다. 중요한 것은 은행가가 계약을 따내고 수수료를 챙기는 것이다. 푸거가 '막무가내 입찰'이라는 말을 만든 것은 아니다. 하지만 막시밀리안이 죽으면서 (아마도) 사상 처음으로 이 전술을 사용할 수 있는 기회가 찾아왔다.

푸거는 막시밀리안이 죽자마자 전령에게 서둘러 이 소식을 파리에 전하라고 명령했다. 프랑수아 국왕에게 막시밀리안의 부음을 가장 먼저 전해 환심을 사고 싶었다. 이는 자신이 사업의 문호를 개방했으며, 프랑수아가 선거에서 승리할 수 있도록 도울 준비가 되어 있음을 알리는 나름의 방식이었다. 물론 푸거가 선호하는 쪽은 카를이었다. 그가 유럽 최고 부자가 된 것은 소국 오스트리아의 합스부르크 가문에 자금을 제공하면서였기 때문이다. 이제 스페인과 신세계에 진출한다고 생각하니 푸거는 기분이 아찔했다. 하지만 푸거는 그

동안 막시밀리안에게 너무 의존했으며, 카를에게 직접 구애하는 데
는 지나치게 소홀했다. 그는 자신에게 유리한 조건을 고집했으며 오
스트리아 귀족들에게 신뢰를 잃었다. 이제 선거판의 문이 활짝 열리
면서 그는 퇴출의 가능성을 실감해야 했다. 푸거는 선거후들이 신뢰
하는 유일한 은행가였으므로 그를 끌어들이고 싶어 했지만, 스페인
의 10대 국왕은 내치고 싶어 했다.

　푸거는 일이 틀어지도록 내버려 둘 수 없었다. 그는 유럽 최고의
금융업자였다. 여기서 지면 그의 체면만 손상되는 것이 아니라 그의
제국이 위험에 처할 수도 있었다. 그가 프랑스 편을 들면 합스부르크
가문은 그와의 계약을 취소할지도 몰랐다. 카를은 은광 계약서를 찢
어 버리고 벨저 가문이나 그 밖의 은행가에게 광산을 넘겨줄 수도
있었다. 그러면 불안해진 예금주들이 인출을 요구하는 악몽 같은 시
나리오가 펼쳐질 것이었다. 메카우 서거 이후의 끔찍한 나날들처럼
모든 예금주에게 한꺼번에 돈을 인출해 줄 수는 없었다. 채무자 감
옥이 눈앞에 다시 어른거렸다.

　절체절명의 위기에 몰린 푸거는 자신의 최대 장점을 발휘했다.
그것은 규모였다. 그는 후보에게 누구보다 많은 자금을 제공할 수 있
었다. 푸거는 선거후들에게 자신의 부를 상기시킴으로써 — 아라곤
의 루이지에게 가든파티를 열어 주면서 시작된 홍보 전략은 선거일
까지 계속되었다 — 승리의 대가를 한껏 올려놓아 누구도 경쟁에 뛰
어들지 못하게 했다. 경쟁자들이 나가떨어지면 그는 유일하게 남은
은행가가 될 터였다. 푸거는 맞수인 두 왕의 야심에 내기를 걸었다.
그들이 계속 입찰가를 높게 하여 나머지 은행가들을 탈락시키겠

다는 계획이었다.

　이를 위해서는 카를에게 자신이 패를 쥐고 있다는 것을 보여 주어야 했다. 프랑수아의 용도는 여기에 있었다. 푸거는 카를에게 알려주고 싶었다. 카를이 자신을 선택하지 않으면 당장 관계를 끊고 자신의 부―유럽 최대의 유휴 자본―를 프랑스에 투자하겠다고 말이다. 간단한 문제였다. 푸거는 누가 황제가 될지 결정하는 것은 선거후가 아니라 자신이며, 자신이 프랑스를 지원하면 합스부르크 가문은 유럽 최대의 정치체인 신성로마제국과 세계 지배의 희망을 잃을 것임을 카를에게 납득시키고 싶었다. 푸거가 프랑수아를 지지하는 것에도 문제가 없지는 않았다. 푸거는 여전히 합스부르크 가문과 관계를 유지해야 했다. 하지만 프랑수아를 지지하겠다는 푸거의 의도가 진심인지는 중요하지 않았다. 중요한 것은 합스부르크 가문이 그렇게 믿었는가, 정말로 프랑스 왕을 위해 자신들을 배신할지도 모른다고 생각했는가다. 푸거가 전령을 파리로 보낸 것은 바로 이 때문이었다. 향후 몇 주 동안 최신 뉴스를 프랑수아에게 전한 것도 같은 이유에서였다. 노령의 칭크를 대신해 교황청 임무를 맡은 조카 안톤에게 로마에서 프랑수아의 신하들과 계속 연락을 주고받으라고 지시한 것도 이 때문이었다. 물론 프랑수아에게 직접 거래를 제안했다가는 합스부르크 가문의 노여움을 살 우려가 있었다. 하지만 프랑수아가 자신을 찾아오는 것은 마다할 이유가 없었다. 푸거는 능청을 떨며 프랑수아가 자신에게 접근하도록 미끼를 던지고 있었다.

　그러다 푸거가 합스부르크 가문에 자신의 가치를 입증할 수 있는 또 다른 기회가 찾아왔다. 뷔르템베르크는 프랑스 국경 근처에 있는 독일 공국이었다. 공국 내의 많은 도시는 현지의 통치자 울리히 공작이 아니라 신성로마제국과 합스부르크 가문에 속해 있었다. 울리히는 많은 도시가 자신이 아닌 제국에 세금을 납부하는 것에 격분했다. 이에 막시밀리안이 사망하자 그 틈을 타 병사들을 보내 도시를 장악했다. 하지만 그는 상황을 잘못 판단했다. 막시밀리안이 죽기는 했지만 합스부르크의 권력 구조는 여전히 탄탄했다. 군대를 조직할 자금만 마련할 수 있다면 맞서 싸울 각오가 되어 있었다. 푸거는 자신의 능력을 과시할 기회를 놓치지 않았다. 그는 합스부르크 가문에 용병을 고용할 수 있는 자금 11만 3000플로린을 지원했다.

뒤러는 전쟁 장면을 스케치로 남겼다. 이 작품에서는 푸거의 후원을 받은 군대와 적군의 우열이 뚜렷이 드러나 있다. 전경에서는 포신이 터무니없이 긴 대포들이 일렬로 늘어서 성을 겨냥하고 있다. 대포를 조작하는 합스부르크 병사들은 저녁때가 되기도 전에 임무를 마칠 수 있다며 자신만만한 표정이다. 그중 한 명은 수비군을 불쌍하게 쳐다보고 있다. 갈 곳이 없는 자들 아닌가. 그림을 보면 합스부르크의 승리가 틀림없어 보이는데 실제로도 그랬다. 합스부르크 가문은 대승을 거두었다. 프랑스와 가까워 전략적 요충지인 슈투트가르트를 손에 넣은 것이다.

이 일화로 푸거가 중요한 인물임이 다시 입증되었다. 선거 운동을 지휘한 카를의 고모 마르가레테는 화가 나서 카를에게 바보짓 그만하고 너무 늦기 전에 푸거에게 돈을 빌리라고 말했다. 푸거가 나머지 은행가들보다 자본이 많다는 사실을 차치하더라도 도의를 지켜야 한다는 것이었다. "그가 우리에게 은혜를 베풀고 도움을 주었으니 너에게는 그의 공을 인정할 의무가 있어."[1]

카를에게는 시간이 없었다. 푸거를 잡는 쪽이 승리할 것임을 카를보다 먼저 깨달은 프랑수아는 푸거의 예상대로 아우크스부르크에 손을 내밀었다. 프랑수아는 카를과 자신이 자금 경쟁에서 막상막하라고 생각했다. 카를에게는 벨저 가문과 이탈리아 은행가들이 있었다. 반면 프랑수아에게는 리옹의 은행가들과 몇몇 이탈리아 은행가, 그리고 왕실 사유지를 팔고 자기 예산 담당관의 유산을 (국가의 이름으로) 강탈해 마련한 자금이 있었다. 하지만 프랑수아는 카를의 제안과 맞먹는 수준으로는 부족하다는 사실을 알고 있었다. 단순히 카를보다 후한 조건을 제시하는 것이 아니라 엄청나게 후한 조건을 제시해야 선거후들의 마음을 결정적으로 사로잡을 수 있었다. 이 목표를 이루기 위해 프랑수아는 푸거에게 30만 에퀴(36만 9000플로린)를 요청했다. 프랑수아는 푸거가 솔깃할 수 있는 담보를 최대한 제시했다. 그는 프랑스 세입에서 신속하게 상환할 뿐 아니라 3만 에퀴의 수수료를 지급하겠다고 약속했다. 푸거가 수락하면 프랑수아는 카를을 두 배 차이로 따돌릴 수 있었다. 이 금액이면 패할 리 없었다. 카를이 은행가를 아무리 많이 끌어들여도 프랑수아와 푸거에게는 당해 낼 수 없었다. 푸거의 '막무가내 입찰' 전략에서 예상하던 결과였다. 프랑수아는 그냥 과반수가 아니라 7표 만장일치로 승리할 터였다. 이로써 그는 프랑스와 독일을 발루아 가문 아래에서 통일할 수 있는 권한을 얻게 되는 것이었다.

푸거는 프랑수아의 제안을 합스부르크 진영에 흘렸다. 아우크스부르크에 있는 합스부르크의 가신 폰 베르게스가 마르가레테에

게 카를을 설득하라고 청했다. 베르게스는 카를이 무조건 푸거에게
돈을 빌려야 하며, 그렇지 않으면 모든 것을 잃게 될 것이라고 단언
했다. 베르게스는 "마마, 푸거로 말하자면 폐하께서는 좋든 싫든 그
와 손을 잡으셔야 합니다. 선거후들은 푸거 이외에는 누구의 말도 들
으려고 하지 않습니다"라고 말한 뒤 카를이 처음부터 푸거를 활용
했어야 한다고 덧붙였다. "처음부터 이렇게 했으면 폐하의 이익과 사
업 발전에 크나큰 도움이 되었을 것입니다."[2] 사방에서 카를을 압박
했다. 선거 관리 위원들은 카를에게 쓴 글에서 선거후들이 "푸거 이
외에는 어떤 상인도 신뢰하지 않으며, 편지와 인장도 받지 않는다"고
언급했다.

한편 선거후들의 탐욕은 점점 더 커졌다. 1년 전 아우크스부르
크에서 브란덴부르크의 요아힘은 카를을 찍겠다고 맹세하는 대가로
합스부르크 가문의 신부와 지참금 30만 플로린을 받았다. 그런데 입
찰 경쟁이 극에 달한 지금 그는 이 맹세를 깨 버렸다. 요아힘은 푸거
에게 자신은 푸거를 특별히 신뢰한다면서 그가 지지하는 후보를 무
조건 지지할 것이라고 말했다. 그러면서 푸거의 개인적 약속이 카를
에게만 적용되는지 프랑수아에게도 적용되는지 캐물었다.

해협 너머 잉글랜드에서는 스물아홉 살의 여전히 강건하고 잘
생긴 헨리 8세가 10년째 왕위를 지키고 있었다. 그는 14년 뒤 아라
곤의 캐서린과 이혼하고 로마와 결별하지만 지금은 교황청과 돈독한

관계였다. 이때 교황 레오가 한 가지 안을 가지고 그를 찾아왔다. 선거에 참가해 1256년 콘월 백작(리처드)이 신성로마제국 선거에서 승리한 이래 최초의 잉글랜드인 황제가 될 수 있는지 운을 시험해 보라는 것이었다.

레오는 카를과 프랑수아가 교황청에 위협이 될까 봐 두려웠다. 프랑수아는 이미 밀라노를 점령한 상태였다. 그가 황제가 되어 더는 합스부르크 가문과 다투지 않아도 된다면 이탈리아 반도를 쉽게 휩쓸고 로마를 차지할 수도 있었다. 카를은 더 큰 위협이었다. 이탈리아 남부의 많은 부분을 이미 장악하고 있으므로 나폴리에서 제국 군대를 소집해 남쪽에서 로마를 공격할 수 있었다.

레오에게는 방해꾼이 필요했다. 강하고 신임받으며 자금력을 갖춘 사람을 찾아야 했다. 레오는 작센의 선거후 프리드리히 현공을 염두에 두었다. 다른 선거후들도 프리드리히를 좋아했고, 그도 출마를 고려한 적이 있었다. 하지만 결단을 내려야 할 때가 되자 "약한 왕보다는 강한 공작이 되고 싶다"며 마음을 바꾸었다.[3] 남은 것은 헨리뿐이었다. 레오는 헨리가 당선되면 대륙 세력이 로마를 공격하지 못하도록 완충 역할을 할 것이라고 기대했다. 하지만 먼저 그가 출마하도록 설득해야 했다.

누군가 헨리에게 황제가 되라고 설득한 것은 이번이 처음은 아니었다. 6년 전 막시밀리안이 살아 있을 때 그는 카를이 나이가 차서 황제가 될 때까지 자신이 살아 있지 못할까 봐 걱정했다. 그는 헨리를 아들로 입양하고 선거후들을 설득해 그를 황제로 만들겠다고 제안했다. 헨리는 뜻밖의 제안에 놀라 웃어넘겼지만 교황의 이번 요청은 진지하게 받아들였다. 섬나라 잉글랜드의 국왕 헨리는 카를과 프랑수아가 부러웠다. 그는 그들의 권력을 가지고 싶었다. 황제가 되면 소원을 이룰 수 있었다. 헨리는 독일 제후들이 돈과 총으로 자신을 후원하면 유럽에서 가장 힘센 군주가 될 수 있을 것이라고 믿었다. 헨리는 그의 생각이 마음에 들어 출마에 동의했다. 레오는 지지를 밝히는 편지를 건넸다.

뜻밖의 상황 전개는 푸거에게 유리할 수도 있고 불리할 수도 있었다. 선거후들이 헨리를 좋아한다면 헨리가 선거에서 승리하고 푸거는 물먹은 신세가 될 수도 있었다. 반대로 후보가 많아진다는 것은 선거후의 표에 응찰하는 참가자가 많아진다는 뜻이었다. 응찰자가 많아지면 입찰가가 높아지는데, 높아진 입찰가를 감당할 수 있는 사람은 푸거뿐이었으므로 제3의 후보는 푸거의 가치를 더욱 높여줄 수도 있었다.

헨리는 참사관 리처드 페이스를 독일로 보내 선거후들과 협상을 하게 했다. 페이스는 독일어를 구사할 줄 알았는데, 그는 헨리가 막시밀리안의 마지막 이탈리아 원정을 후원할 때 푸거와 협상을 벌인 바 있다. 하지만 선거는 더 미묘한 임무였다. 헨리는 나머지 후보와 우호적인 관계를 유지하고 싶었으므로 선거후와 대화하다가 그가 먼저 운을 뗐을 때 헨리를 후보로 제안하라고 페이스에게 일러두었다. 그때 헨리의 모국어가 독일어라고 언급하라는 당부도 잊지 않았다.[4] 하지만 헨리는 독일어를 한 마디도 할 줄 몰랐다. 뇌물도 약속해야 했다. 헨리는 비용을 가늠하지 못한 채 뤼베크에 있는 한자동맹 친구들이 모든 자금을 빌려줄 것이라고 생각했다.

그해 여름 프랑크푸르트에서는 유난히 더위가 기승을 부렸다. 페이스는 프랑크푸르트로 가는 도중 병에 걸렸으나 오로지 헨리를 향한 충성심으로 발걸음을 옮겼다. 쾰른에 도착한 페이스는 첫 번째 선거후인 쾰른 주교를 만났다. 페이스는 면담 결과에 고무되어 헨리에게 쾰른이 손을 들어줄 것 같다고 전했다. 마인츠에서는 알브레히트를 만났다. 알브레히트는 비밀을 요구했지만, 사실은 프랑수아의 선거 담당자를 커튼 뒤에 숨겨 대화 내용을 엿듣게 했다. 영화 같은 장면이었다. 뒤이어 페이스는 약삭빠르고 욕심 많은 요아힘을 만났다. 이번 면담도 고무적이었다. 네 번째 선거후인 트리어 주교는 더욱 호의적이었다. 페이스는 신이 났다. 만사가 척척 맞아떨어지는 듯했다. 페이스는 헨리에게 다시 전갈을 보냈다. 표가 확보되었으니 독일에 올 채비를 하라는 내용이었다.

✤

선거후들이 프랑크푸르트에 당도하자 합스부르크 진영은 좌불안석이 되어 프랑수아가 당선되면 독일을 침공할 것이라는 소문을 퍼뜨렸다. 규정에 따르면 외국인도 황제가 될 수 있었지만 수백 년에 걸친 전쟁으로 프랑스에 대한 증오심이 뼛속 깊숙이 사무친 독일 국민은 프랑스인 황제를 용납할 수 없었다. 군중이 거리로 몰려나와 프랑스인을 찾아 죽이려고 들었다. 페이스는 프랑스인으로 오인받을까봐 마인츠로 달아났다. 합스부르크 가문이 침공 소문을 퍼뜨린 것은 오늘날 '유권자 협박voter intimidation'에 해당하는 것이었다. 그들은 선거후들에게 투표 결과가 잘못되면 군중이 그들을 목매달 것이라는 경고를 보내고 싶었다.

투표는 프랑크푸르트 성당에서 진행되었다. 붉은 사암으로 건축된 이 성당에는 성 바르톨로메오의 두개골이 안치되어 있었으며, 마인강이 가까이에 있었다. 선거후들은 이 입지 조건 덕분에 거리의 아수라장을 피해 배편으로 도착할 수 있었다. 성당에 도착한 선거후들은 제단까지 40걸음을 걸은 뒤 오른쪽으로 돌아 곁방을 통과해 나무문에 이르렀다. 문은 아주 작고 위장되어 있어서 눈썰미가 없으면 결코 찾을 수 없었다. 문을 열자 투표실이 나왔다. 선거후들만 안으로 들어갈 수 있었다. 그들은 고개를 숙인 채 뚱뚱하게 살찐 몸을 좁은 틈으로 밀어 넣었다. 계단으로 내려가 도착한 방은 아치형 천장과 돌바닥으로 되어 있었으며, 십자가 위에 작은 창문이 나 있었다. 선거후들은 독일에서 가장 큰 권세와 가장 큰 자부심을 가지고 있었으며, 가장 호화로운 삶을 누렸다. 그들은 쇼핑몰만한 궁전에서 살았는데 선거를 치르기 위해서는 도넛 가게만한 방에 모여 평결이 날 때까지 ─ 몇 주가 걸리더라도 ─ 머물러야 했다. 그들은 거적 위에서 잠을 자고 양동이에 볼일을 보며 하인이 가져다주는 음식과 포도주로 연명해야 했다. 13일이 지나도 평결을 내리지 못하면 빵과 물만 먹어야 했다.

종이 울리자 진홍색 예복을 입은 선거후들이 투표를 하기 위해 방 안에 자리를 잡았다. 그들은 미사를 올렸으며 알브레히트가 서약식을 집전했다. 선거후들은 남에게 휘둘리거나 매수되지 않고 자유롭게 결정하겠다고 맹세했다. "본 선거에서 저의 음성과 표를 어떤 약조나 대가 없이 행사하겠나이다. 그러니 하느님과 모든 성인께서 저를 도우소서."[5] 밖에서는 인파가 점점 늘어나고 있었다. 카를 측은 프랑수아의 공격을 대비해 기사 프란츠 폰 지킹겐이 지휘하는 경비대를 고용했다. 지킹겐은 독일에서 가장 막강한 권력을 가진 기사였다. 그가 군대를 조직하는 것은 푸거가 돈을 마련하는 것만큼이나 쉬운 일이었다. 프랑수아보다 한발 먼저 지킹겐을 고용함으로써 합스부르크 가문은 말썽을 미연에 방지할 수 있었다.

선거후들은 마지막까지 협상을 벌였다. 알브레히트는 앞서 페이스에게 긍정적인 의사를 밝혔지만, 형 요아힘을 따라 푸거 이외에는 누구의 약속도 받아들이지 않겠다고 말했다. 팔츠의 선거후 루트비히는 푸거가 개인적으로 각서에 서명해야 한다고 주장했다. 이렇듯 선거후들이 푸거를 고집하자 카를은 더 이상 버틸 수가 없었다. 그는 푸거에게 돈을 빌리는 데 동의했다. 이로써 승패는 결정되었다. 투표는 자유였으나 선거후들이 푸거를 원한다면 스페인 왕 카를에게 표를 던져야 했다. 2주가 지나고 선거후들이 성당에서 모습을 드러냈다. 그들은 햇빛에 눈을 찡그리며 결과를 발표했다. 만장일치로 카를이 당선되었다.

카를의 지지자들은 저마다 다른 방식으로 승리를 축하했다. 프랑크푸르트의 군중은 술에 취해 행패를 부렸으며, 안트베르펜에서는 마상 창 시합이 열렸다. 아우크스부르크에서는 푸거가 여러 날 동안 축하 행사를 열겠다고 제안했지만 시 관료들이 허락하지 않았다. 자신들이 행사를 주도하고 싶었기 때문이다. 그들은 소박한 불꽃놀이를 개최했다. 헨리는 패했지만 어떤 결과든 프랑스가 이기는 것보다 나왔기 때문에 기뻤다. 그는 런던에서 미사를 올렸으며, 카를이 뇌물로 얼마를 썼는지 전해 들은 뒤 서퍽 공에게 패배가 전화위복이 되었다고 말했다.

> 폐하께서는 로마인의 왕이 그 존엄을 얻기 위해 얼마나 공을 들이고, 얼마나 많은 돈을 썼는지 아시고는 의아해하시더니 그 존엄을 얻지 못한 것이 기쁘다고 말씀하셨다.[6]

계산을 마친 푸거는 다른 사람이 셈을 치르길 바랐을지도 모른다. 뇌물로 쓴 비용은 85만 2000플로린으로, 흥미롭게도 그 액수에는 푸거의 사생아 메히틸트와 결혼한 대학 총장 람파르터에게 준 600플로린이 포함되어 있었다. 이탈리아인이 총액의 5분의 1을 부담했으며, 벨저 가문은 6분의 1만 내기로 했다. 푸거 몫은 54만 4000플로린으로, 프랑수아가 요청한 금액을 훌쩍 뛰어넘었다. 역사상 최대 규모의 대출이었다. 이번에는 광업권을 담보로 잡지도 않았다. 오로지 카를의 상환 약속뿐으로 무담보 신용 대출이었다.

푸거는 돈을 빌려줄 때 언제나 은광이나 도시의 세수 같은 확실한 담보를 설정했다. 그 덕분에 자금을 여유 있게 운용할 수 있었다. 그가 이번 황제 선거에서 기준을 낮춘 이유는 반드시 이겨야만 했기 때문이다. 하지만 그는 카를이 가난에 찌든 할아버지와 달리 상상 이상으로 부유하다는 사실을 알고 있었다. 콜럼버스가 아메리카에 상륙한 지도 27년이 흘렀다. (합스부르크 가문이 장악한) 신세계에서 생산한 금과 은이 이미 유럽으로 들어오고 있었다. 스페인과 네딜란드에 있는 합스부르크 가문의 영토는 유럽에서 가장 부유한 지역이었다. 하지만 장부상으로 부자인 것과 현찰을 손에 쥐고 있는 것은 별개의 문제였다. 경우야 어떻든 푸거는 이제 아우크스부르크에서 2000킬로미터 떨어진 스페인의 열아홉 살 채무자의 처분에 맡겨진 신세가 되었다.

설상가상으로 제국의회에서는 카를에게 당장 푸거를 배신하라고 요구했다. 입법권자들은 카를이 독일의 이익보다 자신의 이익을 우선시할까 봐 그를 견제하기 위해 34개 조항으로 된 계약서를 작성했다. 계약서에 따르면 카를은 제국과 교회를 수호하고, 그들의 동의 없이 외국의 전쟁에 참전하지 않으며, 공식 업무에서 독일어와 라틴어만 사용하고, 제국 공직에 독일어 구사자만 고용해야 했다. 19조는 상업 관련 조항으로, 카를에게 푸거를 비롯한 부유한 은행가들을 조사하라고 요구했다. "지금껏 돈으로 권세를 부리고 사리사욕을 추구하며 가격을 올려 제국과 신민에게 피해와 불이익 및 부담을 가한 거대 무역 회사들을 어떻게 견제할 것인지 감안해야 한다."[7]

합스부르크 가문의 사절들은 투표 일주일 뒤에 카를을 대신해 문서에 서명했다. 이로써 카를은 자신을 황위에 올려 준 은인에 대한 조사에 착수했다.

✦

카를의 풍채는 왕보다는 하인에 가까웠다. 그의 몸은 마르고 초라했으며, 턱이 너무 커서 ─ 이런 턱을 '합스부르크 턱'이라고 한다―음식을 씹기 힘들었다. 그는 다른 사람에게 먹는 모습을 보이기 싫어 혼자서 식사를 했다. 성품은 차분하고 침착했다. 그는 카네이션을 재배했으며, 순방시에는 제국 합창단을 함께 데리고 다녔다. 프랑수아의 호탕함도, 헨리의 활력도 그에게는 없었다. 막시밀리안은 카를의 외모를 혐오스러워했다. 그러나 그와 더 많은 시간을 보냈다면 그의 지성에 감탄했을 것이다. 한 교황청 관료는 "그는 얼굴에 나타난 것보다 머릿속에 든 것이 더 많다"[8]라고 평가하기도 했다. 막시밀리안과 마찬가지로 카를도 선거가 자신에게 독재 권력을 부여했다고 믿는 어수룩한 실수를 저질렀다. "옛 제국의 주인은 여럿이 아니라 하나였음이 우리의 견해이며, 그 하나가 되는 것이 우리의 뜻이다." 카를은 선거가 끝나자 카스티야 의회(코르테스)를 열어 푸거에게 진 선거 빚을 갚기 위한 세금 인상을 요구했다. 그러나 코르테스는 반대했다. 카를의 제국 건설 비용과 그가 독일인 은행가에게 진 빚을 코르테스가 갚을 이유가 없었기 때문이다. 의원들은 스페인을 위해 진 빚은 하나도 없다고 주장했다. 독일은 쿠바나 멕시코 같은 유망한 새로운 영토가 아니었다. 스페인에 부를 가져다주기는커녕 프랑스나 이탈리아와 분쟁만 생길 뿐이었다. 의회는 마지못해 증세를 받아들이기는 했지만 카를에게 양보를 얻어 냈다. 카를은 투표가 끝난 뒤 독일에서 독일인의 왕으로서 대관식을 거행했으며, 자신의 가정 교사이던 책벌레 위트레흐트의 아드리안 추기경을 섭정으로 임명했다.

열흘 뒤 세고비아의 양털 노동자들이 세금 인상에 격분해 시청을 점거하고 서기관을 억류했다. 그들은 서기관의 목에 밧줄을 묶고 방망이로 구타한 뒤 거꾸로 매달아 숨지게 했다. 푸거의 상환 요구로 촉발된 16세기 스페인 내전인 코무네로스의 반란이 시작된 것이다. 톨레도, 토르데시야스, 바야돌리드가 세고비아의 뒤를 따랐다. 마드리드에서는 민병대가 봉기해 합류했다. 5개월이 지나자 카스티야 대부분이 반란 세력의 손에 넘어갔다. 왕을 몰아내자는 이야기가 돌았다. 스페인에 있는 푸거의 수하들이 아우크스부르크로 소식을 전했는데, 그중 하나는 절제의 표본이었다. "스페인이 편치 않습니다."[9]

카를은 독일에 머물면서 아드리안에게 반란에 대처하게 했다. 카를이 아헨 대성당에서 선거후들에게 절하며 교회와 약자와 선량한 자를 보호하겠다고 맹세할 때 카스티야의 도시 13곳이 반란 세력의 수중에 있었다. 예순두 살이 된 푸거는 고향에 머물렀다. 조카 울리히가 그를 대신해 카를이 왕관, 보주, 검을 받는 모습을 지켜보았다. 우리는 울리히가 카를이나 그의 참사관과 이야기를 나누었을 것이라고 미루어 짐작할 수 있다. 또한 합스부르크 가문이 채무 불이행을 선언할 경우 어떤 결과가 초래될지 설명하고, 이로 인해 제국의 명성은 땅에 떨어지고 향후 차입이 불가능해진다고도 주장했을 것임을 짐작할 수 있다. 이와 같이 짐작할 수 있는 이유는 제국의회가 끝나자마자 카를이 푸거를 위해 백방으로 뛰어다녔기 때문이다. 카를은 아드리안에게 전갈을 보내 세금을 거두어 이것을 아우크스부르크로 보낼 방법을 찾으라고 지시했다.

아드리안은 어이가 없었다. 마드리드를 비롯한 여러 도시가 반란 세력에 넘어간 것을 잊으셨단 말인가? 그는 카를에게 현실을 직시하라고 말했다. "이 세금을 징수해 이용할 수 있을 것이라고 생각하신다면 그것은 크나큰 착각입니다. 왕국에도, 세비야에도, 바야돌리드에도, 그 어떤 도시에도 세금을 내려는 자는 한 명도 없습니다."¹⁰ 아드리안은 한때 제자이던 카를의 요청 자체를 문제 삼았다. "모든 고위 관리와 의원들은 폐하께서 상환 계획을 세우셨다는 것에 놀라고 있습니다."

푸거는 어떻게 이런 일이 있을 수 있는지 자문하고 있었는지도 모른다. 그는 늘 신중을 기했다. 이제 푸거는 노루 문장을 쓰는 또 다른 푸거 가문에 속한 사촌들과 같은 위험을 무릅쓰게 되었다. 그들은 막시밀리안에게 돈을 빌려주었다가 루뱅 시민들이 납세를 거부하는 바람에 파산했는데, 푸거도 그들과 똑같이 궁지에 몰린 신세가 되었다.

카를은 아드리안의 질책을 한 귀로 흘려듣고는 그에게 군대를 조직해 반란 주모자들을 체포해 처형하라고 명령했다. (훗날 교황이 된) 아드리안은 그의 명령에 따랐다. 합스부르크 가문은 도시를 하나씩 공격하면서 반란 세력을 물리쳤으며, 톨레도를 점령함으로써 전쟁을 끝냈다. 패배자는 푸거였다. 카를은 평화를 보장하기 위해 세금 인상을 취소하는 협정에 서명했다. 그리하여 스페인 국민에게 선거 빚을 받아 낸다는 푸거의 계획은 물거품이 되었다. 지금쯤 푸거는 왜 담보를 요구하지 않았을까 하고 자신을 질책하고 있을지도 모른다. 푸거는 인생 최고의 순간이었어야 할 때 최악의 상황에 처해 있었다.

황제 선거가 한창일 때 노동자들이 아우크스부르크 동쪽 끝에 있는 높은 벽돌 벽에 명판을 박았다. 명판에는 라틴어가 쓰여 있었다. 그것은 푸거가 남긴 불후의 유산—카를을 카롤루스의 권좌에 앉힌 것보다 더 기념비적인 업적—에 대한 글이었다. 이 글은 아마도 푸거가 직접 썼을 것이다. 푸거는 형제들을 치켜세우고는 겸손에서 자찬으로 넘어갔다.

> 아우크스부르크의 울리히, 게오르크, 야코프 푸거 형제는 이 도시에 이바지하기 위해 태어났음을 확신하며, 전능하시고 공평하신 하느님께 받은 재산을 환원해야 한다는 의무감을 느꼈기에 신앙심에서, 또한 너그러움의 본보기로서 주택 106채와 그에 딸린 모든 가구를 근면하고 성실하지만 가난한 동료 시민들에게 증여하노라.[11]

명판은 아우크스부르크의 노동 빈민을 위한 주택 건설 사업인 푸거라이를 묘사한 것이다. 이 주택 단지는 500년 뒤에도 계속 운영되면서 변함없이 빈민에게 보금자리를 제공하게 된다. 달라진 점은 관광버스가 다닌다는 것뿐이다. 이곳은 아우크스부르크 최고의 명소다. 푸거 시대의 사람들이 어떻게 살았는지 구경하기 위해 머나먼 일본과 브라질에서도 관광객이 찾아온다. 그들은 집 안을 들여다보고, 단정하게 구획된 부지를 거닐고, 아우크스부르크 최고의 은행가

이자 독지가의 업적을 사진으로 남긴다.

푸거라이 사업은 레히강으로 흘러드는 개울가의 '유대인 언덕' 기슭에 자리 잡은 작은 주택 4채를 사들이면서 시작되었다. 원래는 벨저 가문의 소유였으나 그들이 이곳에서 오랜 시간을 보냈을 것 같지는 않다. 이웃은 거칠고 지저분한 노동자 계급이었다. 아우크스부르크에 은행가의 적지敵地가 있다면 바로 이곳이었다. 일꾼들이 부지를 청소하고 작은 정원이 딸린 2층짜리 연립 주택을 지었다. 환자를 돌볼 병원과 거지의 출입을 막을 벽과 주민들이 드나들 출입문 3곳도 지었다. 공식 문서에는 '후드 포인트 주택 단지Houses at Hood Point'라고 되어 있었으나 개장하자마자 '푸거라이'로 알려졌다. 오스트리아에 있는 비슷한 이름의 공장과 마찬가지로 이를 번역하면 '푸거의 장소'라는 뜻이다.

푸거라이는 유럽 최대 규모였다. 레이던에는 성 안나 빈민구호소가 있었고, 브루게에는 '신의 집Godshuisen'이라는 양로원이 있었다. 아우크스부르크에도 노숙자 쉼터가 여러 곳 있었지만 어느 곳도 12채를 넘지 않았다. 그러나 푸거라이는 무려 106채였다. 1채에 5명이 산다고 가정하면 푸거라이는 500명 이상을 수용할 수 있었다. 아우크스부르크 주민 60명 중 1명꼴이었다.

건축가는 토마스 크레브스였다. 푸거를 위해 일한 것은 이번이 두 번째였다. 성 모리츠 성당의 성구 보관실도 그가 건축한 것이다. 크레브스는 푸거라이에서 형태와 기능을 근사하게 조합했다. 꼭대기 층에는 별도의 출입문이 있어서 위층 가족이 아래층 가족을 방해하지 않고 드나들 수 있었다. 각 주택은 면적이 40제곱미터였으며, 4개

(침실 둘, 거실 하나, 부엌 하나)의 방이 있었다. 부엌에는 난로가 있었는데, 난방 기능과 엄마가 거실의 아이들을 감시하는 창문 기능을 겸했다. 입주민은 요강을 사용했는데, 오물은 주택 단지를 통과하는 개울에 버렸다. 크레브스는 사생활이 보장되어야 편안하게 살 수 있다는 것을 알고 있었으므로 푸거의 승인하에 일부러 중앙 광장을 만들지 않았다. 크레브스와 푸거는 주택 단지가 어수선한 사회 구조의 축소판이 아니라 그로부터의 피난처가 되길 바랐다.

뒤러는 만년에 예술론에 대한 책들을 저술했는데, 고대 아즈텍 문명의 수도 테노치티틀란의 배치도에 감탄해 도시 계획에 대한 자신의 견해를 밝히기도 했다. 그는 골목이 구불구불하게 연결되어 있고 여러 양식이 혼재된 낡은 중세 도시의 무질서를 거부하고 대칭, 통일성, 비례를 주창했다. 크레브스도 같은 생각이었다. 그는 푸거라이의 지붕 높이를 주위 벽과 맞추었으며, 집들 사이에 직선으로 길을 냈다. 모든 주택을 똑같이 지음으로써 질서정연한 인상을 주고 (설계를 한 번만 하면 되므로) 비용을 절감할 수 있었다. 하지만 집들을 구별하기 힘들다는 단점도 있었다. 크레브스는 집집마다 숫자를 적어 주소를 부여함으로써 이 문제를 해결했다. 고딕체로 된 이 숫자는 아우크스부르크 최초의 지번地番이었다. 같은 취지에서 크레브스는 집집마다 초인종 손잡이를 다르게 만들어서 ― 어떤 것은 구부러졌고, 어떤 것은 네모이고, 어떤 것은 닻처럼 생겼다 ― 입주민이 어둠 속에서도 자신의 집 현관문을 찾을 수 있게 했다. 그는 아우크스부르크 부자들의 주택 못지않은 박공지붕을 얹어 단지에 생기를 불어넣었다. 푸거라이의 소박한 우아함은 여러 곳에서 모방하기도 했다. 비슷한 규모의 연립 주택들이 아우크스부르크를 비롯한 여러 도시에 잇따라 들어섰다.

푸거가 자신을 위한 기념물을 남기고 싶었다면 주택 건설보다 더 근사한 방법을 택했을 것이다. 그는 다른 예배당을 짓거나 성 모리츠 성당의 주임사제인 슈파이저와 같은 또 다른 성직자를 후원할 수도 있었다. 빈민을 돕고 싶었다면 교회의 구제 사업에 자금을 지원할 수도 있었다. 이런 대안들은 16세기에 자선 활동이 이루어지던 공통적인 동기를 만족시켰을 것이다. 그것은 바로 죄책감을 더는 일이었다. 쾰른의 사업가 요한 링크는 유언장에서 동료 사업가들에게 다음과 같은 말을 남겼다. "상업은 양심과 영혼에 버거운 일이다."[12] 이미지 홍보 또한 자선의 동기였는데, 당연히 푸거에게도 그런 의도가 있었을 것이다. 적들이 총구를 겨누고 있었으므로 푸거는 너그러운 이미지를 심어 주고 싶었다. 그는 사람들이 푸거라이 출입문을 지나가고, 단정하게 관리된 주택과 정원을 들여다보고, 분수대에서 뛰어노는 아이들을 보면서 부자인 자신에게도 측은지심이 있다는 것을 알아주기를 바랐다.

푸거는 주택 건설에 관심을 가진 이유를 한 번도 밝히지 않았다. 푸거라이 내규에서 "하느님을 경외하고 사랑하며 일용직과 수공업자를 돕고"자 하는 바람을 확인할 수 있을 뿐이다.[13] 이는 상투적인 표현이었다. 하지만 입주 신청 규정에서 단서를 찾아볼 수 있다. 그리고 예나 지금이나 부자들은 가난한 사람들에게 무엇이 필요한지 자신이 알고 있다고 믿는다. 무엇보다 푸거는 집을 공짜로 내어 주지 않았다. 푸거라이에서 살려면 1년에 1플로린을 내야 했다. 시장 가격의 4분의 1에 불과한 헐값이었지만, 입주민에게는 꽤 부담이 되었다. 푸거의 공장에서 일하는 방직공이 6주를 일해야 벌 수 있는 금액이었기 때문이다. 푸거의 주택 단지에서 살고 싶으면 임대료를 감당할 수 있는 일자리가 있어야 했다.

또 다른 조건은 거지는 안 된다는 것이었다. 아우크스부르크는 거지들로 넘쳐 났다. 주민 중에는 거지가 있는 것을 좋아하는 사람들도 있었다. 그들에게 적선하면 자신의 영혼을 구원받을 수 있다고 믿었기 때문이다. 하지만 푸거는 그렇게 생각하지 않았다. 그는 가난한 사람을 두 부류(도와줄 만한 사람과 도와줄 필요가 없는 사람)로 구분했다. 막일을 하는 날품팔이꾼은 가난하더라도 동정과 도움을 받을 자격이 있었다. 하지만 매일 아침 관문이 열리자마자 아우크스부르크로 쏟아져 들어오는 거지는 그럴 자격이 없었다. 푸거라이에 거지를 들이지 않은 것은 모든 사람에게 노동의 의무가 있다는 푸거의 신념 때문이었다. 이는 일자리를 구하라는 무언의 압력이었다.

시의회도 같은 생각이었다. 푸거 생전에 의회는 구걸에 대해 점점 가혹한 법률을 통과시켰다. 처음에는 집집마다 다니며 구걸하고 교회 층계참에서 잠을 자는 것을 불법화했다. 다음에는 납 목걸이로 된 증명서를 가지고 다니도록 했다. 그다음에는 구걸을 전면 금지했다. 하지만 거지들은 법에도 아랑곳하지 않고 아침마다 아우크스부르크로 기어들어왔다. 경계를 강화하면 막을 수 있었지만 모든 거지를 걸러 낼 수는 없었다. 하지만 도시 안의 도시 푸거라이는 가능했다. 경비원들은 거지가 1명도 들어오지 못하게 막았다.

푸거는 통행금지를 고집했다. 푸거라이의 출입문은 아우크스부르크 관문처럼 밤이면 문을 잠갔다. 늦게 들어오려면 1페니의 벌금을 내야 했다. 벌금의 목적은 주정뱅이와 매춘부가 들어오지 못하게 하려는 것이었다. 술집에서 밤을 보낸 주정뱅이는 벌금을 낼 여력이 없었으며, 화대가 1~2페니에 불과한 매춘부는 푸거라이보다 저렴한 숙소를 찾아야 했다. 푸거는 검소하고 절도 있는 삶을 살았는데, 입주민에게도 같은 삶을 기대했다.

규칙 중에는 이색적인 것도 있었다. 입주민들은 푸거와 그의 조카 그리고 돌아가신 어머니를 위해 기도해야 했다. 제삼자가 기도를 해 주어도 천국에 갈 수 있는 점수가 올라가기 때문이었다. 푸거는 점수를 쌓고 싶었다. 하지만 다른 사람들에 비하면 소박한 요구였다. 아우크스부르크의 성 안톤 호스피스에 있는 사람들은 매일 아침저녁으로 교회에 가서 주기도문과 성모송을 15번씩 1시간 동안 외워야 했다. 식사 전후에는 세 가지 기도를 드려야 했으며, 구내 예배당에서 미사가 열리면 주기도문과 성모송을 50번씩 외워야 했다. 이 규정을 어기면 퇴소당했다. 반면 푸거는 하루 세 번의 기도만 요구했으며, 사생활을 존중해 이행 여부를 양심에 맡겼다. 500명이 자신을 위해 기도하고 있으니 하루 세 번이면 충분하다고 생각했는지도 모른다.

푸거는 푸거라이가 세대를 초월해 유지되도록 출자금을 조성했다. 푸거는 출자를 발표하는 글에서 푸거라이가 '푸거 가문의 이름과 부계父系가 남아 있는 한' 존속될 것임을 명시했다. 그 뒤로 방직공, 양조공, 장난감 장인, 예술가 등이 푸거라이를 집이라고 불렀다. 백정도 최소한 1명은 있었다. 그는 도살대를 문 앞에 내놓았다. 가장 유명한 입주민은 모차르트의 증조부 프란츠였다. 그는 1681년부터

1694년 사망할 때까지 미텔레레 가세 14번지에서 살았다.

푸거 가문의 부계는 18세대가 지나도록 존속하고 있으며, 푸거라이도 건재하다. 지금은 고령의 가톨릭 신자들을 위한 숙소로 이용되고 있다. 푸거 가문은 야코프가 막시밀리안에게 구입한 토지에서 나오는 목재를 팔아 유지비를 충당하고 있다. 입주민은 여전히 1년에 1플로린(85유로)을 납부한다. 푸거 살아생전에 푸거라이로 인한 이미지 제고가 아우크스부르크에 국한되었는지 모르지만 유구한 유산이라는 관점에서 이보다 나은 선택은 없었으리라.

10

자유의 바람

1891년 스탠퍼드대학 총장은 새로 부임한 학교에 걸맞은 표어를 만들고 싶었다. 그는 16세기 독일의 문필가 울리히 폰 후텐의 말을 선택했다. 후텐은 일생 동안 사회 정의를 주창하고 혁명을 선동했다. 데이비드 스타 조던 총장은 후텐의 투쟁과 자신의 학문 자유 투쟁이 일맥상통한다는 사실을 깨달았다. 후텐의 글에는 조던의 사상과 부합하는 문구가 하나 있었다. "자유의 바람이 분다Die Luft der Freiheit weht."[1] 1906년 이래 저 모호한 독일어 문구가 학교 휘장으로 (학교 상징물인) 스탠퍼드 나무를 둘러싸고 있다.

황제 선거 전까지만 해도 푸거의 적들은 재계의 경쟁자, 온갖 입법권자 그리고 거대 기업의 탐욕에 분노한 일부 인문주의자였다. 하지만 선거 이후에는 일반 대중이 비난에 동참했다. 유럽을 휩쓸고 있는 변화에 진저리가 난 노동자들은 푸거를 표적으로 삼았다. 사람들은 스탠퍼드대학의 조던처럼 후텐에게서 영감을 얻었다. 후텐은 푸거를 겨냥한 소책자를 잇따라 발표했다. 푸거에게 후텐은 존 D. 록펠러를 비판한 아이다 타벨과 같은 존재였다. 후텐의 펜 끝에서 푸거는 공공의 적이 되었다.

후텐의 글에는 열정, 정력, 용기가 담겨 있었다. 또 다른 사회비판가 에라스뮈스는 펜을 클래식 피아니스트처럼 휘두르며 엘리트를 염두에 둔 현란한 문장과 완벽한 라틴어를 구사했지만, 후텐은 누구나 들을 수 있도록 나팔을 불었다. 후텐은 1488년 프랑크푸르트 교외에 위치한 한 성의 기사 집안에서 태어났다. 그의 아버지는 어린 울리히에게 전사의 자질이 없음을 깨닫고 그를 학교에 보내 라틴어를 배우고 고전을 읽게 했다. 후텐은 채권자들을 피해 끊임없이 도망 다니며 이 대학 저 대학을 전전하다 방랑 지식인으로서의 길을 걸었다. 그는 옹졸한 집세 논쟁을 야만과 근대의 투쟁으로 탈바꿈시킨 시로 주목을 받았다. 1517년 막시밀리안은 후텐의 작품이 마음에 들어 그를 계관시인으로 임명했다. 막시밀리안은 아우크스부르크에서 임명식을 거행해 후텐에게 월계관을 씌워 주었는데, 푸거 사무소에서 엎어지면 코 닿을 거리였다. 후텐은 떠오르고 있는 젊은이였다. 마인츠의 알브레히트는 외교 사절단으로 파견하기 위해 두뇌 회전이 빠른 사람이 필요했으므로 그를 참모로 고용했다.

후텐은 막시밀리안, 에라스뮈스, 체사레 보르자처럼 매독을 앓았는데, 이 질병이 푸거를 처음 공격한 계기였다. 그는 최초의 의료수기手記로 손꼽히는 에세이에서 자신의 부스럼을 일컬어 "도토리에서 더럽고 악취 나는 물질이 흘러나오는 듯하다"라고 묘사했다.² 흔히 쓰는 치료제인 수은은 사람을 구한 만큼이나 많은 목숨을 앗아갔다. 후텐은 아우크스부르크에서 서인도 토착민들이 유창목 껍질로 만든 안전한 치료제를 사용한다는 사실을 알게 되었다. 그는 이것이 기적의 치료제라고 선포하더니 엉뚱하게도 오트밀을 찬미하고 독일의 향신료 유행을 질타하면서 푸거가 후추 가격을 올린다고 비난했다. 푸거가 나중에 유창목 수입을 독점하고 후텐의 소책자를 판촉에 활용한 사실을 알았다면 후텐은 몹시 화를 냈을 것이다. 푸거라우의 연금술사들과 함께 연구한 선구적 의사 파라셀수스는 훗날 유창목의 효능을 반박했는데, 푸거의 조카들은 파라셀수스를 공격하는 논문으로 이를 반격했다.

후텐은 선거후의 참모로서 수입이 넉넉했으나 안락한 삶에 대한 욕망보다 사명감이 앞섰다. 그는 루터와 합세해 교황권을 공격하고 푸거의 결탁을 폭로했다. "푸거 가문은 매춘부의 군주라 불릴 만한 권리를 사들였다. 자리를 깔고 교황에게 싸게 산 것을 비싸게 되판다. 사제가 되는 가장 수월한 방법은 푸거 가문과 친해지는 것이다. 그들은 로마에서 모든 것을 이룰 수 있는 유일한 자들이다."[3]

후텐이 푸거를 가장 집요하게 공격한 것은 1519년에 나온 《도적들》이라는 대화집에서였다. 후텐은 실제 인물의 입으로 허구를 말하게 하는 고대 그리스의 기법을 동원해 황제 선거 때 치안을 위해 합스부르크 가문에서 고용한 기사 프란츠 폰 지킹겐을 주인공으로 내세웠다. 지킹겐은 카리스마와 지도력을 겸비한 인물로, 잇따른 원정의 성공으로 짭짤한 용병 일자리를 찾는 지원자를 유치했다. 그는 여러 개의 성과 영지를 소유하고 호화로운 생활을 했으며, 지적 호기심이 커서 그의 집은 시인, 음악가, 미술가로 넘쳐 났다. 후텐은 그가 총애하는 시인이었다. 로마는 교황을 적그리스도라고 부른 후텐을 체포하려고 했다. 은신처가 필요했던 후텐은 지킹겐에게 몸을 의탁했다.

지킹겐과 후텐은 몰락해 가는 신분의 기사였다. '기사'라는 단어는 직무인 동시에 신분을 뜻했다. 기사는 최하층 귀족이었지만, 어쨌든 귀족이었으므로 평민에게 없는 특권(이를테면 칼을 휴대할 수 있는 권리)이 있었다. 기사가 지나가면 평민들은 옆으로 비켜서야 했는데, 그렇게 하지 않으면 불경죄로 목숨을 잃을 수도 있었다. 지킹겐이 부유하고 권세가 있기는 했지만 기사의 시대는 이미 저물었다. 총이 널리 보급되어 전장에서 개인적으로 맞붙는 전투의 중요성이 작아졌다. 군주들은 칼을 든 기병보다 보병을 점점 더 높이 평가했다.

일자리를 잃은 기사들은 영지에서 나오는 하찮은 소작료로 먹고살 수 없어 노상강도가 되었다. 그들은 자신의 행위가 부도덕하다고 생각하지 않았다. 자신은 귀족이므로 평민보다 호화롭게 살 자격이 있다고 믿었다. 그 자격을 누리기 위해 사람 목을 베어야 한다면 기꺼이 그렇게 했다. 심지어 자신들의 잔인한 행위를 제국법으로 합법화하려고도 했다(하지만 이들의 시도는 실패했다). 푸거는 기사가 싫었다. 노상강도 때문에 교역에 차질이 생기고 직원들이 운송 업무를 두려워했기 때문이다. 푸거 자신은 강도의 공격에서 살아남았으나 그의 친척과 지인은 희생되기도 했다.

《도적들》에서 지킹겐은 푸거의 직원과 대화를 나눈다. 지킹겐은 푸거가 남을 위해 무엇을 했느냐고 묻는다. 그는 밭을 갈지도 벽을 쌓지도 않았으며, 심지어 대금업자로서 위험을 감수하지도 않았다. 무역상은 팔지 못할 물건을 떠안으면 모든 것을 잃을 수 있지만, 은행가는 책상 뒤에 안전하게 숨어 결코 손해를 보지 않는다. 차입자가 빚을 갚지 못하면 은행가는 그의 재산을 처분해 이익을 남긴다.

푸거의 직원은 격분한다. "우리가? 도적이라고?" 그는 기사야말로 진짜 도적이라고 말한다. 그들은 야만적인 범죄자다. 노상강도가 달리 무엇이겠는가? 지킹겐은 기사만이 수긍할 수 있는 논리로 응수한다. 완력으로 돈을 차지하는 것은 별개 문제다. 그것은 '정직한 도적질'이다. 푸거가 사기로 돈을 버는 것이야말로 진짜 범죄. 지킹겐은 "자네는 힘으로 빼앗지 않고 부정한 수법으로 빼앗지"[4]라고 말한다. 푸거가 돈으로 귀족이 되었다는 대목에서 지킹겐의 분노는 혐오로 바뀐다. 기사는 주군을 위해 목숨을 바쳐 귀족의 지위를 얻는다. 그들은 진정한 귀족이다. 하지만 푸거가 한 일은 무고한 자들을 등쳐 먹은 것뿐이다. 후텐은 자신의 감정을 신랄하게 일반화로 응축했다. "대도는 교수대에 매달리는 자가 아니다. 대도는 사제와 수사, 서기관, 의사, 거상, 특히 푸거 가문이다."

후텐은 집요했다. 《도적들》에 이어 발표한 소책자에서 카를 황제에게 "무역 독점을 철폐하"고, "푸거 가문이 로마로 돈을 빼돌리는 것을 중단하라"고 요구했다. 또 다른 소책자에서는 푸거가 뇌물로 자신의 펜을 꺾으려 들었다고 주장했다. "푸거의 돈은 나의 입을 막지 못한다. 독일의 자유가 걸려 있을 때는 어림도 없다." 후텐의 비판은 대중의 호응을 얻었으며, 인쇄업자들은 사본을 쏟아 냈다. 푸거는 후텐으로 인해 대중의 뇌리에 압제의 상징으로 각인되었다.

푸거를 비롯한 독일의 질병에 대해 후텐이 내놓은 해법은 바로 혁명이었다. 후텐은 옛 질서를 무너뜨리고 중앙 집권화된 권력 구조를 세우자는 운동을 전개했다. 꼭대기에 황제가 있고 기사가 주교와 공작 대신 지방 행정을 맡는 구조였다. 또한 그는 독일 교회를 루터의 원칙에 의거해 세우라고 요구하기도 했다. '야코프 푸거와 조카들'을 비롯한 거대 은행 가문을 해체하라고도 요구했다. 후텐은 여기서 멈추지 않고 우두머리를 처단하라고도 주장했다. 그는 은행가들이 교수대에 오르는 것이 마땅하다고 했으며, 혁명을 일으키거나 시도하다 죽겠다고 맹세했다. "그들이 내 목숨을 노리더라도 멈추지 않을 것이다."

루터는 후텐 못지않게 변화를 원했지만 폭력에 호소하는 것에는 반대했다. 그는 후텐을 평화적 방법으로 이끌고자 했다. 루터는 친구에게 쓴 편지에서 후텐의 무력 호소를 언급했다. "후텐이 무엇을 원하는지 보라고. 나는 복음을 위해 불과 활로 싸우기를 바라지 않네. 그에게 이런 취지로 편지를 썼네."[5] 루터는 《도적들》이 발표된 그해에 《고리대금에 대하여》에서 나름의 방식으로 거대 기업을 공격했다. 후텐이 부유한 상인을 죽이고 싶어 한 반면 체제의 일원인 루터는 가격 조정이라는 형태로 규제하는 방식을 제안했다. 루터는 상인이 자신의 노력에 대해 비용과 노동자 임금에 해당하는 적은 금액의 대가만을 청구해야 한다고 주장했다. 그는 이 규칙을 집행하는 방법으로 자율 규제를 옹호했는데, 정부 관료가 쓸모없다는 이유에서였다. 루터는 다음과 같이 풍자했다. "우리 독일인은 그것 말고도 할 일이 너무 많다. 음주가무에 여념이 없으니 말이다." 하지만 루터의 평화주의는 거기까지였다. 만약 정부가 명백한 위반자를 적발하면 교수형에 처해야 한다는 것이 그의 입장이었다.

루터의 처방에서는 인간의 동기에 대한 절망적 오해를 엿볼 수 있다. 합리적인 사업가 중에서 노동자 임금만 보전받겠다고 공장을 짓거나 (심지어) 방직기를 사는 사람은 없을 것이다. 하지만 루터가 나열한 사기 행위 목록―가격 담합, 독점, 저울눈 속이기―은 현실과 동떨어져 있다. 루터는 상인들이 이런 "위험하고 사악한 수단"으로 고객을 "등쳐 먹는다"고 썼다. 이름을 거론하지는 않았지만 항상 푸거를 염두에 두고 있었을 것이다. 경쟁자를 몰아내려고 가격을 낮춘 상인이 누구인가? 푸거 아닌가. 사재기를 일삼는 상인은 누구인가? 이 또한 푸거 아니겠는가. '이웃을 전혀 돌보지 않은' 상인은 누구인가? 푸거는 푸거라이를 들며 아니라고 반박할지도 모르지만, 그의 가난한 이웃들은 그에게서 더 많은 자선을 기대했을 것이다. 루터는 1520년에 발표한 〈독일 민족의 그리스도교도 귀족에게 보내는 연설〉에서 제후들에게 거대 기업을 무너뜨리라고 탄원한다. 이번에는 돌려 말하지 않고 "푸거의 입에 재갈을 물려야 한다"며 푸거를 직접 공격했다.

❧

루터는 푸거를 직접 공격하지 않았어도 그의 눈에 띄었을 것이다. 신기술인 인쇄술을 적극적으로 이용했기 때문이다. 1450년 구텐베르크가 인쇄기를 처음 제작했지만 그것이 본격적으로 이용되기 시작한 것은 1520년대 들어서부터였다. 여기에는 루터가 큰 몫을 했다. 루터는 인기가 많았으며, 독일어로 쓴 소책자를 엄청나게 쏟아 냈기 때문에 인쇄업자들은 분주히 움직여야 했다. 1513년 독일 내 인쇄기가 찍어 낸 독일어 인쇄물은 35종에 불과했다. 하지만 1520년에는 208종을 인쇄했는데, 그중 133종이 루터의 글이었다. 루터의 설교와 고발, 묵상이 인쇄되어 유포되면서 많은 추종자가 생겼다. 독일 전체가 그를 지지하는 것처럼 보였다. 주독일 교황 사절은 로마에 "10명 중 9명은 루터를 지지하고, 1명은 교황을 증오한다"[6]라고 보고서를 보냈다. 1521년 푸거는 루터를 만날 두 번째 기회가 있었다. 그 해 제국의회는 아우크스부르크에서 열릴 차례였다. 하지만 교통 문제 때문에 선거후들은 라인란트의 보름스시로 장소를 옮겼다. 노회한 정치인이라면 대중 정서를 고려해 루터와 우호적인 관계를 유지했을 것이다. 하지만 카를 황제는 스페인에 머물고 있었으므로 면죄부와 성직 매매를 심각하게 생각하지 않았으며, 그 때문에 자연스럽게 루터를 이단자로 여겼다. 게다가 교황은 루터의 머리를 원했으며, 카를은 교황을 원했다. 프랑스에 맞설 동맹으로서 그가 필요했던 것이다. 그래서 카를은 루터에게 자신과 선거후 앞에 나타나라고 명령했다. 루터에게 철회할 기회를 한 번 더 주려는 것이었다.

후텐은 교황의 체포 영장이 발부된 상황에서 보름스에 잠입해 청문회가 열리기 전날 밤 루터를 만났다. 그는 루터에게 혁명을 주도하라고 간청하며 끝까지 따르겠노라 맹세했다. 지금은 공격할 때라는 것이었다. 후텐은 루터에게 민중은 황제를 좋아하지만 제후와 로마 그리고 부유한 상인들을 증오한다고 말했다. 후텐은 농민이 기사와 손을 잡으면—신분 장벽과 기사의 우월감을 보건대 두 계층이 연대할 가능성은 희박했다—독일을 점령하고 악을 몰아낼 수 있다고 덧붙였다. 하지만 루터는 그의 제안을 거부했다. 그는 제후와 싸우고 싶지 않았다. 제후가 자신과 손잡고 로마에 맞서길 바랐다.

루터가 보름스 회의에 모습을 나타낸 사건은 종교개혁의 본보기였다. 루터는 체포되어 이단으로 화형당할 위험을 무릅쓰고 카를과 자신의 고발자들 앞에 그리고 사람들로 가득한 회의장 앞에 나타났다. 그는 4년 전 푸거 궁에서 추기경과 맞섰을 때처럼 전향을 거부했다. 양심이 허락하지 않는다는 이유에서였다. 루터가 이를 선언한 문구는 그를 불멸의 존재로 만들었다. 루터가 말했다. "저는 여기에 섰습니다. 그 밖에는 무엇도 할 수 없습니다."

밖에서는 루터의 지지자들이 모여들어 소란을 피웠다. 루터가 모습을 드러내자 군중이 환호를 보냈다. 프리드리히 현공이 인파를 헤치고 나아가 루터에게 은잔에 담긴 맥주를 축하주로 건넸다. 프리드리히는 그 순간을 즐겼다. 자신의 부하가 잘 해냈으니 말이다. 하지만 나머지 제후와 푸거는 두려워할 이유가 충분했다. 반란 세력은 보름스의 벽에 가죽신 그림을 그렸는데, 이는 '분트슈Bundschuh', 즉 농민 혁명 운동의 상징이었다. 가죽신 그림은 엘리트를 오싹하게 만드는 일종의 경고였다. 루터는 비폭력을 지지했지만 기득권층에 맞서 승리함으로써 불가능이란 없다는 것을 입증했다. 후텐이 루터가 무장봉기를 이끌어 주기를 바랐을 때 루터는 그의 말을 무시했다. 하지만 분트슈 추종자들에게 "저는 여기에 섰습니다. 그 밖에는 무엇도 할 수 없습니다"라는 말은 협상에 의한 해결을 요구하는 것이 아니었다. 그것은 공격을 허락하는 신호였다.

푸거의 조카 울리히는 보름스에서 그를 대리하고 있었다. 루터의 드라마에 비하면 울리히의 제국의회 활동은 하찮아 보였을 것이다. 하지만 푸거에게는 매우 중요한 의미가 있었다. 푸거는 스페인의 조세 수입으로 대출금을 상환받을 수 있는 가망이 희박했으므로 울리히에게 다른 상환 방법을 찾아보라고 명령했다. 울리히는 합스부르크 가문과 계약을 맺었지만 푸거의 기대에는 미치지 못했다. 카를은 선거 비용과 그 밖의 채무로 60만 플로린을 빚지고 있다는 것을 인정했다. 하지만 한꺼번에 전액을 상환하지 않고 3분의 2인 40만 플로린을 열아홉 살의 동생 페르디난트 대공에게 떠넘겼다. 페르디난트는 오스트리아의 통치자였는데, 채무 변제를 위해 광산업 허가를 몇 년 더 연장하는 데 동의했다. 카를은 나머지 20만 플로린에 대해서는 일이 잘되면 갚겠다고 했을 뿐 상환 계획에 대해서는 전혀 언급하지 않았다. 만족스럽지는 않았지만 숨통은 트이는 결과였으며, 푸거는 사촌들과 같은 비극적 운명은 피할 수 있었다.

카를은 계약의 일환으로 푸거에게 자리를 하나 내주었다. 아우크스부르크에서는 개인이 인쇄기를 소유했는데, 언론 자유의 위험을 인식한 카를은 인쇄기를 몰수해 푸거에게 운영권을 주었다. 황제는 푸거에게 통제권을 부여함으로써 루터와 후텐 등 자신이나 교황에게 반대하는 자들을 검열하고자 했다. 하지만 그와 푸거가 깨달았듯이 인쇄기를 통제한다고 해서 반대 목소리를 잠재울 수는 없었다.

보름스 회의에서 고무된 후텐은 단순한 비판에서 한 발 더 나아가기를 원했다. 그는 행동을 취하고 싶었다. 후텐은 루터에게 퇴짜 맞은 뒤 유력한 기사 지킹겐에게 혁명 주동을 권유하는 데 열정을 쏟왔다. 지킹겐은 학식이 짧았지만 사상에는 관심이 많았다. 그는 저녁마다 촛불 아래에서 후텐과 식사를 했으며, 후텐은 그에게 루터와 자신의 글을 읽어 주었다. 지킹겐은 처음에는 후텐의 반란 모의를 웃어넘겼다. 하지만 후텐은 조금씩 그를 혁명가로 변모시켰다. 두 사람의 저녁 식사 대화 주제는 싸울 것인가, 말 것인가가 아니라 어떻게 싸울 것인가였다. 지킹겐은 기사들을 성으로 초대했다. 지킹겐과 달리 돈과 가진 것이 없었던 그들은 영주에 대해 더 분개했으며, 기꺼이 전쟁에 참여할 것을 맹세했다. 푸거의 적 후텐은 마침내 원하는 것을 손에 넣었다. 싸울 기회를 잡은 것이다.

동시대인들은 이 전쟁을 '기사 전쟁'이라고 불렀다. 기사들은 영토나 권력을 위해서가 아니라 사상과 제도를 위해 싸웠다. 기사 전쟁은 체제를 송두리째 위협하는 계급 전쟁이었다. 게오르크 공작의 보좌관은 독일 제후가 이 정도의 위협에 처한 것은 수세기 만이라고 기록했다. 푸거는 기사 전쟁으로 새로운 국면을 맞이했다. 푸거가 과거에 군사 작전을 후원한 것은 고객을 위해서였지만 이번에는 다름 아닌 자신을 위해서 자금을 지원했다. 푸거는 후텐이 뒤집으려는 체제의 화신이었다. 체제가 무너지면 푸거도 무너질 것이었다. 그는 지켜야만 했다.

기사들은 트리어를 최종 목표로 정했다. 트리어는 룩셈부르크와 가까웠으며, 선거후인 리하르트 폰 그라이펜클라우 주교에게 속해 있었다. 푸거는 그라이펜클라우를 황제 선거에서 처음 만났다. 막시밀리안이 카를을 위해 약속한 후한 뇌물을 푸거가 보증하는 자리에 그도 함께 있었다. 푸거는 그라이펜클라우에게 표 값으로 4만 700플로린을 제공했다. 지킹겐이 주교이자 선거후인 그라이펜클라우를 공격하는 것은 교황 권력과 세속 권력을 한꺼번에 상대하는 셈이었다. 지킹겐은 트리어를 쉽게 공략할 수 있을 것이라고 판단했다. 나머지 교회 선거후—마인츠의 알브레히트와 쾰른의 헤르만—는 당연히 그라이펜클라우의 편이었으나 싸우려는 의지가 없었다. 지킹겐은 그라이펜클라우가 외로운 싸움을 벌일 것이라고 예상했다.

또한 지킹겐은 성안에서 도움의 손길을 기대했다. 루터와 후텐에게 감화된 트리어 주민들이 기사들의 편을 들 것이므로 자신은 불꽃을 일으키기만 하면 된다고 생각했다. 그는 확신에 가득 찬 채 트리어를 장악하면 라인강을 따라 전쟁을 벌일 계획을 세웠다. 그곳에서 독일 전역으로 혁명을 확대할 작정이었다. 지킹겐은 야망을 이루기 위해서는 인적·물적 자원이 필요했으므로 반바티칸 정서가 팽배한 스위스로 후텐을 보내 자금을 마련하도록 했다.

기사들은 1만 명에 이르렀으며, 도시를 쉽게 점령하며 트리어를 향해 나아갔다. 하지만 트리어는 호락호락하지 않았다. 지킹겐은 공격하는 입장이었으므로 자신이 전투 시기를 선택할 수 있었으나 전투 방법은 마음대로 결정할 수 없었다. 기사들은 평지에서 말을 타고 적과 맞서는 쪽을 선호했다. 미카엘 축제일이 다가오고 있었다. 칼과 방패로 사탄을 물리친 대천사 미카엘보다 지킹겐에게 어울리는 역할은 없었다. 지킹겐의 바람은 목숨을 건 극적인 전투에서 그라이펜클라우와 일대일로 맞붙는 것이었다. 그러면 세상은 누가 살 자격이 있고, 누가 죽어야 하는지 알게 될 터였다. 하지만 트리어는 평지 전투가 아니라 수성전守城戰을 택했다. 전투 결과는 칼이 아니라 대포의 화력과 탄약 비축량에 달려 있었다. 포격전에서 기사는 무용지물이었다. 이제 지킹겐이 믿을 것은 대포뿐이었다.

도시에 이른 지킹겐은 알메이다가 몸바사를 공격하듯 포격을 퍼부었으나 성과는 그에 미치지 못했다. 그는 비로소 그라이펜클라우를 과소평가했음을 깨달았다. 그라이펜클라우는 전사 교황 율리우스 2세처럼 사제보다 싸움꾼에 가까웠다. 포위가 임박해지자 그라이펜클라우는 탑과 성벽, 무기를 점검했다. 그는 연설로 사기를 북돋웠으며 주교복을 벗고 갑옷을 입었다. 그는 전투가 시작되자 직접 병사들에게 발포 명령을 내렸다. 지킹겐은 트리어 주민들에게 반란을 선동하는 편지를 담장 안으로 던져 넣었지만 주민들은 그를 무시하고 주교 편을 들었다. 금세 화약이 바닥나자 지킹겐은 에베른부르크로 물러나 겨울이 끝나길 기다리며 다음 공격을 위해 힘을 비축했다.

푸거와 동맹군은 한 발 앞서 움직였다. 푸거는 남독일의 평화를 지킨 슈바벤동맹에 전투 자금을 지원했다. 동맹은 자신들의 영토에서 반란군을 하나씩 몰아냈다. 지킹겐은 동지들이 죽거나 투옥되자 에베른부르크에서 란트슈툴의 더 견고한 성으로 달아났다. 그라이펜클라우는 그를 쫓아가 사암 벽을 대포로 공격했다. 포탄에 맞은 지킹겐은 지붕 기둥에 부딪혀 옆구리가 터졌다. 지킹겐은 말 그대로 대포알에 쓰러진 채 마지막으로 그라이펜클라우와 극적으로 조우했다. 하지만 그는 죽어 가고 있었으며, 그라이펜클라우는 잔해를 밟고 올라 그에게 항복을 받았다. 공작이 그에게 물었다. "나와 우리 가련한 백성을 공격하고 피해를 준 것은 어떤 이유에서냐?"[7] 지킹겐은 가쁜 숨을 몰아쉬며 간신히 대답했다. "이야기하자면 너무 길지만, 이유 없이 한 일은 하나도 없다. 나는 이제 더 위대한 주님 앞에 설 것이다."

　지킹겐은 그날 숨을 거두었다. 그의 죽음으로 기사들은 정치적 신분으로서의 힘을 잃었으며, 중세의 이 화려한 흔적은 역사의 뒤안길로 사라졌다. 제후들은 성에서 기사를 쫓아내고 다시는 돌아오지 못하게 했다. 영주들은 슈바벤과 바이에른에서만 26곳의 성을 점령했으며, 필요 없는 성은 파괴했다. 압스베르크에서는 성에 불을 질렀으며, 크루겔슈타인 성은 2.4미터짜리 벽에 화약을 설치해 지붕을 날려 버렸다. 아우크스부르크 경비대장은 부하들을 숲으로 보내 발트슈타인의 옛 성을 폭파시켰다. 기사 전쟁에서 승리한 푸거는 선동가 후텐의 시대를 끝장냄으로써 직접적인 위협에서 벗어날 수 있었다. 3개월 뒤 후텐이 아직 스위스에 머물고 있을 때 푸거의 나무껍질 약효가 듣지 않아 매독으로 세상을 떠났다. 그가 가지고 있던 것은 펜 하나뿐이었다. 하지만 폭력 투쟁을 향한 그의 꿈은 더 크고 더 예측 불가능한 세력의 심장에서 살아남았다. 푸거와 상인들에 대한 이들의 증오는 후텐을 능가했다. 이들은 후텐의 잠재적 동맹이자 사회의 대다수를 차지하고 있는 최하층으로 분트슈의 추종자였다. 바로 농민이었다. 이들의 분노가 부글부글 끓어오르고 있었다.

　르네상스 시대에 새로이 등장한 전문가 집단은 금세 대중의 놀림거리가 되었다. 대중은 그들의 거만한 태도와 화려한 복장을 증오했다. 라틴어와 난해한 논증도 증오했다. 후텐은 그들을 '허풍선이'라고 불렀다.[8] 한 문필가는 그들을 메뚜기에 비유하기도 했다. "그들은 메뚜기처럼 해마다 증식한다." 이들을 혼란의 씨앗으로 표현한 사람도 있었다. "나라에 그런 자가 1명만 있어도 그의 농간은 나라 전체를 혼란에 빠뜨린다. 하물며 무리를 이루었다면 어떤 불행을 가져오겠는가."

이 허풍선이, 메뚜기, 불행을 가져오는 자는 누구였을까? 다름 아닌 변호사였다. 그들은 교회법의 늪에서 솟아나 푸거 시대 세상에 등장했다. 이들이 등장한 것은 자본주의의 출현과 무역의 성장으로 인해 새롭고 근대적인 법체계와 이를 이해하는 전문가가 필요해졌기 때문이다. 옛 법체계인 관습법은 상식으로 분쟁을 해결하고, 고문으로 자백을 받아 냈다. 이 방법은 모두가 아는 사이였던 봉건 영지에서는 잘 통했지만, 중세에서 근대로 전환하는 사회 변화에는 발맞추지 못했다. 사회는 새로운 체제를 만들기보다는 상업에 활용할 수 있을 만큼 융통성이 크고, 옛것에 대한 르네상스 시대의 무조건적 사랑에 들어맞는 과거의 체제를 가져다 변형시켰다. 그것은 유스티니아누스 1세가 제국을 다스리고 이집트에서 잉글랜드까지 공통의 규칙을 적용하기 위해 529년에 제정한 로마법이었다.

로마법과 관습법은 소유권에 대한 견해가 정반대였다. 기독교적 가치에 바탕을 둔 관습법은 소유를 공동체의 관점에서 보았다. 소유하는 자에게는 그것을 나눌 의무가 있었다. 영주의 밭을 일구는 농부는 영주의 밭에서 사냥하고 개울에서 고기를 잡을 수 있었다. 모든 것이 모든 사람의 소유였다. 반면 로마법은 공동체보다 개인을 존중했으며, 소유자의 의무 대신 특권을 강조했다. 로마법 아래에서 영주는 농부에게 노동의 대가를 지급했으며, 농부가 자신의 밭에서 사냥을 하고 싶어 하면 그에게 사용료를 부과했다. 로마법 체계는 사적 소유를 인정했으므로 자본주의에 잘 들어맞았다. 제후들이 로마법 체계를 좋아한 이유는 재산을 전보다 많이, 그것도 독차지할 수 있었기 때문이다. 부유한 상인들이 좋아한 이유는 유능한 변호사가 있으면 교묘한 변론으로 상식을 뒤집어 패할 수밖에 없는 사건을 이기게 해 주었기 때문이다. 야심 찬 꿈을 가진 부모들은 자식이 법조계로 진출하면 부자가 될 수 있었으므로 로마법 체계를 좋아했다. 그들은 자식이 언젠가 제국의 참사관이나 시의원, (푸거 같은) 부자의 손발이 되기를 꿈꿨다. 독일 대학은 법학을 공부하는 학생으로 가득했다. 하지만 일반인은 새로운 체계를 증오했다. 농민, 광부, 도시 노동자는 로마법 체계의 목적이 정의가 아니라 약탈이라고 생각했으며, 자유롭게 살고자 하는 사람에게 알맞지 않은 책략이라고 생각했다. 그들이 보기에 로마법은 노예와 주인을 위한 체계였다.

✢

1522년에 열린 뉘른베르크 제국의회의 메인이벤트는 루터의 궐석 재판이었다. 프리드리히 현공은 루터를 재판정에 넘기라는 요구를 거부했다. 루터는 그의 주선으로 융커 외르크라는 가명으로 튀링겐의 바르트부르크 성에 몸을 숨기고 수염을 길러 변장했다. 카를은 한 해 전에 루터를 체포할 수 있는 기회가 있었으나 제국의회에 출석하면 신변을 보장하겠다는 맹세를 지켰다.

루터에 대한 황제의 근심이 깊어지는 가운데 푸거를 비롯한 은행가들을 조사하겠다는 황제의 선거 공약을 이행하기 위한 제국의회 특별위원회가 구성되었다. 위원회는 몇 해 전 한자동맹 문제가 제기되었을 때와 마찬가지로 재벌의 손발을 묶는 입법을 계획했다. 푸거는 황제가 자신을 보호해 줄 것이라는 확신을 할 수 없었다. 막시밀리안은 그의 손바닥 안에 있었으나 카를은 호락호락하지 않았다. 푸거는 카를을 만난 적도 없었다. 카를이 어떻게 나올지 예측할 수 없었으므로 푸거는 나름의 방식으로, 즉 변호사를 내세워 위원회와 맞섰다.

변호사들은 뉘른베르크 제국의회의 반독점위원회에 소속되었다. 그들은 독점에 대한 로마의 입장을 알고 있었다. 위원회는 현학을 과시해 '독점'의 그리스어 어원('모노스μόνος'는 '하나'를, '폴레오πωλέω'는 '무역'을 뜻한다)을 거론하며 은행가 청문회를 개회했다. 법률 논쟁은 한풀이의 자리가 되었다. 위원회는 금융업자들이 '노상강도와 도둑을 모두 합친' 것보다 경제에 더 해롭다고 말했다. 그러면서 아우크스부르크의 은행가 바르톨로메우스 렘을 예로 들었다. 그는 몇 달 전 푸거의 경쟁자 호흐슈테터의 마차를 탈취한 인물로, 당국에 체포되었으나 간수를 매수해 달아났다. 위원회는 이 사건이 금융업자들의 전형적인 사업 방식을 보여 주는 것이라고 단언했다. 첫째, 그들은 법을 어겼다. 둘째, 그들은 돈으로 문제를 해결했다. 독일에서 제일가는 은행가인 호흐슈테터가 그 사건의 피해자라거나 렘 같은 사기꾼을 처리할 방법이 이미 법률에 명시되어 있다는 등의 반론은 통하지 않았다. 그들은 무슨 일이 있어도 은행가들을 제압하고 싶어했다.

푸거는 최고의 변호사 콘라트 포이팅거를 고용했다. 포이팅거는 볼로냐에서 법학 학위를 받은 뒤 아우크스부르크시 서기관을 지냈다. 일찍이 고셈브로트를 비롯한 비운의 구리 카르텔에 법률 지원을 했고 막시밀리안을 위해 허드렛일을 하기도 했다. 몇 해 전─후텐이 선동가가 되기 전─후텐을 계관 시인으로 천거한 사람이 바로 포이팅거였으며, 그의 딸이 후텐의 머리에 월계관을 씌워 주었다. 포이팅거는 시간이 나면 아우크스부르크를 돌아다니며 고대 로마의 명문銘文을 찾아 번역했다. 그의 수집품 중에는 5세기에 로마가 건설한 유럽 횡단 도로 체계를 묘사한 포이팅거 지도가 있다.

포이팅거는 제국의회에서 높은 후추 가격이 유감스럽기는 하지만 이를 은행가 탓으로 돌리는 것은 부당하다고 말했다. 원인은 포르투갈 왕이 공급을 제한했기 때문이라는 것이다. 포이팅거는 상인들이 비용을 보전받지 못하면 후추를 아예 구할 수 없음을 상기시켰다. 높은 금속 가격에 대해서는 그 덕에 광산주들이 높은 임금을 줄 수 있으므로 사회에 유익하다고 주장했다. 포이팅거는 시장이 복잡하고 규제하기 어려우므로 은행가들을 내버려 두라고 충고했다. 입법으로 인해 예상치 못한 결과가 생길 수도 있지 않은가? 하지만 위원회는 요지부동이었다. 그들은 '모노스'와 '폴레오' 두 단어를 내세워 은행가들이 법령을 어겼다고 선언했다.

실마리를 푼 것은 정치였다. 아우크스부르크, 프랑크푸르트, 쾰른 등 거대 기업의 혜택을 입은 도시의 대표자들은 포이팅거의 주장을 옹호하고 현 상태와 맞서 싸웠다. 하지만 소기업의 옹호 세력이 위원회를 지배하고 있었으므로 그들에게는 표가 부족했다. 위원회는 자산이 5만 플로린 이상이고, 지점이 3곳 이상인 기업의 상업 활동을 제한하는 법안을 초안했다. 이 법률이 시행되면 푸거는—그의 자산은 200만 플로린이 넘었으며, 지점은 수백 곳에 이르렀다—막후에서 나와 직물 판매업으로 돌아가야 할 터였다.

푸거는 포이팅거를 고용해 정정당당한 승부를 시도했으나, 이 방법이 실패하자 확실한 옛날 수법으로 돌아가 유력 의원들을 매수해 법안을 철회하고자 했다. 그는 문제가 일거에 해결되기를 바랐다. 하지만 절반의 성공이었다. 제국의회는 조치를 취하기 전에 해산되었으나 애석하게도 수석 제국검찰관 카스파르 마르트가 바통을 넘겨받았다. 마르트는 로마법을 거론하면서 은행가들에게 법정에 출석해 재판을 받으라고 명령했다. 마르트는 뉘른베르크에서 살았기 때문에 고리대금 논쟁에 불을 지핀 뉘른베르크 지식인 집단의 영향을 받았다. 그는 푸거의 소환 통지서를 아우크스부르크 시청 출입문에 붙였다. 목적은 푸거에게 창피를 주려는 것으로 일종의 언론 플레이였다.

마르트의 공격에 격분한 푸거는 평소의 침착함을 잃었다. 한 제국 관료는 그의 "심기가 매우 불편했다"고 말했다. 카를이 아직 그에게 빚을 지고 있다는 사실이 사태를 악화시켰다. 푸거가 이후에 저지른 행동은 그의 성품으로 보건대 납득할 만하다. 마르트와 맞서던 1523년 봄 푸거는 카를에게 신랄한 내용의 독촉장을 보냈다. 푸거는 카를에게 상환을 강제할 수 없었으며, 카를이 수석재판관으로 있는 법원은 전혀 도움이 되지 않았다. 이에 푸거가 할 수 있는 일은 카를의 체면에 호소하고, 그가 채권자에게 평판을 유지해야 한다는 사실을 역이용하는 것뿐이었다. 당시의 분위기와 세계 제일의 권력자인 카를의 지위로 보건대 편지의 직설적 어조는 충격적이다. 푸거가 관례를 따르기는 했지만, 루터가 알브레히트 대주교에게 보낸 편지와 달리 이 편지에서는 티끌 운운하는 비굴함을 찾아볼 수 없다. 편지의 어조에서 보듯 푸거는 카를의 처지에 대해, 즉 푸거를 만족시켜야만 한다는 사실을 깨달을 것이라고 확신하고 있었다. 하지만 우선 카를의 뺨을 한번 올려붙여야 했다.

지극히 고귀하고 전능하신 로마 황제이자 지극히 너그러운 군주이시여!
폐하께서는 소신과 조카들이 늘 오스트리아 황실을 모시고 절대적 복종으로 황실의 안녕과 부흥을 진작하고자 함을 잘 알고 계실 것입니다. 그런 연유로 저희는 폐하의 조부이신 전前 황제 막시밀리안을 받들어 폐하께 황제관을 씌워드렸으며, 여러 제후에게 충성을 맹세했나이다. 그들은 저를 누구보다 신뢰했습니다. 폐하께서 임명하신 대리인들이 앞서 언급한 임무를 완수하려고 노력할 때 저희 또한 거금을 쾌척했나이다. 이것은 저와 조카뿐만 아니라 저의 훌륭한 벗들이 큰 비용을 들여 마련한 것으로, 이를 통해 빼어난 귀족들이 폐하의 존엄과 안녕을 달성하는 데 성공했습니다.
소신이 없었다면 폐하께서는 황제관을 쓰지 못하셨을지도 모릅니다. 이는 폐하의 모든 대리인이 서면으로 입증하는 바입니

다. 또한 이 모든 일은 저의 유익을 도모하고자 함이 아니었습니
다. 소신이 오스트리아 황실에 대한 후원을 거두어 프랑스로 옮
겼다면 큰 이익과 거금을 챙겼을 것이외다. 당시 그런 제안을 받
았으니 말입니다. 하지만 그로 인해 오스트리아 황실이 어떤 불
이익을 받게 되었을지는 폐하께서 곰곰이 생각해 보시면 이해
할 수 있을 것입니다.

이 모든 사정으로 보건대 소신이 존경심을 담아 폐하께 요청드
리는 것은 폐하의 안녕을 위한 소신의 충실하고 비천한 활약을
너그러이 감안하시어 제가 지불한 금액에 이자까지 계산해 지
체 없이 상환토록 명령하시는 것입니다. 겸손을 다하여 폐하께
성심을 다할 것을 맹세드리며, 늘 폐하의 충실한 신하임을 자처
하나이다.

폐하의 가장 비천한 종. 야코프 푸거[9]

편지는 즉시 효과를 발휘했다. 카를은 검찰관 마르트에게 서한
을 보내 푸거와 은행가들에 대한 기소를 취하하라고 명령했다. 그의
말은 단도직입적이었다. "상인들이 고발당하는 일은 결코 허락하지
않을 것이다."[10]

❦

카를이 푸거를 보호한 데서 한 가지를 알 수 있다. 사업가가 증
오를 사서 개혁가들이 그의 머리 가죽을 벗기라고 외칠 지경이 되면

통치자를 자신의 편으로 만드는 것이 좋다. 카를이 제지하지 않았다면 마르트와 그의 지지자들은 푸거를 감옥에 처넣었을 것이다. 푸거는 꼭 필요한 존재였던 덕분에 목숨을 건졌다. 막시밀리안에게는 푸거가 절실히 필요했으므로 이따금 누가 결정권자인지 모호할 때가 있었다. 카를도 푸거를 자신의 편에 두는 것이 이롭다는 사실을 깨달았다. 하지만 황제의 보호가 모든 것을 해결해 주지는 못했다. 스스로 싸워야 하는 경우도 있었다.

카를이 뉘른베르크에서 방패막이가 되어 준 지 1년이 채 지나지 않은 1524년 8월 6일, 아우크스부르크에서는 5시에 해가 떠 도시의 하루가 시작되었다. 푸거는 8시에 창가에 서서 시청 밖의 시위대를 바라보고 있었을 것이다. 그들은 이 영광의 도시에서 근근이 입에 풀칠하는 노동자들이었다. 그날 1300명이 광장에 모였는데—아우크스부르크 주민 20명 중 1명꼴이었다—다들 푸거에게 화가 나 있었다.

시위대는 푸거가 모든 것을 가진 반면 자신들은 아무것도 없고, 그가 꿩고기를 먹는 반면 자신들은 귀리로 연명하고, 그가 모피를 입는 반면 자신들은 넝마를 걸치는 것이 부당하다고 생각했다. 그들은 푸거가 빈민을 등쳐서 부자가 되었다는 후텐의 고발에 동의했다. 하지만 그들의 당면한 관심사는 사회적 평등이 아니었다. 그들이 화가 난 이유는 자신들의 사제(요하네스 실링이라는 포퓰리스트 개혁가)를 푸거가 쫓아내려고 했기 때문이다. 푸거의 계략이 밖으로 새어 나가자 그들은 시청으로 향했다.

실링은 프란체스코회에서 도시 빈민을 위해 설립한 맨발의 수사 교회에서 설교했다. 아우크스부르크의 사제 중 상당수가 루터에 동조했지만 실링은 그중에서도 가장 강경했다. 그는 교인들에게 로마를 무시하고 성경에서 진리를 찾으라고 말했다. 교인들은 고개를 끄덕였다. 성경이야말로 면죄부와 성유물, 성모송보다 구원에 이르는 더 확실한 길이었기 때문이다. 그들은 실링의 설교에 감화되어 로마와 단절하고 그와 더불어 기존 제도를 무너뜨리고 싶어 했다. 이에 놀란 푸거는 실링을 도시에서 쫓아내려고 했다.

숫자는 실링 편이었다. 아우크스부르크 주민의 90퍼센트 가까이는 빈민이거나 빈민과 다를 바 없는 처지였다. 하지만 시 당국의 관심사는 푸거를 비롯한 부자들뿐이었다. 관리들은 꿈쩍도 하지 않고 군중에게 사제가 떠나야 한다고 말했다. 이튿날 군중이 칼과 검, 쇠스랑을 들고 돌아왔다. 긴장이 고조되자 푸거는 결단을 내려야 했다. 한 가지 방안은 궁에 머물며 시위대가 자신을 내버려 두기를 바라는 것이고, 또 다른 방안은 교외에 있는 자기 소유의 여러 요새 중 가장 가까운 비버바흐 성으로 달아나는 것이었다. 달아나는 것은 노상강도를 만날 위험이 있었다. 돈으로 강도를 달랠 수도 있지만, 자포자기한 자들이라면 매복해 있다가 푸거의 마차가 나타나면 귀중품을 빼앗고 그의 목을 딸지도 모를 일이었다. 집에 머물러야 하는 또 다른 이유는 건강이었다. 당시 푸거의 나이는 예순다섯 살로 늙고 쇠약했다. 형제 여섯은 모두 세상을 떠났으며, 지구본과 회중시계, 매독 이전의 세상을 기억하는 사람도 거의 없었다. 푸거는 길에서 죽을 수도 있었다. 그래도 위험을 감수할 만한 가치는 있었다. 비버바흐의 두터운 성벽 뒤에 숨으면 시위대가 그를 건드릴 수 없었기 때문이다. 그를 몰아내려면 대포를 쏘아야 하는데 대포는 정부만 가지고 있었다. 거리의 소음이 커져 가자 푸거는 모자를 챙기고 말을 내오라고 한 뒤 마차로 향했다.

시 서기관이자 푸거의 변호사인 포이팅거가 시위대와 협상을 벌였다. 포이팅거는 전에도 이 같은 상황을 경험한 적이 있었다. 3년 전 그와 시의회는 또 다른 프란체스코회 사제 우르바누스 레기우스가 루터의 교리를 설교한다는 이유로 추방했었다. 포이팅거는 군중이 실링을 버리면 레기우스를 데려오겠다는 타협안을 제시했다. 하지만 시위대는 실링을 더 좋아했기 때문에 요지부동이었다. 레기우스는 지식인이었으나 실링은 마음에서 우러난 설교를 했다. 따라서 사람들은 실링의 열정에 공감할 수 있었으나 지적인 레기우스에게는 거리감을 느꼈다. 그들은 실링의 말에 따라 성수에 소금을 뿌리고 성경을 찢었다. 포이팅거는 별 도리가 없었다. 결국 실링을 머물게 하는 데 동의했다.

하지만 포이팅거의 굴복은 속임수였다. 그의 목적은 단지 군중을 해산시키는 것이었다. 사흘 뒤 시장市長은 갑옷을 입고 집무를 보았으며, 시의회는 시위대와의 약속을 철회했다. 독재자가 정보를 통제하기 위해 텔레비전 방송국을 장악하듯이 시의회는 경비대를 보내 페를라흐 시계탑을 점거하고 시위대가 관문 밖의 동조자들과 연락하지 못하게 했다. 또한 병력을 늘리고 시위 지도부를 체포했다. 재판이 빠르게 진행되어 시위에 연루된 직인 2명이 반역죄로 사형을 선고받았다.

처형장은 관문 바로 밖에 있었다. 여느 때 같으면 교수형과 참수

형은 대중이 참관하는 가운데 시행되었다. 공개 사형은 범죄의 결과를 보여 주는 사회적 기능이 있었다. 사형 집행은 사람들에게 인기가 많았다. 하지만 시의회는 직인들을 사형할 때 시위가 일어날것을 염려해 아무에게도 알리지 않았다. 해뜰녘 시청 앞에서 두 사람을 조용히 참수하고 사람들 눈에 띄지 않게 피를 닦아 냈다. 푸거는 사태가 진정된 뒤 집으로 돌아와 고객인 작센의 게오르크, 즉 아우크스부르크 제국의회에서 알게 된 공작에게 편지를 썼다. 푸거는 사건의 전개 과정과 자신과 시의회가 그리스도의 진실한 가르침을 어떻게 지켜 냈는지를 설명했다.

❖

역사가들이 전투를 연구하고 싶어 하는 이유는 전투가 전환점을 이루기 때문이다. 워털루 전투, 새러토가 전투, 게티즈버그 전투, 스탈린그라드 전투 모두 역사의 전환점이 되었다. 푸거는 그런 전투 중 하나에서 중요한 역할을 했다. 1525년 파비아 전투는 30년 이상 계속되어 온 이탈리아 전쟁의 분수령이 되었다. 푸거의 자금 지원을 받은 합스부르크 가문은 파비아에서 승리함으로써 유럽에서의 지배권을 공고히 했다.

푸거 생전에 밀라노만큼 주인이 자주 바뀐 도시도 없었다. 시시때때로 프랑스, 합스부르크 가문, 스위스, 가끔은 밀라노인이 이곳을 통치했다. 밀라노는 이탈리아 북부에서 베네치아 다음으로 큰 도시였다. 또한 이탈리아 직물 교역의 중심지이자 이탈리아의 다른 지역으로 통하는 관문이었다. 밀라노는 포강 유역에서 평야로 뻗어 나가는 입지 조건 덕분에 손쉬운 공격의 표적이 되었다. 막시밀리안은 밀라노가 전략적으로 매우 중요하다고 여겼으므로 밀라노 공의 딸을 두 번째 아내로 삼기도 했다.

1521년 카를이 프랑스로부터 밀라노를 빼앗았는데, 4년이 지난 지금 프랑수아가 이곳을 되찾기 위해 직접 출병했다. 프랑수아는 도시를 지키던 제국 용병을 기습해 파비아 방벽 안으로 몰아넣었다. 프랑수아는 겨울이 다가오고 있었기 때문에 추위와 굶주림이 그들을 몰아낼 것이라고 생각했다. 보급품이 동나고 급여를 받지 못해 용병들이 항복하려는 찰나 푸거가 보낸 자금이 도착해 급여와 보급 문제가 해결되었다. 푸거의 자금이 병력 이탈을 막는 사이 카를의 지휘관인 페스카라 후작이 파비아에서 달려와 프랑스와 일대 결전을 벌였다.

카를이 스물다섯 살이 된 2월 24일, 프랑수아는 기병대의 공격을 진두지휘했으나 포병대와의 거리가 너무 벌어지고 말았다. 한 세기 전 샤를 6세는 아쟁쿠르 전투에서 프랑스 역사상 최악의 패전을 겪었는데, 공작 셋, 백작 여덟, 자작 하나, 주교 하나가 영국의 큰 활에 목숨을 잃었다. 그런데 파비아 전투는 전사자가 적었지만 황제군이 프랑수아를 사로잡아 더 치명적이었다. 가권정치로 보자면 외통장군을 부른 셈이었다. 이날 승리의 주역은 푸거의 자금이 아니라 페스카라의 용맹이었다. 하지만 푸거가 자금을 지원하지 않았다면 전투 자체를 벌이지 못했을 것이다.

푸거의 자금 지원은 카를이 새로운 기회를 제공한 대가였다. 스페인 중부 마에스트라스고산맥의 알마덴 수은 광산을 임대해 준 것이다. 원광석에서 금과 은을 추출하려면 수은이 필요했다. 마에스트라스고산맥은 유럽의 2곳뿐인 수은 산지 중 하나로 세계 최대 규모였으며, 교황 레오가 죽은 1521년에 수도회 소속이 되었다. 공교롭게도 위트레흐트의 아드리안이 새 교황으로 선출되었다. 그는 카를의 가정교사를 지냈으며, 코무네로스의 반란 때 카를의 대리인으로 활약하기도 했다. 이제 하드리아누스 6세가 된 아드리안은 광산을 수도회에서 빼앗아 카를에게 넘겨주었다. 이후 카를은 무려 56만 플로린의 거액을 받고 푸거에게 광산을 3년간 임대했다. 페스카라가 겨울을 넘길 수 있었던 것은 바로 이 거래 덕분이었다.

푸거는 광산을 임차한 뒤 생산량을 늘리기 위해 독일인 광산 기술자를 스페인으로 보냈다. 기술자들이 애썼지만 광산에서는 이익이 별로 나지 않았다. 경쟁도 그들의 발목을 잡았다. 카를은 마에스트라스고 이외에도 슬로베니아의 이드리야에 또 다른 수은 광산을 가지고 있었다. 카를은 마에스트라스고의 수은 광산을 푸거에게 임대한 뒤 이드리야의 수은 광산은 호흐슈테터에게 임대했다. 푸거와 호흐슈테터는 은을 놓고 결탁했지만 수은을 놓고는 경쟁했다.

그래도 푸거는 마에스트라스고의 수은 광산을 임차해 선거 자금 대출을 상환받을 수 있었으므로 만족스러웠다. 이는 총 56만 플로린의 절반만이 푸거의 호주머니에서 나왔기 때문이다. 나머지는 남은 선거 채무로 상쇄했다. 황제 선거에 자금을 지원한 것은 푸거에게는 큰 도박이었다. 하지만 그는 기대한 성과를 거두었다. 전 세계 곳곳에 수입원이 있고, 유럽 인구의 40퍼센트를 포함한 신민을 거느린 카를은 푸거의 예상대로 신용할 수 있는 인물이었다.

밀라노 원정에 제공한 대출은 푸거에게 또 다른 이득이 되었다. 카를은 바야돌리드 왕궁에서 프랑수아가 생포되었다는 소식을 전해 들었다. 그날 카를은 금속 산업에 대한 독점을 허가하는—아마도 포이팅거가 작성했을—법령에 서명했다. 이것이 전부가 아니었다. 황제가 되고 나서 약속한 거대 기업에 대한 조사도 중단시켰다. 카를은 자신의 조사관들이 "독일 또는 어느 곳에서도 부적절하거나 범죄적인 가격 인상을 전혀 발견하지 못했다"[11]고 제국의회에 통지했다. 그는 푸거와 그의 가문을 지목해 이들이 "정직하고 강직하며 기독교적이고 하느님을 경외하는 삶"을 살고 있다며, 푸거가 '루터의 이단'에 반대한다고 칭찬했다. 이로써 푸거는 제국의회나 검찰관을 두려워할 필요가 없어졌다.

푸거는 카를에게 보낸 독촉장에서 자신이 선거에서 프랑수아를 지원했다면 "오스트리아 황실이 어떤 불이익을 받게 되었을지" 생각해 보라고 황제에게 말한 바 있다. 카를이 파비아 전투 이전에는 그 불이익에 대해 생각해 보지 않았더라도 그 이후에는 고려하지 않을 수 없었을 것이다. 포로가 되어 스페인으로 이송되길 기다리던 프랑수아도 어쩌면 같은 생각을 하고 있었을지 모른다.

프랑수아가 감옥에 갇혀 있던 1525년 카를이 포르투갈의 향신료 무역 봉쇄를 무너뜨릴 계획을 가지고 푸거를 찾아왔다. 카를의 계획은 다가마처럼 아프리카를 둘러 항해하지 않고 페르디난드 마젤란이 3년 전에 최초로 세계 일주를 했을 때처럼 남아메리카를 돌아 아시아로 가는 것이었다. 동쪽으로 접근하면 포르투갈이 지배하는 인도 앞바다를 피해 향신료 섬들(지금의 인도네시아)까지 항해할 수 있었다.

푸거는 이 계획에 동참하기로 하고 뤼베크에서 배 5척에 구리를 실었다. 이 배들을 스페인으로 보내 가르시아 호프레 데 로아이사 선단에 합류시켰다. 로아이사는 구리를 육두구와 정향 같은 특산품과 거래할 계획이었다. 그러나 애석하게도 푸거 선단은 폭풍을 만나 1척만이 섬에 도착했다. 이마저도 항해 소식을 미리 알고 있던 포르투갈인에게 나포되어 푸거는 투자금을 모두 잃었다.

이 사건의 가장 흥미로운 점은 푸거가 마젤란의 항해를 후원했다는 주장을 뒷받침한다는 것이다. 공식적으로는 마젤란에게 카를 황제와 플랑드르의 사업가 크리스토방 드 아루가 자금을 지원한 것으로 되어 있다. 하지만 푸거의 조카들이 나중에 제기한 소송에 따르면 아루는 푸거의 대리인 역할을 했을 뿐이다. 푸거 가문은 아루가 자신들에게 5400두카트의 빚이 있었는데, 이는 그가 마젤란 항해에 투자한 금액과 같은 액수라고 주장했다. 그러나 아루는 채무를 완전히 부인했으며 돈이 자신의 주머니에서 나왔다고 주장했다. 푸거와 아루가 함께 일한 적이 있는 것은 분명하다. 푸거는 로아이사 항해에서 그를 대리인으로 고용했다. 하지만 푸거가 마젤란을 후원했다는 기록은 이것뿐이므로 그가 정말 항해에 관여했는지는 불확실하다. 문서가 없는 이유는 쉽게 설명할 수 있다. 스페인을 증오한 포르투갈은 푸거의 주요 고객이었으므로 푸거는 포르투갈과 반목할 이유가 없었다. 이는 푸거가 로아이사를 후원한 것에 대해 독일어 기록만 있을 뿐 스페인어 기록이 전혀 남아 있지 않은 것 또한 함께 설명할 수 있다. 푸거는 자신의 양다리 작전을 비밀에 부치고 싶어 했다.

11

농민 전쟁

1525년 독일에서는 유럽 역사상 최대의 민중 봉기가 일어났다. 독일 농민 전쟁으로 불리는 이 사건으로 들판과 마을이 불에 타고 수도원은 폐허가 되었으며, 약 10만 명이 목숨을 잃었다. 잔학 행위와 파괴가 얼마나 광범위하게 자행되었던지 이후 몇 세대 동안은 봉기가 일어나지 않았다. 유럽 노동자 계급이 프랑스 혁명을 겪은 뒤 다시 봉기를 일으킬 용기를 얻은 것은 300년도 더 지난 뒤였다. 카를 마르크스Karl Marx의 동지 프리드리히 엥겔스는 독일 농민 전쟁에 대한 책을 저술했는데, 이 전쟁이 자기 시대에 벌어진 자본주의와 공산주의의 충돌을 예시했다고 주장했다. 엥겔스는 머리말에서 다음과 같이 언급했다. "다시 한 번 독일인에게, 서툴기는 했지만 강력하고 집요했던 위대한 농민 전쟁의 인물들의 면모를 보여 주는 것은 시의적절하다."[1] 그러면서 지금의 적들은 "그때와 본질적으로 다르지 않다"라고 덧붙였다.

푸거와 엥겔스는 서로 나눌 이야기가 거의 없었을 것이다. 이후의 사건 전개에서 보듯이 푸거는 사적 소유를 끝까지 옹호했다. 엥겔스는 푸거가 가진 것을 전부 빼앗아 민중에게 나누어 주었을 것이다. 하지만 두 사람 모두 봉기를 경제적 관점에서 바라보았다. 푸거는 농민을 '평민 나부랭이'[2]라고 불렀으며, 농민의 머릿속에는 돈만 들어 있다고 주장했다. 그는 낚시에 대한 권리, 부패한 사제, 불의에 대한 농민들의 불만을 일축했다. 푸거가 보기에 농민들의 불만은 진짜 목적을 숨기는 연막에 불과했다. 그들의 진짜 바람은 빚의 탕감과 부의 재분배였다. 푸거라이 주택 건설 사업에서 보듯이 푸거는 하루의 노동에 성실히 임하는 사람이면 어느 누구든 존중했다. 하지만 봉기한 농민들은 그의 기준에 미치지 못했다. 푸거는 그들을 적선을 바라는 게으른 기생충이라고 생각했다. 푸거는 자신의 고객인 게오르크 공작에게 "그들은 일하지 않고 부자가 되고 싶어 합니다"라는 편지를 보내기도 했다. 푸거는 농민 전쟁의 관찰자에 머물지 않고 촉매제 역할을 했다. 농민 지도자들에게 그는 압제자였다. 많은 사람이 그를 죽이고 싶어 했다. 질서를 유지하려는 편에 서야 했던 푸거는 반란 세력을 절멸시키는 데 한몫을 담당했다.

전쟁의 발단은 슈바르츠발트 성에 사는 백작 부인이었다. 루펜 백작 부인은 뜨개질에 푹 빠져 있었다. 실을 감을 때 달팽이 껍데기를 실패로 사용했는데, 가볍고 크기가 적당하고 막대기보다 예뻐서 실패로는 제격이었다. 1524년 가을, 달팽이 껍데기가 떨어지자 백작 부인은 소작농에게 가욋일로 달팽이를 잡아 오라고 명령했다. 이는 오만한 백작 부인만이 내릴 수 있는 하찮은 요구였다. 하지만 그날은 추수가 한창이었기 때문에 농민들은 그 한심한 심부름을 할 시간이 없었다. 분노한 농민들은 연장을 내던지고 일을 거부했다. 고분고분하던 농민들이 백작 부인에게 반항하는 것을 보고 놀란 한 논평가는 마치 작물이 물을 요구하거나 소가 꼴을 요구하는 격이라고 말했다. 그의 말은 과장되었으며, 저항은 이전에도 있었다. 루펜의 문제는 저항이 널리 퍼져 나갔다는 것이다. 머지않아 독일 전역에서 농민들이 들고 일어났다.

푸거가 있는 아우크스부르크에서 100킬로미터 떨어진 메밍겐에서는 농민 약 1만 명이 도시 밖 들판에 집결했다. 그 많은 사람 중에 글을 읽고 쓸 줄 아는 이는 몇 명 없었는데, 그중 한 명이 제바스티안 로처였다. 그는 슈바벤동맹에 청원서를 보냈다(푸거는 뷔르템베르크 전쟁과 기사 전쟁에서 동맹을 후원한 바 있다). 로처의 글은 운동의 성명서가 되었다. 메밍겐 강령 중에는 세금 감면, 사냥 허가, 낚시에 대한 권리처럼 온건한 것도 있었지만 사적 소유와 농노제 폐지, 사제 선택권 등 혁명적인 것도 있었다.

페르디난트 대공은 동맹 최고의 권력자였다. 그가 농민들을 눈여겨본 것은 쫓겨난 울리히 공작이 공국을 되찾을 생각으로 농민들을 동원하려고 한 뒤부터였다. 울리히는 농민의 머릿수를 원했으며, 합스부르크 점령자들을 슈투트가르트에서 몰아낼 수 있게 도와주면 농민들에게 특권을 주겠다고 제안했다. 페르디난트는 이들을 공격하고 싶었지만 동맹의 토대인 용병이 아직 파비아에서 돌아오지 않았다. 게다가 그는 용병에게 지급할 돈도 없었다. 그는 동맹 지휘관인 게오르크 폰 트루흐제스에게 자신이 자금을 마련하는 동안 시간을 벌어 달라고 부탁했다. 푸거와 이따금 손잡았던 아우크스부르크 은행가 호흐슈테터는 확답을 하지 않았다. 울름시는 전략에 회의적이었다. 다른 도시들도 정중하게 거절했다. 페르디난트는 많은 노력

끝에 드디어 후원자를 찾았다. 그는 트루흐제스에게 이 소식을 알렸다. "푸거에게 차입하기로 했음을 알려드립니다."[3]

푸거는 머뭇거리거나 늙고 지쳤다며 능청을 부리고, 조건을 놓고 실랑이할 시간이 없었다. 서둘러야 한다는 것을 알고는 동맹에 가장 열성적으로 자금을 지원했다. 푸거는 자신과 사업이 위험에 처했으며, 트루흐제스가 반란 세력을 물리치지 못하면 농민들이 아우크스부르크로 쳐들어와 자신을 잡아갈 것임을 알고 있었다. 두 번째 고려 사항은 상업적인 것이었다. 푸거를 비롯한 아우크스부르크 상인들은 프랑크푸르트 봄 박람회를 위해 수십만 플로린 상당의 상품을 구매해 놓은 상태였다. 농민들이 도로를 점거하면 수레에 실은 물건을 아우크스부르크까지 안전하게 운반할 수 없었다. 푸거는 농민들을 해산시켜 물품을 자유롭게 이동하고 싶었다.

트루흐제스는 군소 귀족이었다. 전쟁에서 두각을 나타내기는 했지만 그에게서 엥겔스가 찬양한 농민 지도자들의 '서툴기는 했지만 강력하고 집요한' 면모는 전혀 찾아볼 수 없었다. 트루흐제스는 탄탄한 체구와 곱슬머리, 단정한 수염이 인상적이었다. 그는 이후 몇 달 동안 동에 번쩍 서에 번쩍 했다. 그에게는 어떤 농민 지도자도 갖추지 못한 담력과 계략 그리고 집요함이 있었다. 푸거가 그와 한편이된 것은 행운이었다. 트루흐제스는 농민들을 겪어 본 적이 있었다. 1514년 가련한 콘라트의 반란군에 맞서 군대를 이끌었는데, 이 일로 2000명 가까운 사람이 고문당하고 투옥되었다. 메밍겐에서 로처의 성명서를 접한 트루흐제스는 농민들을 능숙하게 다루었다. 그들이 요구를 제시하면 정보를 내놓으라고 요구했다. 그들이 정보를 내놓으면 설명을 요구했다. 회의에 참석하면 더 많은 회의를 잡았다. 몇 주 동안 이같이 하자 농민들은 점점 부아가 치밀었다. 하지만 성경은 알되 권력자의 이중성에 대해서 전혀 모르는 로처는 트루흐제스의 감언이설에 점점 현혹되었다. 그는 농민 주도의 기독교 형제회가 사회최상층의 제후, 주교, 은행가를 대체하는 헌법을 작성했다. 바이에른의 돈벌레 참사관 레온하르트 폰 에크는 형제애 운운하는 이야기를 비꼬았다. "저 농민의 형제애 제안은 역겹다. …… 차라리 푸거 가문이 형제애를 좀 나누어 주었으면 좋겠다."

✤

푸거는 형제애를 느낄 기분이 아니었다. 메밍겐 출신의 농민 세력이 그의 최대 영지인 바이센호른의 관문 밖에 진을 치고 있었다. 그들은 훔친 대포로 방벽에 포격을 퍼부었다.

우두머리는 소도시 라이프하임의 사제 야코프 베허였다. 그는 메밍겐에서의 회담에 진저리가 났다. 로처가 아무리 협상하고 성명서를 발표해 보아야 상황은 조금도 나아지지 않는다고 생각했다. 베허는 교구 자금을 동원해 수레 60대에 식량을 싣고 농민 3000명과 함께 북쪽으로 행군했다. 목적지는 슈바벤동맹의 본부이자 지역 실세인 울름이었다. 울름의 방직기에서 생산되는 직물은 아우크스부르크보다 더 많았으며, 울름 대성당은 지금도 세계에서 가장 높은 성당이다. 울름을 점령하는 것은 농민들에게 크나큰 승리일 터였다. 베허는 먼저 무기를 구하기 위해 소도시를 목표로 삼았다. 그가 향한 곳은 푸거 영지의 심장부였다. 아우크스부르크 봉기 때 푸거가 피신한 비버바흐 성은 아무 저항 없이 항복했다. 푸거의 또 다른 영지 파펜호펜도 마찬가지였다. 다음은 바이센호른이었다.

푸거는 바이센호른을 좋아했다. 1507년 막시밀리안에게 구입한 뒤 이 도시에 돈을 쏟아부었다. 푸거는 건물을 개축하고 직인들에게 돈을 주어 방직기를 구입하게 하고 박람회를 개최했다. 인구는 몇천 명에 불과했지만 푸거의 지원으로 바이센호른은 울름의 경쟁 도시로 부상했으며, 하루가 다르게 그 뒤를 바짝 쫓고 있었다. 게다가 방벽 안에는 농민들에게 동조하는 사람들이 있었다. 조합들은 현 질서를 지지했지만, 노동자들은 메밍겐에 모인 농민 수천 명과 같은 이유로 농민들을 지지했다. 그들은 자신들이 상류층에 착취당하고 있다고 여겨 그들에게 복수하고 더 나은 삶을 살기를 바랐다. 베허가 관문에 도착하자 시장이 그를 맞이했다. 이 장면은 옛 방벽에 그림으로 남아 있다. 베허가 전멸과 항복 중 하나를 선택하라고 하자 시장은 항복을 거부했다. 베허는 부하들에게 총을 들라고 명령했다. 사격이 시작되자 방벽 뒤에서도 대응 사격을 벌였다. 평상시 같았으면 바이센호른에는 이들과 맞서 싸울 병력이 없었을 것이다. 하지만 농민들이 메밍겐에 모여드는 동안 푸거는 협상이 지지부진한 틈을 타 병사들을 고용해 바이센호른에 수비대를 파병했다. 바이센호른은 비버바흐나 파펜호펜처럼 스스로 무너지지는 않을 터였다. 있는 힘을 다해 저항할 각오였다. 총격은 하루 종일 계속되었으며, 농민들은 밤이 되었어도 조금도 전진하지 못했다. 동조자들은 방벽 너머의 농민들에게 식량을 던져 주었다. 하지만 농민들에게는 식량보다 화력 센 총이 더 필요했다. 베허는 화력을 허비하고 싶지 않아 공격을 중단했다.

이튿날 베허는 더 손쉬운 목표를 찾아 이웃한 로겐부르크 성당으로 향했다. 로겐부르크에서 벌어진 사건은 농민 운동이 얼마나 난장판이었는지 잘 보여 준다. 성당은 부유한 주교가 운영하고 있었다. 주교는 예전에 개울이 바이센호른으로 흐르지 못하도록 물줄기를 돌려 푸거의 개발 계획에 타격을 입히려고 한 적이 있다. 그는 농민들이 도착하기도 전에 성당을 무방비 상태로 내버려 둔 채 달아나 버렸다. 베허와 부하들은 교회와 오르간을 부수고 은 식기를 챙기고는 포도주 저장실을 비웠다. 취한 농민 1명이 주교의 모자를 쓰고 제단 앞에 서자 동료들이 익살스럽게 절을 했다.

농민들이 마을을 장악했을 때 똑똑한 사람들은 무기와 보물을 찾아다녔고, 나머지는 포도주 저장실과 식료품 저장실을 거덜 냈다. 약탈이 끝나면 건물에 불을 질렀다. 태피스트리, 그림, 서재 등이 사회 정의라는 명목으로 불타올랐다. 갈등이 최고조에 이르렀을 때는 대부분의 지역이 불에 타고, 대부분의 농민이 취해 있었다. 한 목격자는 "이렇게 취하고 배부른 사람은 본 적이 없다"[4]고 말하기도 했다. 유혈 사태가 없었다면 반란이 '카니발의 유희인지 전쟁인지, 농민 전쟁인지 와인 전쟁인지' 알 수 없었다.

푸거에게 자금을 두둑이 받은 트루흐제스는 베허와 그의 시위대를 첫 표적으로 선택했다. 그들은 푸거를 공격한 전력이 있었다. 푸거를 모시는 지휘관은 농민 무리와 맞닥뜨리기 전에 그들을 먼저 찾아 나설 작정이었다. 베허가 라이프하임으로 돌아갔다는 소식을 들은 트루흐제스는 그곳을 점령했다. 그의 개들이 사제관 비밀 통로에 숨어 있는 베허를 찾아냈다. 트루흐제스는 베허를 보자 이같이 말했다. "신부님, 반란이 아니라 하느님 말씀을 설교하셨다면 나리에게나 저희에게나 좋았을 텐데요."

그러자 베허가 대답했다. "그렇지 않소. 내가 설교한 것은 반란이 아니라 하느님 말씀이오."

트루흐제스가 말했다. "저는 다르게 알고 있소만."[5] 트루흐제스는 라이프하임 위로 해가 저물 무렵 베허를 처형하기 위해 들판으로 끌고 갔다. 베허는 기도를 올리고 목을 뺐다.

푸거는 처형까지는 원하지 않았을지도 모른다. 하지만 그의 행동은 정당방위였다. 그의 목을 베고 싶어 하는 베허 같은 사람은 얼마든지 있었다. 그러므로 좋든 싫든 수많은 머리가 풀밭에 나뒹굴게 될 터였다. 푸거는 루터가 전쟁을 선동했다고 비난했으며, 루터야말로 "이번 봉기와 반란, 유혈 사태의 기폭제이자 주원인"이라는 편지를 게오르크 공작에게 보냈다.[6]

방방곡곡이 피바다를 이루었다. 전쟁 초기에 마르가레테 폰 헬펜슈타인 백작 부인이 겪은 사건은 전쟁이 얼마나 위험했는지를 극적으로 보여 주기도 한다. 그러고 보면 푸거가 신변 안전을 우려한 것이 이해가 되기도 한다. 백작 부인은 막시밀리안의 사생아였다. 페르디난트가 그녀의 남편에게 바인스베르크 성을 지키라고 명령하자 그녀는 집보다 백작 곁이 더 안전할 것이라 생각하고 그를 따라 바인스베르크로 갔다. 헬펜슈타인 백작은 가는 길에 만난 농민을 모두 베어 죽였다. 농민들은 그를 성까지 쫓아가 부활절 아침에 복수를 계획했다. 헬펜슈타인에게는 푸거가 후원한 군대가 없었다. 농민들은 성벽을 기어올라 그와 아내를 사로잡았다. 농민 지도자는 야클라인 로르바흐라는 제빵사였는데, 그는 자비를 애걸하는 백작 부인을 땅바닥에 쓰러뜨리고 말했다. "형제들, 이것 보시게. 야클라인 로르바흐가 황제의 따님을 덮치는 것을." 헬펜슈타인은 로르바흐에게 자신의 전 재산 6만 플로린을 주겠다고 했다. 로르바흐는 비웃으면서 헬펜슈타인에게 결투를 강요했다. 로르바흐는 백작 부인에게 자신의 부하들이 남편을 창으로 꿰뚫는 장면을 지켜보게 했다. 농민들과 함께 다니던 집시 여인 '검은 호프만'이 마지막으로 그의 숨통을 끊었다. 로르바흐는 백작 부인에게 농부의 재색 옷을 입히고 거름 수레에 실어 인근의 하일브론시로 보냈다. 로르바흐가 말했다. "올 때는 황금 마차를 타고 왔지만 갈 때는 똥 수레를 타고 가시는군. 황제에게 그렇게 전하시구려."[7] 백작 부인은 아들을 품에 안은 채 그리스도가 자신을 위로한다고 외쳤다. "나는 죄를 지었으니 이럴 꼴을 당해도 싸지." 그녀의 아들은 사제가 되었으며, 그녀는 수녀원에서 생을 마감했다. 페르디난트 대공은 복수를 맹세했다. "쇠막대로 죄를 다스려야 할 것이다."[8]

⚜

농민들은 봉기 초기에 하일브론시를 점령했는데, 농민 지도자들은 시청을 점거해 안방처럼 눌러앉았다. 지도자들이 전략을 세우다 보니 메밍겐 강령은 이빨 빠진 호랑이었다. 무엇보다 거대 기업에 대해서는 일언반구도 없었다. 하일브론 농민들은 교회와 제후 못지않게 거대 기업이 자신들을 억압한다고 생각했다. 그들은 스스로 조항을 만들어 빠진 부분을 채워 넣었다. 어떤 조항에는 다음과 같은 문구를 삽입하기도 했다. "푸거, 호흐슈테터, 벨저 같은 무역 회사들을 해체해야 한다."

푸거는 반란 세력이 찾아올지, 찾아온다면 언제 찾아올지 모르는 채로 아우크스부르크에 머물렀다.[9] 교외가 화염에 휩싸이고 비버바흐가 농민들의 손에 들어간 지금, 집보다 안전한 곳은 어디에도 없었다. 푸거는 도시 방어를 계획하는 일에 참여했다. 바이센호른처럼 아우크스부르크에도 병사들을 불러 모았다. 하지만 경계를 선다고 해서 안전을 보장할 수는 없었다. 오스트리아에서는 잘츠부르크 사람들이 마테우스 랑에 맞서 봉기했다. 랑은 트렌트에서 막시밀리안에게 황제관을 씌워 준 주교로, 황제를 대신해 슈바츠에서 푸거의 광산업 계약을 감독했다. 그는 아우크스부르크의 부유한 가문 출신이었으며, 탐욕스럽고 잔인했다. 랑은 주교 자리를 돈으로 산 뒤 기존 특권을 취소하고 도시민과 농민의 세금을 인상했다. 루터의 위협은 그가 포고령으로 얻지 못한 것을 강제로 차지하는 빌미가 되었다. 그는 다음과 같이 말했다. "우선 도시민의 혜택부터 없애야 하리라. 다음에는 농촌 주민 차례다."[10] 율리우스 2세와 트리어의 그라이펜클라우처럼 그 또한 장군의 심장을 가진 성직자였다. 군대를 찾아 도시를 나선 랑은 4개 중대를 이끌고 백마를 탄 채 전장으로 돌아왔다. 유죄 선고를 받은 루터파 사제를 풀어 준 농민을 랑이 처형한 뒤 농민들은 도시민과 함께 복수를 계획했다. 그들은 낫과 쇠스랑을 들고 랑의 부하들을 습격해 잘츠부르크 성까지 랑을 추격했다. 성은 높은 벽이 이중으로 쳐져 있었으며 절벽을 등지고 있었다. 포격으로도 무너뜨릴 수 없었다. 하지만 랑은 스스로 함정에 빠진 셈이었다. 잘츠부르크 사람들은 반격이 없자 성문에 공격을 퍼부었다. 랑은 움츠린 채 숨어 있었다. 그는 트루흐제스가 꺼내 줄 때까지 4개월을 갇혀 지냈다. 랑은 4개월 동안의 포격으로 미쳐 버렸다.

❧

　농민 지도자 중 푸거에게 가장 위협적인 인물은 토마스 뮌처였다. 총을 가장 많이 가졌기 때문이 아니라 그의 포퓰리즘적 주장이 엄청난 호소력을 발휘했기 때문이다. 뮌처는 튀링겐 출신의 사제로, 신비주의자를 자처했으며 공동 소유를 옹호하고 사적 소유의 철폐만이 은총에 이르는 길이라고 주장했다. 추종자들은 신이 부자를 죽이러 오실 것이라는 그의 말에 환호했다. "기독교 세계를 올바르게 개혁하려면 사악한 모리배를 몰아내야 합니다. 가난한 사람들이 영주의 적이 된 것은 영주 자신의 탓입니다." 푸거와 뮌처는 달라도 너무 달랐다. 한 사람은 대★자본주의자였고, 한 사람은 대★공산주의자였다. 두 사람은 냉전 시기 두 경쟁 체제의 영웅이 되기도 했다. 서독은 푸거 우표를 발행했고, 동독은 5마르크 지폐에 뮌처의 얼굴을 새겼다.

　대부분의 농민 지도자들은 지역 문제에 치중했다. 하지만 뮌처는 거국적으로 사고했으며, 자신의 공산주의 천년 왕국 브랜드를 각국에 전파하고자 했다. 그는 프랑크푸르트, 하노버, 뉘른베르크 등지에서 군중에게 설교했다. 풀다에서는 소동을 일으키다 투옥되기도 했다. 제자들이 돌아오라고 간청하지 않았다면 남독일에 머물며 아우크스부르크에서 추종자를 거느렸을지도 모른다. 뮌처는 다혈질에 감정적이었으며, 설득력이 뛰어나서 루터의 후견인 프리드리히 현공마저도 그에게 재갈을 물리려고 하지 않았다. 그의 설교를 듣고 나서 뮌처와 루터 중 누구를 믿어야 할지 갈피를 잡을 수 없었기 때문이다.

이제 루터에게는 경쟁자가 생겼다. 그의 경쟁자는 자신 못지않게 강력한 이상을 가진 인물이었다. 성경 말씀을 철저히 지켜 교회를 개혁하려던 루터는 뮌처를 적으로 여겼다. 루터와 뮌처는 고리대금과 면죄부가 죄악이며, 독일이 로마로부터 독립해야 한다는 데는 생각이 같았다. 하지만 루터가 교황이 아니라 성경에 최종 권위를 부여한 것에 반해 뮌처는 신이 (뮌처 자신을 비롯한) 선택된 사람에게 직접 말씀하신다고 선언했다. 뮌처의 지지자들은 루터를 조롱하고 위협하며, 방울을 울려 설교를 방해했다. 루터는 개혁 운동이 아래로부터 위협을 받자 평화적 수단을 우선시하던 방침을 포기했다. 그는 무슨 수를 써서라도 농민들을 절멸시키라고 영주들을 부추김으로써 본의 아니게 푸거의 동맹이 되었다. 루터는 다음과 같이 썼다. "은밀한 곳에서든 남들 앞에서든 그들을 짓밟고 목을 조르고 찌르라. 심지어 미친개를 때려죽이듯 매질하라. 그러면 하느님께서 누가 당신의 종인지 아시리라."[11] 한편 뮌처는 농민들을 부추겼다. "쇠가 뜨거울 때 공격하고 또 공격하라."

트루흐제스는 서부에서 싸우느라 바빠 동부의 뮌처를 추격할 여력이 없었다. 이 임무를 떠맡은 제후 중에는 푸거의 고객이자 글 벗인 게오르크 공작이 있었다. 게오르크는 헤세 공, 브라운슈바이크 공과 합세해 뮐하우젠에서 뮌처를 공격했다. 뮌처는 이 소도시를 점령해 공산주의 유토피아를 만들려 하고 있었다. 싸움이 벌어질 것을 예상한 뮌처는 대포를 배치해 전투태세를 갖추었다. 공작들이 뮌처와 그의 추종자 8000명을 도시 위 언덕까지 추격하자 농민들은 수레로 원진圓陣을 쳤다. 결과를 예감한 농민군 사제 1명이 뮌처에게 투항을 권했다. 하지만 뮌처는 그의 목을 베라고 명령했다.

뮌처는 사기를 북돋우려고 안간힘을 썼다. 연설에서는 기드온과 다윗을 비롯해 역경을 이겨 낸 성경 인물들을 언급했다. 찬송가 〈이제 성령께 비나이다〉를 부르며 농민들을 인도하는데 무지개가 뜨자 뮌처는 이것이 상서로운 징조라고 말했다. 투항 시한이 지나자 공작들은 포문을 열어 수레를 부수었다. 농민들은 뿔뿔이 흩어졌으며 그 와중에 수천 명이 목숨을 잃었다. 머릿수건으로 변장하고 헛간에 숨어 있는 뮌처를 하인이 발견했다. 그는 불온한 문서가 가득 담긴 배낭을 보고 뮌처를 공작들에게 넘겼다. 공작들은 뮌처의 손톱 밑을 바늘로 쑤시고 탑에 가둔 뒤 그를 어떻게 죽일지 궁리했다. 뮌처는 탑에서 "가톨릭 법에 어긋나는 수많은 견해와 거짓, 오류를 솔깃하게 설교한 반역 행위"에 대해 인정하는 글을 썼다.[12] 이튿날 공작들은 뮌처를 탑에서 끌어냈다. 푸거만큼 열렬한 가톨릭교도인 게오르크 공작은 뮌처가 아내를 취한 것을 꾸짖었다. 그는 뮌처에게 사제들은 결혼하면 안 된다는 사실을 상기시켰다. 망나니는 뮌처를 참수한 뒤 그의 머리를 장대에 올리고 몸을 꼬챙이에 꿰었다. 푸거의 골칫거리가 마침내 사라졌다.

✦

　더 많은 농민이 합류하면서 반란 세력의 목표도 거창해졌다. 슈투트가르트, 프랑크푸르트, 마인츠, 슈트라스부르크는 바이센호른만큼 방비를 갖추지 못해 항복하고 말았다. 농민들이 아우크스부르크를 넘보는 것은 이제 시간문제였다. 아우크스부르크는 슈바벤 최대의 도시로 황금, 무기, 전리품 등 농민들에게 필요한 모든 것이 있었다. 하지만 아우크스부르크는 방어 태세를 잘 갖추고 있었다. 내부의 위협은 맨발의 수사 2명을 처형함으로써 가라앉혔다. 이 처형으로 운동은 원동력을 잃었다. 바이센호른과 마찬가지로 아우크스부르크는 때맞춰 증원군을 고용했다. 어느 날 농민 부대가 관문 앞으로 몰려와 항복을 요구했다. 그들은 총안이 뚫린 돌벽에 병사들이 서 있는 모습을 올려다보았다. 병사들이 꺼지라고 말하자 농민들은 순순히 물러났다. 아우크스부르크는 예전의 평온을 되찾았다. 푸거의 멋쟁이 회계사 마테우스 슈바르츠는 뒤집어 입을 수 있는 기발한 망토를 입고서 농민 전쟁 와중에도 두려움 없이 돌아다니며 감사 업무를 수행했다. 도시에서는 예리해 보이려고 빨간색을 입었고, 시골에서는 튀지 않으려고 초록색을 입었다.

　아우크스부르크를 지나 슈투트가르트 외곽 뵈블링겐에 도착한 트루흐제스는 전열을 재정비한 메밍겐 농민들과 맞닥뜨렸다. 최후의 결전이 벌어질 참이었다. 농민들은 1만 2000명, 트루흐제스 부대는

1만 1000명이었다. 전체 인원은 파비아 전투와 맞먹을 정도였다. 농민들에게는 대포 33문이 있었으나 트루흐제스는 그보다 훨씬 더 많았으며, 부대 편성도 훨씬 뛰어났다. 트루흐제스가 뵈블링겐 성에 자리를 잡자 농민들은 습지 뒤쪽으로 방어진을 쳤다. 아침나절에 전투가 시작되자 대지는 금세 피로 물들었다. 트루흐제스는 들판으로 농민들을 추격해 닥치는 대로 베었다. 전투는 몇 시간 만에 완전히 끝이 났다. 트루흐제스는 농민들이 달아나자 기병대를 보내 그들을 뒤쫓았다. 기병대는 1명도 살려 두지 않았다. 증언에 따르면 농민들의 시체가 도로를 따라 몇 킬로미터나 널브러져 있었다고 한다.

뵈블링겐을 전환점으로 전쟁은 마무리 단계에 접어들었다. 푸거가 얼마나 야만적인 자들에게 돈을 지원했는지를 보여 주는 사건이 둘 있다. 하나는 황제의 사위를 처형한 로르바흐가 붙잡혔을 때다. 트루흐제스는 그를 2미터짜리 쇠사슬로 느릅나무에 묶고 주변을 마른 나뭇가지로 둘러싼 뒤 불을 붙였다. 트루흐제스와 부하들은 로르바흐가 팔짝팔짝 뛰다 꼼지락거리며 통구이가 되어 죽어 가는 모습을 지켜보았다. 또 다른 하나는 최후의 전투 때다. 최후의 농민군은 2만 3000명에 이르는 사상 최대 규모였다. 이들은 켐프텐의 스위스 국경 근처에 집결했다. 트루흐제스는 잉골슈타트에서 아우크스부르크를 거쳐 그곳으로 갔다. 수적으로 열세였으나 농민 지휘관 2명을 매수해 전세를 역전시켰다. 이 2명의 배신자는 농민들에게 늪 뒤의 안전지대에서 나와 평지에 집결하라고 명령했다. 트루흐제스는 수천 명의 농민을 도륙했다. 푸거는 과거의 수많은 투자와 마찬가지로 트루흐제스에 대한 투자에서도 성과를 거두었다. 남독일에 평화가 찾아왔다. 한편 프랑크푸르트 박람회가 끝나고 창고에 묶여 있던 물품들은 별 탈 없이 아우크스부르크로 운반되었다.

❧

이 시점에서 드라마의 무대가 오스트리아로 바뀌고, 이곳에서 엥겔스의 '강력하고 집요한' 인물들이 다시 등장한다. 페르디난트 대공은 농민 지도자 미하엘 가이스마이어를 일컬어 오스트리아 반란 세력의 '최고 선동가이자 우두머리이며 지휘관'이라고 했다. 가이스마이어는 스스로를 "도적도 살인자도 아니요, 복음을 위해 싸운 경건하고 정직한 자"라고 여겼다.[13]

가이스마이어는 광산주의 아들로 태어났다. 그는 푸거를 비롯한 지배 계층을 증오했다. 그가 보기에 예수는 사랑과 연민의 메시지를 전했으나 (본보기를 보이고 복음에 따라 살아야 마땅한) 사회 지도층은 고대 로마의 카이사르처럼 평민을 착취했다. 가이스마이어는 대중적 호소력과 조직술을 겸비했으며, 관료제를 오랫동안 경험했다. 페르디난트는 농민과 광부로 구성된 민중 군대를 등에 업은 가이스마이어의 위세에 눌려 티롤 헌법의 개정을 고려해야 했다. 새 헌법에는 푸거에 대한 특별 조항이 포함되었다. 그에 대한 광산업 임대 조치를 취소하고 소유를 국유화하며, 가난한 자들을 등쳐 먹어 부자가된 죄로 처벌하라는 것이 골자였다.

가이스마이어가 싸움판에 뛰어든 것은 푸거의 광부들이 등을 떠밀었기 때문이다. 광부들을 급진화한 장본인은 지역에서 활동하는 사제 2명이었다. 그중 한 명인 야코프 슈트라우스는 뮌처의 마법에 걸린 인물이었다. 교황이 대금업을 허가했다고는 해도 슈트라우스와 그의 뮤즈 뮌처는 도저히 받아들일 수 없었다. 단상에 선 슈트라우스는 푸거를 대죄인으로 선언했다. 이름을 거론하지는 않았지만 누구 이야기인지 의심할 여지가 없었다. 슈트라우스는 다음과 같이 설교했다. "진심을 담아서 이야기합니다. 크고 강력한 공국 중 상당수가 너무 많은 빚을 져서 군주가 1년에 1페니 벌 때 어떤 대★고리 대금업자는 10페니를 벌어들입니다. 안타깝지만 사실입니다. 그자의 이름을 밝히지 않아도 온 세상이 알고 있을 것입니다."[14]

또 다른 사제 우르바누스 레기우스는 푸거 패거리가 아우크스부르크에서 쫓아냈다가 (아우크스부르크 봉기를 부추긴) 맨발의 수사 실링 대신 다시 데려온 자다. 레기우스는 아우크스부르크를 떠난 뒤 슈바츠에 정착했는데, 그곳 광부들은 레기우스가 오기 전부터 푸거가 임금 4만 플로린을 체불하고, 물가 상승을 일으켰다는 이유로 불만이 가득했다. 레기우스는 불에 기름을 부었다. 1525년 초 광부들은 작업을 중단하고 슈바츠로 통하는 도로를 가로막았다. 푸거의 현장 감독들이 작업 복귀를 명령했지만 그들의 반응은 달팽이를 잡아 오라는 요구를 받았을 때와 같았다. 그들은 시청에 있는 푸거의 사무소를 약탈했다. 사무소는 오래된 성 1층에 있었는데 티롤 조폐소를 운영하고 있었다. 광부들은 푸거가 임금을 인상하고 체불 임금을 지급하지 않는 한 연장을 들지 않겠다고 버티었다.

인스브루크는 슈바츠에서 걸어서 하루도 걸리지 않았다. 페르디난트 대공은 광부들이 자기에게 올까 봐 두려웠다. 하지만 시위대가 향한 곳은 남쪽이었다. 목표는 푸거의 고객 멜히오르 폰 메카우가 주교로 있는 도시 브릭센이었다. 광부들은 성당을 부수고, 구파 사제들을 조롱하고 도시 밖으로 내쫓았다. 주교가 달아나자 시위대는 그의 보좌신부에게 화살을 돌렸는데, 하필이면 그가 가이스마이어였다. 가이스마이어가 주교궁의 철문을 열어 주지 않자 광부들은 자국이 남을 정도로 세게 들이받았다. 하지만 문은 열리지 않았으며 이튿날 상황이 묘하게 역전되어 농민들이 가이스마이어를 자신들의 지도자로 지목했다.

가이스마이어와 그의 지지자들은 대공을 공포에 떨게 했다. 이에 겁먹은 대공은 제국의회를 열어 농민들의 불만과 가이스마이어의 새 헌법 초안을 논의하라는 요구를 받아들였다. 과거의 제국의회는 귀족, 사제, 부유한 상인들만 참석했지만 겁에 질린 페르디난트는 예외를 두어 농민의 참석을 허용했을 뿐 아니라 발언권도 가장 많이 부여했다. 가이스마이어는 메밍겐 강령을 62개조로 확장했는데, 그중 한 조항에서 푸거와 은행가들이 가격을 폭등시키고 주화의 은 함량을 줄이고 독립 광부들을 망하게 했다고 질타했으며, 은행가들을 '사람들의 고혈을 짜내'는 자로 규정했다. "온 세상이 그들의 부도덕한 고리대금으로 신음하는데 그들은 어마어마한 부를 축적한다."

페르디난트는 가이스마이어의 가장 급진적 요구(귀족제를 폐지하고 성직자의 정치권력을 빼앗는 것)를 철회시키는 데 성공했지만, 제국의회에서 30개 조항이 원안 그대로 통과되고 19개 조항이 수정되어 통과되는 것을 지켜보아야 했다. 요구 중에는 "지기스문트 대공의 시대처럼 믿을 만하고 순도 높은 주화"를 도입하라는 등 논란의 여지가 없는 것들도 있었지만,[15] 가격 통제, 대금업 제한, 개인 재산의 재분배 등 경제 발전의 시계를 거꾸로 돌리려는 것들도 있었다. 제국의회는 푸거를 겨냥한 조항들을 승인하고 확장했다. 티롤 의회가 해내지 못한 일을 농민들이 해냈다. 그들은 대공이 푸거의 손발을 묶도록 하는 데 성공했다.

하지만 농민들은 전투에서 승리했을 뿐이다. 페르디난트는 회의가 진행되는 중에 트루흐제스가 독일 농민들을 물리치고 오스트리아에서 싸울 채비를 갖추었다는 소식을 전해 들었다. 페르디난트는 다시 기세가 등등해졌다. 그는 제국의회를 중도 폐회한 뒤 조항들을 철회하고, 스위스로 달아난 가이스마이어를 추격하는 등 그의 목에 현상금을 내걸었다. 가이스마이어는 취리히 인근 숲 진지에서 슈바츠 광부들에게 희망을 걸었다. 광부들이야말로 독일 사회에서 가장 급진적이고 누구보다 끝까지 남아 싸울 것이라고 믿었다. 하지만 페르디난트가 그들의 요구를 들어주며 구워삶았다. 광부들은 연장을 들고 일터로 다시 돌아갔다. 가이스마이어는 합스부르크 가문과 베네치아 사이에 벌어질 전쟁의 졸이 되었다. 티롤에 무장 공격을 2번 감행했지만 아무 성과도 얻지 못했다. 그는 100여 차례의 암살 시도에도 불구하고 살아남았으나, 1532년 스페인의 모험가 2명이 파도바의 공동 주택에서 그를 찾아냈다. 그들은 몰래 숨어들어 가이스마이어의 심장을 찌르고 증거로 머리를 잘랐다.

트루흐제스는 오스트리아에서 별다른 저항을 받지 않았으며, 디트리히슈타인 백작을 구출할 때만 손을 더럽혔다. 푸거는 디트리히슈타인을 빈 회의에서 알게 되었는데, 선물로 그의 환심을 산 적이 있다. 디트리히슈타인은 오스트리아 중부에서 농민들이 반란을 일으키자 야만적인 학살극을 자행했다. 여인의 가슴을 도려내고 자궁에서 태아를 끄집어냈다. 티롤의 농민군이 슐람딩시에 있던 그를 습격하자 디트리히슈타인은 목숨을 부지하기 위해 항복했다. 트루흐제스는 디트리히슈타인을 감옥에서 구출하고 보복 조치로 도시에 불을 질렀다. 여인과 아이를 비롯한 농민들이 달아나려고 하면 병사들이 다시 불 속으로 밀어 넣었다. 이로써 오스트리아의 농민 봉기는 막을 내렸다. 만족한 페르디난트는 트루흐제스를 뷔르템베르크 시장으로 임명하고 여러 영지도 하사했다. 푸거는 오스트리아 광산의 안전이 확보되자 다른 근심거리로 눈을 돌렸다.

격동의 1525년에 푸거는 농민 반란보다 더 큰 시련을 맞이했다. 배꼽 바로 밑에 혹이 생겨 통증이 너무 심했다. 주치의인 저명한 아돌프 오코는 그에게 수술을 권했다.

당시는 의학이 발전하지 않아 내과의의 권위가 임상의보다 더 높았다. 내과의는 고대 그리스의 개념을 배웠으므로 흑담즙, 황담즙, 점액, 피 등 네 가지 체액이 균형을 이루어야 건강하다고 생각했다. 그들은 거머리나 구토를 권유하기도 했으나 환자를 직접 치료하는 경우는 드물었으며, 수술은 칼을 가장 잘 다루는 직업인 이발사에게 맡겼다.

누군가 수술 도구를 소독해야 한다고 생각한 것은 300년이 지난 뒤였다. 그전에는 수술하다가 감염으로 목숨을 잃는 경우도 많았다. 푸거의 형 울리히도 수술을 받은 뒤 죽었다. 푸거는 같은 운명을 맞고 싶지 않았으므로 수술을 거부했다. 하지만 헝가리에서 봉기가 일어났을 즈음에는 침대 밖으로 나오지도 못할 정도였으며, 열병으로 쇠약해져 음식을 먹을 수가 없었다. 그는 통증과 싸워 자신이 여전히 강인함을 입증했다.

❧

푸거가 강인해야 하는 이유는 뒤에 벌어진 사건 때문이다. 농민 전쟁은 독일과 오스트리아에서는 큰 희생을 치른 채 실패하고 말았지만 헝가리에서는 봉기가 새로이 격렬하게 일어났다. 헝가리의 권좌에 앉은 인물은 합스부르크 가문의 꼭두각시 러요시 국왕이었는데, 그는 예산 적자를 해결하기 위해 주화의 은 함량을 낮추는 흔히 행하는 오류를 범했다. 국민들은 이로 인한 물가 상승을 감당할 수 없었다. 푸거를 비롯한 고용주들은 페니 주화로 임금을 지급했는데, 러요시 이전에는 은으로 만들어서 반짝거렸으나 이제는 철로 만들어 시커멨다. 식량과 생필품 가격이 두 배로 뛰었는데도 임금은 그대로였다. 대중은 푸거와 투르조 엘레크(투르조 야노시의 아들)를 비난했다. 엘레크는 푸거의 동업자이자 헝가리의 재무장관이었다.

노이졸에 있는 푸거 광산의 광부들은 치솟는 생활비를 감당하기 위해 임금 인상을 요구했다. 그들은 연장을 내려놓고 푸거가 임금 인상을 거부하면 갱도를 침수시키고 창고를 약탈하겠다고 협박했다. 푸거의 광산 대리인 한스 플로스가 광부들과 협상했지만 이주 일이 지나도 그들을 작업에 복귀시키지 못했다. 이에 슈바벤동맹의 전술을 모방한 플로스는 약속을 통해 시위대를 구슬리고는 몇 주 뒤 병사 500명을 데리고 왔는데, 아마도 푸거의 허락을 받았을 것이다. 병사들은 총 한 번 쏘지 않고 목표를 달성했다. 병사들이 북을 두드리고 총을 든 채 광장을 행진하자 겁을 먹은 광부들은 요구를 철회했다.

봉기는 헝가리 전역에서 일어났다. 농민 지도자 도자에게 '즉위식'을 거행한 대지주 자포여는 러요시와 그 주위의 합스부르크 충성파들이 무능한 탓이라고 비난했다. 자포여는 헝가리 귀족 회의에서 헝가리 최고 권력자 중 한 명인 절커누스 주교를 강제로 사임시켰다. 러요시는 왕위를 지켰지만 자포여는 재상宰相을 임명하고 페르디난트 대공이 러요시 국왕을 조종하도록 했다.

자포여가 통제하는 군중이 부더의 상류층 구역으로 몰려들어 헝가리에 있던 푸거의 최측근인 한스 알버를 붙잡았다. 그들은 알버를 도성으로 끌고 가 푸거 사업의 알짜인 헝가리 광산을 국유화하는 협약에 서명하게 했다. 헝가리 광산은 푸거가 일생을 바쳐 이룬 결과물이었다. 그의 조직적·금전적·정치적 천재성을 이보다 잘 보여주는 곳은 없었다. 헝가리 광산은 푸거에게 부의 원천이었다. 하지만 목숨이 경각에 달린 알버는 그들에게 광산을 순순히 넘겨주었다.

알버의 부관 한스 데른슈밤은 상관에게 무슨 일이 일어났는지 모르고 있었다. 그가 알고 있는 사실은 시위대가 푸거 사무소에서 몇 건물 떨어진 곳에 있는 주교궁에 난입해 불을 지르고 자신이 있는 쪽으로 다가오고 있다는 것뿐이었다. 그는 화약과 머스킷 총을 챙겨 지붕으로 올라가 표적을 향해 겨냥했다. 자포여는 시위대가 사무소를 약탈하고 파괴하도록 부추겼으나 지붕에서 총을 발견하고는 살육전이 벌어질까 두려워 퇴각을 명령했다.

데른슈밤은 시간을 벌었다. 시위대가 돌아올 것이라는 사실을 알고 있었으므로 금고에 든 돈(약 4만 플로린)을 모두 챙겨 교황의 헝가리 사무소에 맡겼다. 그것도 나름의 위험이 있었지만, 자신이 가지고 있는 것보다 교황이 가지고 있는 것이 안전했다. 그런 다음 말을 가장 잘 타는 부하를 노이졸 광산으로 보내 그곳의 현금을 폴란드 국경 너머 크라쿠프로 옮기게 했다. 나머지 부하들도 크라쿠프로 보냈는데, 그곳은 안전할 터였다.

데른슈밤 자신도 도피할 준비를 하던 차에 알버가 광산을 러요시 국왕에게 넘겨주었다는 사실을 알게 되었다. 이별 선물로 광산을 침수시킬까하는 생각도 했으나 결국 푸거가 되찾을 것이므로 그냥 두기로 했다. 고용주가 바라는 가장 유능하고 충실한 부하인 데른슈밤은 자신이 할 수 있는 모든 일을 한 뒤에야 부더를 떠났다. 시위대는 푸거 사무소를 순조롭게 점령했다. 방해꾼 데른슈밤이 사라지자 러요시는 광산을 차지했으며, 운영자들에게 이윤을 자신에게 보내라고 명령했다.

푸거는 크라쿠프의 대리인에게 보낸 편지에서 다시 루터를 비난했다. "새로운 사제들이 사람들에게 법을 어기라고 선동하고 있네. 그건 농민들이 바란 것이었지. 영주를 무시하는 것 말일세."[16] 절망에 빠진 푸거는 다시 덧붙였다. "무슨 일이 벌어지려고 하는지 모르겠군." 또 게오르크 공작에게 보낸 편지에서는 러요시 국왕을 농민들에 비유했다. 그는 러요시가 자신을 공격한 것은 자신에게 진 빚 때문이라고 썼다.

푸거는 앞날을 정확히 예견하지는 못했지만 그렇다고 넋을 놓고 있지는 않았다. 그는 즉시 모든 인맥을 가동했다. 클레멘스 교황이 러요시에게 서한을 보내 푸거를 칭찬하고 푸거의 재산을 돌려주라고 요구했다. 슈바벤동맹은 헝가리를 침공하겠다고 협박했다. 막시밀리안은 헝가리 상품에 대해 불매 운동을 선언했다. 바이에른 공과 팔츠 공도 그 뒤를 따랐다. 심지어 러요시의 삼촌인 폴란드의 지기스문트 국왕도 러요시가 푸거의 광산을 돌려줄 때까지 헝가리 상품을 불매하는 데 동의했다.

경제 제재를 전쟁 무기로 활용한 경우는 아테네가 금수 조치로 이웃 나라 메가라를 공격한, 적어도 2400년 전까지 거슬러 올라간다. 하지만 헝가리에 대한 불매 운동의 규모는 전례가 없었으며, 정실 자본주의의 노골적인 사례로도 손색이 없었다. 러요시를 압박한 사람들은 모두 푸거의 고객이었다. 그들이 푸거 편을 든 것은 보답을 기대했기 때문이다.

러요시가 굴복을 고려한 것은 불매 운동 때문만은 아니었다. 국가는 사업을 경영하기에 알맞지 않은 경우가 많은데, 헝가리도 예외는 아니었다. 푸거의 광산 기술자 같은 전문 인력을 구하지 못하자 광산에서는 손실이 났다. 러요시가 임명한 사람들은 광산업에 대해 아무것도 몰랐다. 그들은 노동자를 다루지 못했으며 펌프와 용광로 앞에서 속수무책이었다. 데른슈밤이 광산에 남아 있던 푸거 추종자들에게 태업 명령을 내린 것도 한몫을 했다. 러요시는 태업, 불매 운동, 부실 경영의 압박에 휩싸였다. 푸거에게 어마어마한 이익을 가져다주던 광산이 러요시에게는 손실을 끼쳤다.

러요시는 꿋꿋이 버티었다. 그는 광산을 돌려주라는 국제적 압박에 맞서 광산 점거를 정당화하기 위해 수감 중인 알버에게 두 번째 문서에 서명하도록 강요했다. 이 문서에서 러요시는 푸거에게 한 푼도 빚지지 않았다고 부인했을 뿐 아니라 푸거가 자신에게 20만 플로린의 거금을 빚졌다고 주장했다. 그러면서도 일부 자산을 푸거에게 돌려주는 데 동의하고 추가 대출을 허심탄회하게 논의하자고 제안했으나 광산과 설비에 대해서는 여전히 반환을 거부했다. 또한 푸거에게 상환 청구를 포기하라고 종용하기도 했다. 러요시의 제안은 현실성이 없었다. 푸거에게 주는 것이 아무것도 없었기 때문이다. 푸거는 게오르크 공작에게 "그 제안은 쓸모없는 휴지 조각입니다"[17]라고 말했다.

푸거는 광산을 되찾기 위해 모든 방면에서 노력했다. 그는 자포여에게 접근해 다이아몬드 반지를 보내면서 그의 아내와 딸에게 안부를 전했다. 자신의 평판이 좋지 않음을 깨닫고는 은화의 순도를 낮춘 장본인으로 투르조 엘레크를 지목해 비난을 회피하려고 했다. 11월에 제국 대표자들은 바이에른 및 팔츠의 의원들과 합류해 러요시와 협상을 벌였다. 이들은 타협을 기대했으나 러요시는 양보하려고 들지 않았다.

＊

　튀르크의 술탄 술레이만 대제는 아드리아노플(에디르네)의 유원지에 머물던 중 본토에 문제가 생겼다는 소식을 전해 들었다. 술레이만의 정예 부대 예니체리가 반란을 일으킨 것이다. 이 반란은 푸거의 입지를 강화했다.

　술레이만은 유럽에서 가장 무시무시한 인물이었다. 콘스탄티노플을 점령한 술탄 '정복자 메흐메트'의 증손자인 그는 유럽의 심장부로 영토를 확장할 계획이었다. 1521년 술레이만의 30만 대군이 난공불락의 요새 베오그라드로 행군했다. 메흐메트조차 무너뜨리지 못한 곳이었다. 술레이만은 7일 동안 포위 공격한 끝에 승리했다. 이로써 튀르크는 남쪽으로 헝가리 코앞까지 진출하게 되었다. 광대한 오스만제국의 다른 지역에서 소란이 일어나지 않았다면 거기서 멈추지 않았을 것이다. 곧이어 파비아 전투에서 놀랍게도 카를이 프랑수아 국왕을 사로잡았다. 술레이만은 카를 5세의 얼굴에서 자기만큼 강인한 사내를 보았다. 메흐메트가 콘스탄티노플을 점령한 뒤 역대 교황은 이를 되찾기 위한 십자군 원정을 요청했다. 하지만 유럽의 왕들은 개별적으로는 너무 약하고 분열되어 있어서 요청을 받아들일 수 없었다. 카를은 자력으로 술탄과 맞서 싸울 수 있을 만큼 강한 최초의 국왕이었다.

　예니체리는 병사로 양성된 기독교인 노예의 자녀들이었다. 술탄은 전리품을 임금으로 지급했다. 따라서 전쟁이 없으면 임금도 없었다. 전례에 따르면 그들은 3년마다 대규모 원정을 떠났는데, 그때마다 마음껏 노략질을 할 수 있었다. 그들은 술레이만에게 카를이 공격하기 전에 먼저 공격하자고 요청했다. 그들은 부더를 급습한 뒤 빈으로 행군하고 싶었다. 술레이만이 아드리아노플에서 고심하는 사이 예니체리는 인내심을 잃고 반란을 일으켰다. 그리스 국경 근처에 위치한 아드리아노플에는 하렘, 개잎갈나무 숲, 산들바람이 부는 사냥터가 있었다. 술탄이 아기는 장소였다. 하지만 예니체리가 반란을 일으킨 지금 향락을 즐길 여유가 없었다. 술레이만은 서둘러 콘스탄티노플로 돌아가 예니체리의 지도자를 처형하고 부더 공격을 약속했다.

러요시는 술레이만을 방어하기 위해 자금이 절실히 필요했다. 그는 최대 자금원이던 구리 광산이 수렁에 빠지자 광산을 돌려줄 테니 15만 플로린을 빌려 달라고 푸거에게 제안했다. 푸거는 선뜻 수락하지 않았다. 그는 자신의 창고에서 훔쳐 간 금속을 모두 변상하고, 광산을 정상화하는 데 필요한 비용을 지불하라고 요구했다. 푸거는 러요시에게 현금, 비단, 토지, 보석 등 어떤 것이든 액수만 정확하면 지불 방식은 상관없다고 말했다. 푸거는 광업권으로는 비용을 충당하기 벅찼기 때문에 또 다른 특혜도 요구했다. 러요시는 자금을 빌리려면 더 많은 혜택―광산, 토지, 관세 인하―을 제시해야 했다. 러요시는 푸거가 너무 많은 것을 요구한다고 생각했다. 튀르크가 몰려오고 있었지만 푸거 없이 맞서는 쪽에 도박을 걸기로 했다. 러요시는 푸거의 역제안을 거부했다.

❧

푸거의 역사적 궤적을 이루는 편지, 계약서, 장부 등을 보면 푸거의 상업 활동에 대해서는 많은 것을 알 수 있지만 그의 개인적 관계에 대해서 알 수 있는 것은 거의 없다. 그와 아내의 관계가 냉랭했을 것이라고 생각되지만 확실히 알 수는 없다. 푸거가 고객들에게는 싹싹하고, 조카들에게는 퉁명스러웠을 것이라는 점도 짐작할 수는 있다. 하지만 우리가 알고 있는 것은 단편적 일화들뿐이다. 그중에는 의미심장한 것도 있다. 이를테면 로마에서 푸거의 대리인을 지낸 요하네스 칭크와의 일화를 예로 들 수 있다. 푸거가 러요시 국왕과 싸우던 시절에 일어난 이 사건은 푸거가 (냉혹하지는 않더라도) 융통성이 없음을 보여 준다.

푸거가 조카 안톤을 칭크의 후임자로 로마에 보낸 뒤 칭크는 쇠약하고 빚을 진 채 아우크스부르크로 돌아왔다. 칭크는 돈에 쪼들릴 이유가 전혀 없었다. 그는 푸거에게 두둑한 급여를 받았을 뿐 아니라 뇌물을 주고 성직도 많이 매수했었다. 하지만 칭크는 만족하는 법이 없었다. 더 큰 부자가 되고 싶어서 너무 자주 돈을 빌리다가 결국 투자에 실패해 손해를 보았다.

헝가리에서 위기가 발생했을 때 칭크의 가족은 푸거에게 너무 늦기 전에 칭크를 만나 달라고 간청했다. 푸거는 칭크에게 연민을 느껴 작별 인사를 하고 싶었는지도 모른다. 아니면 로마의 최근 정보를 얻고 싶었는지도 모른다. 어쨌든 푸거는 칭크의 침대 머리맡을 찾았으며, 칭크는 푸거에게 도움을 청했다. 자신이 빚을 갚지 못하고 죽으면 가족은 모든 것을 잃게 될 것이라고 말했다.

　푸거는 칭크의 최대 채권자였다. 칭크는 푸거에게 채무를 탕감해 달라고 직접 부탁하지 않고 집 열쇠를 푸거의 손에 쥐어 주려고 했다. 동시대인들은 이 행위의 의미를 정확히 이해했을 것이다. 열쇠를 받는 것은 상대방의 채무를 탕감하지 않겠다는 뜻이었다. 푸거는 따스하고 친절하게 열쇠를 사양했으며 칭크는 푸거를 믿고 눈을 감았다. 그러므로 칭크가 죽고 얼마 지나지 않아 집달리가 나타나 빚을 당장 갚으라고 요구했을 때 칭크의 가족은 놀랄 수밖에 없었다. 칭크의 아들이 소유한 성직 하나를 제외하면 가족의 수입원은 전무했다. 채무 문제는 법정에서 다투었으며 법원은 푸거의 손을 들어 주었다. 푸거는 성직권을 압류했다. 아마도 되팔았을 것이다. 푸거가 칭크를 진심으로 좋아했을지도 모르지만 거래는 거래였다.

12

북소리가 그치다

1525년 12월의 어느 아침, 푸거 궁 예배당에 소규모 군중이 모여 소식을 기다렸다. 그 중에는 푸거의 조카들, 공증인 2명, 증인으로 참석한 외부인 몇 명도 포함되어 있었다. 푸거는 죽을병에 걸려 옆방에서 쉬고 있었다. 모두 도착하자 문이 열리고 하인이 그를 부축해 들어왔다. 공증인 1명이 서류에 쓰인 문구를 내려다보았다. 그는 푸거가 수정한 유언을 읽으려던 참이었다. 자리에 모인 사람들에게 푸거가 세계 최대의 부를 어떻게 나누었는지 알려 주어야 했다. 성탄절은 사흘 남았지만 누군가는 미리 선물을 받을 터였다.

이것은 두 번째 유언장이었다. 첫 번째는 4년 전 보름스 회의 시절에 작성했다. 당시 푸거는 회의에 참석하기에는 나이가 많았으므로 가장 유력한 추정 상속인인 조카 울리히를 자기 대신 제국의회에 참석하게 했다. 4년이 지난 지금 푸거는 여전히 살아 있었으나 울리히는 저세상 사람이 되었다. 울리히는 서른다섯 살에 세상을 떠났다. 울리히가 죽자 푸거는 유언을 수정해 새로운 상속 계획을 세워야 했다.

공증인이 낭독을 시작했다. 유언장은 뜻밖의 문구로 시작했다.

첫 번째 유언장과 달리 푸거가 가장 신뢰하는 직원들이 수혜자로 포함되었다. 두 번째 유언장은 푸거의 최측근 10명을 거명한 뒤 조카들에게 이들을 돌보고 연금을 지급하라고 명령했다. 그전까지 푸거의 입장은 직원들에게 공정한 임금을 지불했으므로 그것으로 충분하다는 것이었다. 그동안 마음이 누그러진 모양이었다. 사제들이 푸거의 이름으로 미사를 집전하고 영지에서 푸거의 구원을 위해 기도하는 농민들에게 돈을 지급하라는 유언은 여전히 남아 있었다. 또한 유언장은 푸거라이의 모든 주민에게 선물을 약속함으로써 — 자녀가 있는 가족에게는 1플로린, 없는 가족에게는 그 절반 — 푸거가 이 주택 사업에 애착을 가지고 있음을 강조했다.

다음 유언은 누가 자금을 관리할 것인가였다. 울리히는 죽었지만 또 다른 조카 히에로니무스는 여전히 건강했다. 그는 후보 중 한 명이었다. 나머지 후보로는 게오르크 푸거의 아들 라이문트와 안톤이 있었다. 이전 유언장에서는 히에로니무스가 울리히의 몫을 가졌을 테지만, 푸거는 그를 지켜본 뒤 그가 무능하다고 판단했다. 새 유언장에서 푸거는 히에로니무스를 다음과 같이 평했다. "가족 사업에서도 자기 사업에서도 신통하지 못했다. 이런 일에는 적합하지 않을 것이라고 생각된다." 푸거의 판단을 입증하기라도 하듯 이듬해 히에로니무스는 한 결혼식장에서 술에 취해 하녀의 머리카락을 잘랐다. 푸거는 히에로니무스에게 사업의 3분의 1을 물려주고 매각을 금지했다. 히에로니무스가 죽으면 그의 몫은 라이문트와 안톤에게 가도록 했다. 히에로니무스뿐 아니라 대大울리히의 나머지 모든 상속인에게도 영향을 미친 중요한 조치였다. 푸거는 그들에게 명목상의 유산을 남겼을 뿐 그 밖에는 어떤 혜택도 주지 않았다. 푸거는 게오르크의 아들들만이 푸거 사업을 경영하고 재산을 관리하기를 바랐다.

푸거는 안톤과 라이문트가 "지금까지 자신의 사업을 도왔다"며 두 사람에게 각각 다른 임무를 맡겼다. 라이문트는 자주 앓아누워 푸거가 보기에 상업의 고역을 감당할 신체적 능력이 없었으므로 푸거는 그에게 영지 관리 임무를 맡겼다. 라이문트는 바이센호른과 키르히베르크를 비롯한 영지의 감독관이 되었다. 세계 최대의 상업 조직인 자신의 사업은 안톤에게 맡겼다. 푸거는 이 임무를 형벌처럼 묘사해 경영의 "부담, 불편, 고역"을 물려받는 것이라고 말했다.[1]

안톤은 서른두 살로, 라이문트보다 네 살 어렸지만 푸거는 그의 식견이 마음에 들었다. 푸거는 안톤을 훈련시키기 위해 그를 밖으로 돌리며 현지 사무소 사람들과 사안들을 접하게 했다. 안톤은 일찌감치 폴란드 금광의 까다로운 계약을 성사시켜 두각을 나타냈다. 부더에서는 사익을 챙기는 대리인을 적발해 해고함으로써 다시 한 번 재능을 입증하기도 했다. 안톤에게는 모험적인 측면도 있었는데, 이 때문에 하마터면 경력을 망칠 뻔하기도 했다. 그가 로마에 근무할 때 돈을 빌렸다가 빚쟁이가 되었는데 삼촌의 도움으로 푸거에게 들키기 전에 빚을 갚았다. 그는 친구에게 아무 말도 하지 말라고 경고했다. "발설하면 재미없을 줄 알아." 이 일로 안톤은 정신을 차렸다. 그는 로마에서 칭크 후임으로 수석 관리자가 되었으며, 교황청 인맥을 동원해 교황이 헝가리 상품을 불매하도록 설득시켰다.

푸거는 유언장에서 조카딸들에게 각각 5000플로린을 주었는데, 첫 번째 유언장보다 1800플로린 늘어난 액수였다. 자산을 나누어 줄 생각은 전혀 없었다. 푸거는 결정권자가 적을수록 사업과 영지를 순조롭게 관리할 수 있을 것이라고 믿었다. 아내 지빌레를 비롯한 여인들이 경영에 참여하는 것을 바라지 않았다. 푸거의 할머니와 어머니는 남편이 죽고 나서 일류 사업가로서의 역량을 발휘했지만 푸거는 남자들이 결정을 독점하기를 바랐다.

첫 번째 유언에서는 지빌레에게 인색하지 않았다. 푸거는 푸거 궁으로 이사하기 전에 함께 살던 집을 아내에게 주었는데, 옛정을 생각한 선물이었다. 그뿐만 아니라 정원, 예배당, 집 안에서 마상 창 시합을 열 수 있는 경기장이 딸린 근사한 땅까지 주었다. 주택은 개축해 가구, 태피스트리, 보석 장식물 등으로 꾸몄다. 푸거는 조카들에게 주택에 대한 세금을 내고 정원을 관리하도록 지시했다. 이전 유언장에는 지빌레에게 지참금 5000플로린을 돌려주고, 사업에 5퍼센트 이율로 계속 투자할 수 있도록 5000플로린을 일시불로 지급하며, 생활비로 1년에 800플로린을 주라고 되어 있었다. 푸거는 부부의 은식기와 보석을 아내에게 준다는 글에서 '최근에 준 대형 다이아몬드와 큰 루비'라는 문구를 직접 써넣기도 했다. 지빌레는 옷장이 가득 차 있었는데, 푸거는 가장 좋은 옷만 남기고 나머지는 가족들에게 나누어 주라고 지시했다. 그는 또한 부부용 침대도 아내에게 주었는데, 이 침대는 푸거에게 특별한 의미가 있었다. 푸거는 침대에서 둘이서 '나란히' 잠을 잤다고 언급하기도 했다. 그는 아내가 죽으면 성 안나 교회의 푸거 예배당에 자신과 나란히 안치하기를 바랐다.

그런데 4년이 지난 지금 푸거는 지빌레에게 정이 떨어졌으며, 지빌레는 설 자리를 잃었다. 그녀의 가족은 루터 편으로 돌아섰으며 지빌레 자신도 그쪽으로 기울었다. 푸거가 그녀와 콘라트 렐링거의 관계를 알고 있었는지도 모른다. 그렇다고 새 유언장에서 그녀를 길바닥에 나앉게 하지는 않았다. 지참금과 은 식기는 챙기게 해 주었지만 집은 1채만 상속했으며, 그것도 새로 개축해 정원과 경기장이 딸린 주택이 아니라 그보다 수수한 주택이었다. 연금 800플로린과 일시금 5000플로린은 취소하고 2만 플로린을 일시불로 지급하되 그녀가 재혼하면 1만 플로린으로 삭감하도록 했다. 침대 조항은 그대로 두었으나 옷장에 대한 언급과 푸거 예배당에 매장될 권리는 삭제했다. 수정된 유언장에 지빌레가 어떤 반응을 보였는지는 기록되어 있지 않다.

유언장 낭독이 끝났지만 푸거는 안톤과 논의할 것이 두 가지 남아 있었다. 첫 번째는 헝가리였다. 푸거는 안톤에게 어떤 상황에서도 완전한 반환 이외에는 그 무엇도 받아들이지 말라고 당부했다. 러요시 국왕은 머지않아 자포자기할 테니 인내심을 가지고 기다리라고 말했다. 술탄이 점점 조여 오고 있었으므로 러요시가 마음을 고쳐먹으리라는 것이었다.

두 번째 문제는 푸거의 매장에 대한 것이었다. 우르바누스 레기우스가 슈바츠에서 아우크스부르크로 돌아와 자리 잡은 뒤 성 안나 교회는 루터파에게로 넘어갔다. 레기우스는 외교적 수완을 발휘하려고 들었다. 전통주의자들에게는 여전히 옛 방식으로 성찬을 집례하면서도 루터의 추종자들에게는 새로운 방식을 도입했다. 푸거는 그런 타협이 못마땅했다. 그가 보기에 레기우스는 루터만큼이나 나쁜 놈이었다. 죽음을 앞둔 푸거는 안톤에게 더 적합한 묘지를 알아보라고 지시했다. 안톤은 레기우스가 있기는 하지만 성 안나 교회가 여전히 로마에 충성한다고 푸거를 설득했다. 그것은 거짓말이었지만, 푸거의 유골을 어디에 둘 것인가의 문제는 이것으로 일단락되었다.

그 와중에 페르디난트 대공이 현지 귀족과 만나기 위해 아우크스부르크를 찾았다. 가두 행진이 그의 도착을 알렸다. 황제 선거 이후 8년이 지난 지금, 스물세 살의 페르디난트는 푸거를 이해하고 존경하게 되었다. 두 사람은 농민 전쟁으로 더욱 가까워졌으며, 대공은 푸거가 합스부르크의 부흥에 중요한 역할을 했음을 깨달았다. 그는 푸거가 살날이 며칠 남지 않았다는 것을 알고 있었다. 행렬이 시청을 지나 푸거 궁으로 향하자 대공은 나팔과 북 연주를 멈추라고 명령했다. 아우크스부르크의 연대기 작가 젠더는 "그는 폐를 끼치고 싶지 않았다"[2]라고 기록했다. 하지만 페르디난트의 보좌관들은 상관만큼 품위를 유지하지 못했다. 그들은 아우크스부르크에 머무는 동안 푸거를 찾아와 푼돈을 빌렸다.

12월 28일은 푸거가 업무를 본 마지막 날이었다. 그가 내린 최후의 사업 결정은 프로이센 공 알브레히트가 요청한 대출을 거절한 것이었다. 최근 알브레히트는 가톨릭 교단에 속한 튜턴 기사단의 단장 자리에서 물러나 루터파가 되었다. 알브레히트는 상환 능력이 충분했지만 푸거는 개종자에 대한 대출을 거부했다. 이튿날 푸거는 (젠더의 글에 따르면) "죽은 듯" 깊은 잠에 빠졌다.[3] 오코 박사가 손님을 모두 내보냈다. 다른 사람들은 스스로 접근을 삼갔다. 그가 임종할 때 푸거의 조카들과 아내 지빌레는 다른 곳에 있었다. 푸거는 1525년 12월 30일 새벽 4시에 예순여섯 살의 나이로 세상을 떠났다. 임종을 지킨 사람은 간호사와 사제뿐이었다. 정확한 사인은 알려지지 않았지만 전립선염으로 추정된다.

젠더는 징조를 알아차리지 못한 자신을 질책했다. 두어 달 전에 신비한 검은 무지개가 아우크스부르크 하늘에 나타났었다. 젠더는 돌이켜 보니 명확한 조짐이었다고 술회했다. 주님께서 아우크스부르크의 가장 위대한 시민의 죽음을 예고하셨으며, 그것 외에는 설명할 길이 없다는 것이었다. 젠더의 연대기를 비롯한 자료들은 푸거의 장례식에 대해 침묵하고 있으므로 자세한 내용은 추측하는 수밖에 없다. 장례식은 하루 종일 진행되었을 것이다. 말이 영구차를 끌고 검은 옷을 입은 재관을 옮기는 12명이 그의 관을 교회 납골당으로 운구했으리라. 실제 상황을 언급한 유일한 자료는 마테우스 슈바르츠의 화집뿐이다. 장례식에 대해서는 나와 있지 않지만 슈바르츠가 검은 옷을 입었다는 것은 알 수 있다. 글에 딸린 삽화에는 그의 모습만 그려져 있다.

젠더는 푸거를 누구보다 그리워한 듯하다. 그가 연대기에 쓴 글은 푸거의 찬미가라고 해도 될 정도다. "야코프 푸거와 조카들의 이름은 모든 왕국과 나라에, 또한 만방에 알려져 있다. 황제, 국왕, 제후, 영주가 그에게 인사를 보냈다. 교황은 그를 아들이라고 칭했다. 추기경들은 그 앞에서 일어섰다. 세상의 모든 사업가들은 그를 사업의 귀재로 묘사했다. 그는 독일 전체의 자랑이었다."

젠더의 비판은 지빌레에게로 향했다. 그는 지빌레가 "복된 남편의 집"을 버리고 ─ 보석과 현금을 챙겨 하녀를 거느린 채 ─ "늙은이" 렐링거에게 갔다고 적었다. 지빌레의 친척들은 자신들의 연대기에서 푸거의 조카들이 그녀와 렐링거를 "폭력과 무력"으로 강제로 결혼시켰다고 주장했다.[4] 그러면 2만 플로린이 아니라 1만 플로린만 지급하면 되었기 때문이다. 그마저도 조카들은 지불을 거부했다. 논란은 법정 다툼으로 이어졌으며 결과는 푸거의 유언장에 따랐다. 조카들은 그녀에게 1만 플로린만 지급했다.

❧

푸거는 30대일 때 할 수 있는 한 돈을 벌겠다고 공언한 바 있다. 그는 마지막까지 일함으로써 그 맹세를 지켰다. 더 놀라운 사실은 푸거가 유동성을 유지한 채 죽었다는 것이다. 그는 판돈이 큰 게임을 했으며 수많은 공격을 받았음에도 승리했다. 같은 게임을 한 프랑스의 은행가 자크 쾨르는 모든 것을 잃고 객사했다. 바르디 가문, 페루치 가문 등 15세기를 호령한 피렌체 은행가들도 그와 다르지 않았다. 그들은 잉글랜드 국왕들에게 돈을 빌려주고 유동성 부족에 허덕였다. 메디치 가문조차 금전적 힘을 발휘한 것은 잠시뿐이었다. 메디치 가문은 코시모 시절에 재력의 상징이었으나 손자 로렌초는 사업보다 국정國政과 예술에 관심을 더 기울였다. 로렌초가 빚더미에 깔려 죽은 지 2년 만에 기업은 해산되었다. 앞에서 보았듯이 푸거 가문에서도 몇몇은 몰락했다. 야코프 푸거의 사촌 루카스는 야코프 푸거의 발판이 된 바로 그 고객인 합스부르크의 막시밀리안에게 대출해 주었다가 파산했다. 푸거의 경쟁자 호흐슈테터는 농민 전쟁 이후에도 사업을 유지했으나, 마에스트라스고를 차지해 수은 시장을 장악하려던 1529년에 그 운이 다하고 말았다. 파산을 앞둔 호흐슈테터는 "친애하는 사촌"[5] 안톤 푸거에게 구제를 간청했으나 거절당하고 채무자 감옥에 갇히는 신세가 되었다. 안톤은 채권단의 일원으로서 부르크발덴의 성, 슈바츠의 주택, 엔바흐의 용광로를 압류했다.

푸거가 살아남은 비결은 따분하지만 상식적인 접근법으로 자금 운용을 계획했다는 것이다. 카를 5세에게 거액의 무담보 대출을 해주기는 했지만 어마어마한 자금을 부동산 형태로 비축해 둔 상황이었으며, 나이가 들수록 위험을 덜 감수했다. 그럼에도 그가 죽은 지 얼마 되지 않아 회계사들이 작성한 대차 대조표에서 보듯이 그는 꾸준히 고수익을 올렸다.

1527년의 대차 대조표는 야코프 푸거를 이해하는 데 가장 중요한 자료다. 그런 점에서 이 자료의 성격을 살펴볼 필요가 있다. 대차 대조표는 단조롭고 난해해 보일지도 모르지만, 사업이 시작되는 순간부터 모든 활동을 기록하기 때문에 매우 많은 정보를 알려 준다. 대차 대조표는 파도가 밀려올 때마다 모양이 달라지는 해변과 같다. 거래가 이루어질 때마다—업체에 대금을 지불하고, 매주 급여를 지급하고, 수표를 현금화할 때마다—총액은 증가하거나 감소한다. 대차 대조표는 몇 줄이나 한 페이지로 압축한 전체 역사인 셈이다. 은행은 대출하기 전에 대차 대조표를 살펴보아야 한다(그렇게 하지 않는 경우가 많기는 하지만). 위대한 낭만주의 작가 괴테는 다음과 같이 밝혔다. "그것[복식 부기]은 인간 정신이 고안해 낸 가장 아름다운 발명품 중 하나지."[6] 괴테는 대차 대조표가 수입과 지출의 단순한 기록—수입 항목, 현금 흐름, 그 밖의 회계 내역—을 무궁한 정보의

원천으로 탈바꿈시킨다는 사실을 알고 있었다.

누군가 푸거에게 자신의 최대 업적이 무엇이냐고 묻는다면 그는 황제 선거나 푸거라이를 들지도 모른다. 아니면 '야코프 푸거와 조카들'의 대차 대조표를 언급할지도 모른다. 대차 대조표는 왕과 왕비, 교황과 애인, 해외 탐험과 재산 변동, 자원 투자와 (지도 제작자의 시선을 끌기에 충분한) 부동산 이야기를 들려주는—비록 숫자로 나타내기는 했지만—생애 요약본이다. 그의 삶의 이야기가 여기에 담겨 있다.

푸거가 사망한 해인 1525년의 대차 대조표는 푸거의 여느 서류와 마찬가지로 유실되었다. 하지만 1527년의 대차 대조표를 보면 당시 상황을 꽤 정확히 추측할 수 있다. 페이지 왼쪽에는 푸거가 소유한 자산이나 물품을 기록했다. 액수가 가장 큰 것은 대출이었다. 페르디난트는 티롤 광산을 담보로 65만 1000플로린을 대출했다. 카를과 스페인 왕국은 마에스트라스고의 수은 광산을 담보로 50만 플로린을 빌렸다. 포르투갈 국왕은 1만 8000플로린, 페르디난트 휘하의 나폴리 총독은 1만 5000플로린, 브란덴부르크-쿨름바흐 변경백 카지미르는 2000플로린의 채무가 있었다.

다음으로 액수가 큰 것은 38만 플로린의 재고로 푸거의 창고에 보관된 구리와 직물이었다. 그다음은 부동산으로 15만 플로린에 이르렀다. 구체적으로 살펴보면 바이센호른을 비롯한 영지가 7만 플로린, 아우크스부르크 부동산이 5만 7000플로린, 안트베르펜 사무소가 1만 5000플로린, 로마 사무소가 6000플로린으로 평가되었다. 푸거의 광산들은 27만 플로린으로 평가되었는데, 매장된 원광석의 가치가 아니라 푸거가 지불한 금액을 기준으로 삼았을 것이다. 현금과 잡다한 대출 및 투자 등의 기타 자산도 백만 단위에 달했다.

당시에는 장부의 정확성을 감시하는 증권거래위원회 같은 기관이 없었다. 자산의 가치를 어떻게 정하고 수입을 어떻게 승인할 것인가에 대한 규칙도 없었다. 장부를 작성하는 방법은 푸거 마음대로였다. 그는 신중함을 택했다. 가치 없는 자산을 삭제하고 불확실한 자산을 표시했다. 불확실한 자산 중에는 헝가리에 대출한 26만 플로린, 투르조 엘레크에게 대출한 11만 3200플로린, (대금업을 승인한) 교황 레오 10세에게 대출한 2만 958플로린 등이 있었다. 레오는 죽었지만 푸거가 그의 반지를 담보물로 잡고 있었기 때문에 레오의 가족이 반지를 되찾고 싶어 한다면 상환받을 가능성이 남아 있었다.

페이지 오른쪽에는 채무를 기록했다. 이것은 푸거 가문이 다른 사람에게 빌린 돈이다. 푸거 가문은 스페인의 채권자들에게 34만 플로린을, 기타 채권자들에게 18만 6000플로린을, 예금자들에게 29만 플로린을 빚지고 있었다.[7] 충분히 감당할 수 있는 금액이었다. 1527년의 대차 대조표에서 가장 놀라운 점은 자산이나 채무가 아니라, 이 둘의 차액이었다. 이 차액을 사업의 순가치equity라고 한다. 이는 사망 당시 푸거가 가진 개인 재산의 가치와 같다. 그의 조카들도 지분이 있었지만 푸거는 사업을 완전히 지배했으며, 자금 지출에 대한 전권을 가지고 있었다. 푸거가 묘비명에서 "어마어마한 부의 획득 면에서 으뜸이요"라고 말한 것이 바로 이 순자산이다. 금액은 202만 플로린에 이르렀다. 푸거 이전의 사업가가 유럽 표준 통화로 100만 이상의 가치를 보유했을지도 모르지만 이를 기록으로 남긴 사람은 아무도 없었다. 메디치 가문이나 (적어도) 그들 은행의 재무제표가 사실이더라도 그 금액은 5만 6000플로린을 넘지 않았다. 따라서 푸거야말로 최초의 백만장자라고 할 수 있다.

1527년의 대차 대조표와 이전 대차 대조표를 비교하면 투자 수익을 알 수 있다. 야코프가 형제들과 동업자가 된 1494년의 회사 순자산은 5만 4385플로린이었다. 1511년에는 19만 6791플로린으로 증가해 연 수익 8퍼센트를 기록했다. 1527년에는 202만 플로린에 이르렀으며, 1511년부터 1527년까지의 연 수익은 16퍼센트였다. 우리는 후반기에 수익이 증가한 것은 푸거가 전권을 가졌기 때문이며, 상반기에는 형제들과 함께 결정해야 했기 때문에 수익이 적었다고 생각하기 쉽다. 푸거가 형제들의 간섭에서 벗어나면서 자신만의 방식으로 마음껏 투자할 수 있었다는 것이다. 하지만 수익률이 개선된 것은 대부분 앞선 투자에 대한 수확을 거둔 덕분이었다. 33년간 푸거의 총 수익은 12퍼센트였다. 위험을 더 감수했다면 더 큰 수익을 올렸을 수도 있지만, 대차 대조표에서 보듯이 그는 말년에 신중을 기했다. 순자산과 현금이 자신의 광산에서 발생하고 있었기 때문에 차입과 대출을 늘려 (시쳇말로) 대차 대조표를 작성할 수도 있었다. 하지만 그 돈으로 무엇을 할 수 있었을까? 짭짤한 투자처는 가물에 콩 나듯 했다. 특히 그 같은 부자가 재산을 불리려면 엄청난 규모의 기회를 찾아야 했다. 게다가 푸거는 나이를 먹으면서 부의 축적보다는 부의 유지를 중시했다. 그는 합스부르크 가문이 채무 불이행을 선언하더라도 회사가 여러 세대에 걸쳐 버틸 수 있기를 바랐다. 푸거의 지혜가 진가를 발휘한 것은 그가 세상을 떠난 뒤 안톤이 보헤미아와 작센의 주석 생산을 독점해 시장을 장악하려고 시도했을 때다. 안톤이 투자 실패로 잃은 금액은 50만 플로린에 육박했지만 회사는 살아남았다. 유럽의 다른 어떤 기업도 그 정도의 타격을 이겨 낼 수는 없었을 것이다.

❧

푸거는 세상을 떠났지만 그의 사업은 계속 이어졌다. 사업은 푸거 사후에 최전성기를 맞이했는데 푸거조차도 놀랐을 것이다. 대차대조표 액수가 점점 커지고, 점점 많은 도시에 사무소가 들어서고, 사업이 더 국제화·정교화되고, 국제 문제에 미치는 영향력은 여전했다. 푸거 회사는 그의 사후 100년간 유지되었다. 푸거 가문이 사업을 접은 것은 이 일에 흥미를 잃고 사업가보다는 대지주로 살고 싶었기 때문이다. 몇몇은 미술을 후원하고 도서관을 지었으며, 두 사람은 파산해 일용직에 종사했다. 한 사람은 푸거 궁보다 더 큰 궁을 지었다.

푸거의 사업은 계속 이어졌기 때문에 그의 이야기를 완성하려면 두 세대를 더 언급해야 한다. 그의 사업이 오랫동안 지속된 것에서 푸거가 얼마나 탄탄한 토대를 마련했고, 그의 솜씨와 성품이 얼마나 진귀했는지 알 수 있다. 몇몇 후계자는 재능이 있었지만 그에 필적할 만한 사람은 1명도 없었다. 그와 같은 자신감, 담력, 야심을 가진 사람도 없었다. 당연하다. 푸거처럼 대단한 사람은 통계적으로 매우 드물기 때문이다. 하지만 평범한 사람도 역사를 바꿀 수 있는데, 푸거 가문의 후손들은 당대의 주요한 사건들에 영향을 미쳤다.

푸거의 조카 안톤 푸거는 한동안 매사를 올바르게 처리했다. 주석 투자의 실패를 제외하면 그는 신중했으며, 합스부르크 가문과 더는 얽히지 않았다. 그의 첫 주요 행보는 헝가리의 러요시 국왕과 화해하고 광산을 돌려받은 것이었다. 러요시가 마음을 바꾼 것은 푸거가 예견한 대로 술탄과 싸울 자금이 필요했기 때문이다. 프랑스로부터 용기를 얻은 술레이만과 예니체리가 평원을 가로질러 부더로 몰려오고 있었다. 안톤은 러요시에게 5만 플로린을 빌려주었다. 푸거의 대리인이 후술한 바에 따르면 튀르크는 천하무적이었기 때문에 그 금액의 네 배를 빌려주었어도 결과는 같았을 것이다. 러요시는 직접 출정했으며, 튀르크는 모하치 전투에서 그를 살해했다. 그의 죽음으로 페르디난트는 헝가리 — 적어도 튀르크가 장악하지 못한 지역 — 의 군주가 되었다. 합스부르크 영토에는 노이졸을 비롯한 푸거 광산이 포함되었다. 푸거 가문과 투르조 가문은 1525년 헝가리 봉기 때 관계가 틀어졌다. 안톤은 투르조 가문이 푸거 가문에 진 빚이 너무 많아서 채무를 상환받기 위해 소송을 제기했다. 소송은 투르조 가문으로부터 동업관계 지분의 50퍼센트를 넘겨받는 것으로 해결되었다. 안톤은 엘레크의 대리인 자격을 유지했다. 하지만 튀르크의 위협은 안톤이 감당할 수 있는 수준을 넘어섰다. 안톤은 헝가리 내 임차권을 아우크스부르크 귀족 마티아스 만리히에게 양도했다(만리히는 훗날 파산했다).

처음에 안톤은 신중한 행보를 이어 갔으며, 다른 은행가들이 카를 황제에게 자금을 빌려주도록 했다. 카를은 포로인 프랑수아 국왕을 마드리드에 있는 궁에 가두었다. 프랑수아는 카를에게 자신을 풀어 주면 부르고뉴 공국을 주겠다고 약속했다. 카를은 프랑수아가 두 아들을 볼모로 넘긴 뒤 그를 석방했다. 프랑수아는 피레네산맥을 넘자마자 협정을 파기했으며, 교황 및 헨리 8세와 동맹을 맺은 뒤 합스부르크 가문을 이탈리아에서 몰아내겠다고 선전포고를 했다. 카를은 안톤이 자금 지원을 거부해 다른 곳에서 돈을 마련했다. 이는 재앙으로 이어졌다. 급여를 받지 못한 합스부르크 용병들은 로마를 약탈하고 보물을 훔치고 수비대 수천 명을 죽였다. 만약 용병들이 가톨릭교도였다면 로마가 이렇게까지 유린당하지는 않았을지도 모른다. 하지만 그들은 루터파였으며, 바티칸 시국에서 분노를 마음껏 발산했다. 교황은 비밀 통로로 궁을 빠져나갔다. 카를은 약탈자들과 한패가 아니었으나 무엇보다 이 사건으로 역사에 길이 남게 되었다.

카를이 독일인의 왕 자리를 페르디난트에게 이양해 부담을 줄이려고 시도한 뒤인 1530년에 안톤은 그와의 관계를 회복했다. 안톤은 선거후들에게 뇌물 27만 5000플로린을 제공함으로써 선거를 지원했다. 안톤에게는 유익한 사업이었다. 그는 나폴리의 어마어마한 세수에 대한 징수권을 얻고, 슈바츠에 대한 추가 계약을 맺었으며, 또 다른 합스부르크의 부동산을 차지했다.

논공행상이 순조롭게 진행되었다면 푸거 가문의 (안 그래도 비범한) 역사에서 가장 흥미진진한 장이 펼쳐졌을지도 모른다. 안톤이 페르디난트의 선거에 자금을 빌려준 대가로 카를은 안톤에게 솔깃한 제안을 했다. 페루와 칠레를 식민지화할 수 있는 기회를 준 것이다. 1532년 피사로가 잉카제국을 물리치자 카를은 안데스산맥의 잠재력을 개발할 사람이 필요했다. 계획이 성사되었다면 푸거 가문은 남아메리카 대다수 지역의 군주가 되었을 것이다. 안톤은 카를의 제안을 받아들였지만 아무 조치도 취하지 않은 채 생각을 바꾸었다. 한편 벨저 가문은 베네수엘라로부터의 비슷한 제안을 수락했지만 손해만 보았다. 벨저 가문과 베네수엘라의 관계는 1528년 아프리카인 4000명을 식민지로 이송한 노예 항해로 기억된다. 2년 뒤 카를은 아우크스부르크를 방문해 푸거 궁에서 안톤과 지내며 안톤, 라이문트, 히에로니무스에게 귀족 작위를 내렸다. 그들은 삼촌 야코프처럼 자신을 백작으로 칭할 수 있었으나 삼촌이 그랬듯이 백작 칭호를 사용하지 않았다. 안톤은 방문 기간에 카를의 상환 의무가 적힌 제국 문서 일부를 불태웠다고 전해진다. 카를 베커의 1866년 회화 작품을 보면 카를이 의자에 앉아 있고 안톤이 벽난로에 기록을 던져 넣고 있다. 이 작품은 베를린 국립미술관에 전시되어 있으며, 이 이야기는 확인된 푸거 전설의 일부가 되었다. 실제 근거도 있는데, 1546년 안톤은 채무 일부를 탕감해 주었다. 알 수 없는 것은 소각한 채무의 가치와 안톤이 왜 그랬느냐 하는 것이다. 카를에게 돈을 더 이상 빌려주지 않으려고 그랬을지도 모른다.

안톤은 슈바츠와 스페인에서 계속 큰 이익을 거두었다. 1538년에는 마에스트라스고 광산을 22만 4000두카트에 5년간 임차해서 15만 2000두카트를 벌었다. 런던, 마드리드, 리스본, 피렌체에 사무소를 개설해 지점 수가 70곳에 이르렀다. 또한 안톤은 아메리카와 인도에서 금을 불법으로 들여오기도 했다. 1546년 대차 대조표는 역대 최고의 실적을 기록했다. 자산이 70억 플로린에 부채가 불과 20억 플로린으로, 자본금은 50억 플로린에 이르렀다. 즉 야코프 사후

19년 동안 연 수익률은 7퍼센트였다. 탄탄하기는 하지만 화려한 수익은 아니었다. 하지만 안톤을 변호하자면 그는 '대수 법칙'과 맞서야 했다. 소기업을 성장시키는 것은 대기업보다 수월하다. 야코프는 이미 지구상에서 가장 큰 기업을 일구었다. 안톤은 푸거 가문과 다른 사람들의 격차를 더욱 벌렸는데, 이것만 해도 대단한 업적이다.

이 시기에 몇몇 선거후를 비롯한 독일인이 앞다투어 신교新敎로 돌아섰다. 푸거 가문과 합스부르크 가문은 루터가 틀렸음을 확신하고 오랜 신앙을 고집했다. 라이문트 푸거는 루터를 혹평하기도 했다. "그는 복음에 똥을 쌌다."[8] 가톨릭과 신교의 긴장이 고조되면서 안톤의 삶은 점점 꼬여 갔다. 1546년 루터파 제후들이 합스부르크 가문과 맞서 독일 전역을 신교화하기 위해 뭉쳤다. 카를은 안톤의 지원을 받아 종교개혁의 최대 격전 중 하나인 슈말칼덴 전쟁에서 신교를 물리쳤다. 카를은 여세를 몰아 적들을 강제로 가톨릭으로 개종시키려고 했다. 선거후 작센 공 모리츠가 신교도의 반격을 이끌었으며, 이들은 안톤이 자신들에게도 합스부르크 가문만큼 대출해 주지 않으면 아우크스부르크를 적으로 간주하겠다고 협박했다. 안톤은 빌려줄 돈이 한 푼도 없다고 거짓말했다.

유럽 최강의 은행가로 살아가야 하는 긴장감은 원기 왕성했던 삼촌과 달리 안톤을 좀먹었다. 안톤은 사업을 이끌겠다고 자원한 적이 한 번도 없었다. 푸거가 안톤에게 사업을 넘겨준 것은 단지 안톤의 사촌형 울리히가 죽어 공석이 생겼기 때문이다. 안톤은 탈진과 건강 악화를 호소했으며, 회사 자산을 청산하고 부채를 상환한 뒤 재산을 가문에 분배할 것을 고려했다. 그의 아들들은 사업을 물려받기에 너무 어렸으며, 조카들은 책임을 방기했다. 1550년 안톤은 사업을 "그만두고 은퇴할" 것이라고 유언장에 명시했다.

신교와의 전쟁이 일어나고 자신과 아우크스부르크가 위험에 직면하지 않았다면 안톤은 당장 회사를 정리했을지도 모른다. 카를은 전 재산을 전쟁에 쏟아부었다. 안톤을 비롯한 다른 은행가들은 카를의 대출 요청을 거부했다. 이에 카를은 "마치 상인들이 더는 나를 섬기지 않겠노라 일제히 합의한 것 같다. 아우크스부르크나 그 어디에서도 나에게 돈을 빌려줄 사람을 찾지 못하겠다. 아무리 많은 이익을 제안해도 소용이 없다"[9]라고 말했다. 하지만 전쟁은 계속되었으며, 프랑스의 금을 지원받은 모리츠는 합스부르크 영토를 하나씩 집어삼켰다. 모리츠는 카를을 인스브루크까지 추격했다. 높은 산 위로 피신한 카를은 안전했지만 돈도 군대도 없었다. 사면초가 신세가 된 황제는 안톤에게 친전을 보내 이곳으로 찾아와 대출에 대해 논의하자고 청했다. "짐의 가장 큰 바람일세."

안톤은 충성심에서 또한 유리한 조건을 기대하면서 인스브루크로 향했다. 협상이 지지부진한 사이 모리츠가 인스브루크 가까이까지 접근했다. 황제와 조신朝臣들은 이탈리아 국경 근처의 필라흐로 달아나 안톤과 합류했다. 필라흐와 푸거라우의 공장 사이에는 훌륭한 산책로가 있었으나 안톤은 그곳을 산책할 여유가 없었다. 카를이 이미 모리츠와 항복 협상을 시작했기 때문이다.

뒤이은 사건은 이 이야기의 핵심 장면이다. 용병들은 안톤의 결정을 기다리고 있었다. 안톤이 지갑을 열어 급여를 지급하면 카를은 충분한 병력을 확보해 모리츠를 작센까지 쫓아내고 (적어도) 독일 일부에서 가톨릭을 지킬 수 있을 터였다. 그러나 안톤이 거절하면 신교가 독일 전역을 차지할 것이었다. 사업에 지친 예순한 살의 안톤은 삼촌 야코프가 1519년 황제 선거를 지원할지의 여부를 결정할 때 못지않은 중대 기로에 서 있었다. 안톤은 삼촌과 마찬가지로 합스부르크 가문에 신의를 지켜 40만 플로린의 거액을 빌려주었다. 카를과 용병들은 모리츠를 완패시키고 자신의 성으로 돌려보냈다. 북독일은 신교로, 남독일은 가톨릭으로 남았으며 이 구도는 지금까지 이어지고 있다.

안톤은 자산 일부를 매각해 수익금을 가문에 나누어 주었다. 그는 1553년까지 총 200만 플로린을 분배했다. 이는 야코프 푸거가 세상을 떠났을 때 회사의 전체 가치와 맞먹었으며, 7년 전 안톤이 회사를 최고의 위치에 올려놓았을 때 자본의 40퍼센트에 해당했다. 야코프는 이 같은 청산 절차를―부분적으로든 아니든―결코 단행하지 않았을 것이다. 사업이 축소되는 것을 용납할 수 없었을 테니 말이다. 하지만 안톤 입장에서는 옳은 결정이었다. 합스부르크 가문이 파산하더라도 가문의 재산을 지킬 수 있었기 때문이다. 안톤은 계속해서 완전 청산을 논의했으나, 1550년대 유럽이 호황을 맞게 되자 유혹을 이기지 못하고 추가 대출을 시행했다. 1540년대 아메리카에서 유럽으로 유입된 금의 양은 연간 330톤에 이르렀으며, 향후 10년간 세 배로 급증했다. 안톤과 금융업자들은 금 공급이 무한하고 호황이 계속될 것이라고 확신한 나머지 돈을 빌려서까지 한껏 대출을 감행했다. 하지만 1554년 스페인이 이자를 연체하면서 문제가 생겼다. 안톤은 그 돈이 있어야만 대출금을 갚을 수 있었다. 다급해진 안톤은 안트베르펜의 대리인 마테우스 외르텔에게 이자가 얼마든 자금을 마련해 채무 불이행을 막으라고 명령했다. "내 신용이 거기에 달려 있어."[10] 한 번이라도 대출금을 연체하면 푸거 가문이 쌓아 올린 명성이 무너질 수 있었다. 안톤은 이 사실을 잘 알고 있었다. "나는 돈의 조롱 못지않게 사람의 조롱에 대해서도 생각한다네."[11]

안톤은 경고 사격에도 불구하고 자신만만했다. 신세계의 황금이 유럽의 해안에 계속 도착하고 있었기 때문이다. 그는 외르텔에게 자신의 이름으로 대출할 수 있는 전권을 주었다. 외르텔은 카를의 아들 펠리페가 스페인 왕좌를 물려받자 빠른 시일 내에 상환받을 수 있을 것이라고 기대한 나머지 150만 플로린을 빌려주었다. 80만 플로린 상당의 아메리카 황금이 상환을 위해 안트베르펜으로 향하고 있었는데 펠리페가 호위선의 방향을 돌리라고 명령했다. 프랑스와의 전쟁에 그 돈이 필요했기 때문이다. 펠리페는 안톤에게 사과하면서도 어쩔 수 없다고 말했다. 안톤은 격노해 외르텔을 해고했다. "악마가 고마워할 일을 저질렀군." 하지만 정작 비난받아야 할 대상은 자신의 탐욕이었다. 안톤은 다시 채무 불이행의 위기를 맞았다. 그는 다음과 같이 썼다. "채권자가 많다. 생각만 해도 몸서리가 쳐질 지경이다."[12] 안톤은 채무를 상환하면서 점점 빚의 수렁에 빠져들었다. 1557년 스페인이 채무 불이행을 선언하면서 최악의 상황이 벌어졌다. 이 사태로 아우크스부르크의 금융업자 여러 명이 파산했다. 어느 모로 보나 안톤도 파산해야 마땅했으나 그는 대마불사의 존재였다. 펠리페는 안톤이 필요할지도 모른다고 생각해 그에게는 상환을 (취소하지 않고) 유예했다. 다른 은행가들은 법원의 명령에 따라 채무 상환 자금을 마련하기 위해 자산을 헐값에 매각했다. 하지만 안톤은 아무 일도 없는 것처럼 사업을 계속 운영했다.

어느덧 일흔을 바라보게 된 안톤은 질병을 앓았으며 사업을 물려줄 사람이 필요했다. 맏조카 한스 야코프는 고사했다. 또 다른 조카 게오르크는 안톤에게 "그 일을 할 수 없습니다. 평화롭게 살고 싶습니다"라고 말했다.[13] 안톤은 어디에도 기댈 곳이 없게 되자 한스 야코프에게 "모든 일이 회복되고 거래가 종결될 때까지" 사업을 운영하라고 강제로 떠맡겼다. 1560년 안톤은 세상을 떠났으며, 한스 야코프가 개인 채무로 1563년에 파산하자 안톤의 맏아들이 불과 서른네 살의 나이로 사업을 넘겨받았다.

그해 대차 대조표에 기록된 자본은 66만 3229플로린이었다. 이것만 해도 거액이었지만 전성기에 비하면 8분의 1에 불과했다. 제노바인들과 안트베르펜 거래소 중개인들이 푸거 가문을 제치고 유럽 최고의 금융업자로 올라섰다. 푸거 가문은 역사의 뒤안길로 사라지는 듯했다. 그때 신기한 일이 일어났다. 고대 언어를 공부하고 말의 육종에 대한 책을 쓰던 마르쿠스 푸거가 사업에 소질을 보인 것이다. 종조부 야코프 푸거가 살아 있었다면 칭찬받았을 것이다. 마르쿠스는 수익을 내지 못하는 사업을 정리하고, 스페인의 수은 광산을 좋은 조건으로 계약한 뒤 새로운 공법으로 생산량을 증가시켰다. 그의 노력과 물가 상승이 더해져 회사의 자본은 예전 수준을 회복했다. 마르쿠스는 대부분을 가문에 분배했다.

1595년 마르쿠스가 세상을 떠났을 때 푸거 가문은 수십 명에 이르렀다. 안톤과 마르쿠스에게 받은 돈으로 그들은 — 그들의 자녀와 손자녀까지도—평생 일할 필요가 없었다. 그래도 몇몇은 독자적으로 사업을 벌여 성공하기도 했다. 다른 사람들은 은퇴해 야코프 푸거가 격동의 시대에 막시밀리안에게 매입한 영지에서 지주 젠트리로 평온하게 살았다. 1620년 푸거 가문은 카를이 내린 귀족 작위를 조상들에게 사용하기 시작했다. 야코프와 안톤은 반발이 두려워 한 번도 작위를 사용하지 않았지만 이제 세습 부자가 된 새로운 세대는 개의치 않았다. 야코프가 일으킨 스페인 사업은 1637년에 파산했으나 이제는 의미가 없었다. 푸거 가문의 백작과 백작 부인들은 나름의 재산을 소유하고 있었다. 그들은 계속해서 나아갔다. 따라서 '야코프 푸거와 사촌들'은 죽었다기보다 서서히 사라졌다고 해야 할 것이다.

맺음말

1944년 2월 24일 B-17 폭격기 300대가 영국에서 아우크스부르크로 날아올랐다. 목표물은 시 외곽의 메세슈미트Messerschmidt 공장이었다. 유럽 최대의 항공기 공장을 대낮에 공습한 폭격기들은 저항을 거의 받지 않은 채 폭탄 4300발을 투하했다. 그날 밤 두 배의 폭격기가 다시 이륙했는데, 이번 목표물은 민간인이었다. 이 작전은 1년 뒤 드레스덴 소이탄 폭격에서 무시무시하게 실현된 계획, 즉 독일이 자비를 애걸할 때까지 도시를 폭격한다는 계획의 일환이었다. 히틀러는 아우크스부르크를 좋아했다. 아우크스부르크의 산업에 투자하고, '독일 산업의 수도'를 건설함으로써 이 도시의 유산을 발전시키는 것이 그의 꿈이었다. 히틀러는 푸거 궁을 무역 박물관으로 개조할 계획도 가지고 있었다.

하지만 공습 뒤에는 희망을 버려야 했다. 폭격기들이 도시를 쑥대밭으로 만들었기 때문이다. 페를라흐 시계탑은 꼭대기가 날아가고 시청은 무너졌다. 당시 창고로 쓰이던 푸거 궁은 화염에 휩싸였다. 성 안나 교회의 푸거 예배당은 살아남았지만, 납골당과 뒤러의 밑그림이 불에 심하게 손상되었다. 푸거라이는 피해가 더 컸다. 공습이 감행되었을 때 그곳에는 사람들이 살고 있었다. 주민 1명은 현지 대피소에서 일찍 나왔다가 목숨을 잃었다. 다른 사람들은 살아남았지만 집을 잃었다.

푸거라이가 겪은 일은 도시 전체의 축소판이었다. 공습에서 사망한 아우크스부르크 주민은 730명에 불과했지만, 푸거라이 입주민과 마찬가지로 생존자들은 폭격으로 보금자리를 잃었다. 인탄燐彈으로 인해 도시가 밤새 불에 탔다. 마침내 불길이 사그라들었을 때 아우크스부르크는 이미 잿더미가 되어 있었다. 아우크스부르크에서 태어난 베르톨트 브레히트는 문이 닫혔으나 지붕이 열렸다는 표현으로 당시의 참상을 묘사했다.

폭격 이튿날 푸거의 저명한 후손 3명이 자신들의 자금으로 푸거라이를 재건하겠다는 서약서에 서명했다. 그들은 만약 그렇게 하지 않으면 푸거라는 이름이 잊힐까 봐 걱정했다. 야코프 푸거의 17대손인 이들은 조상의 부에 비하면 발끝에도 미치지 못했지만, 야코프가 수세기 전에 취득한 토지에서 여전히 소득을 얻고 있었다. 이들은 주택 단지를 재건하기 위해 점령군인 미군에게 자재를 구해 원래 설계도대로 공사를 진행하되 배관만 개선했다.[1] 주택 수는 106채에서 140채로 늘렸다.

그중 한 명인 요제프 에른스트 푸거 폰 글뢰트 백작은 훗날 슈타우펜베르크Stauffenberg의 히틀러 암살 계획에 참여했다. 그는 암살이 성공하면 독일 바이에른주를 이끌기로 동의했다. 암살 시도가 실패한 뒤 나치스는 그를 비롯한 음모가들을 쉽게 적발했다. 게슈타포가 키르히하임에 있는 그의 성에서 푸거를 찾아냈다. 그들은 슈타우

펜베르크를 비롯한 대부분의 사람을 천천히 질식사하도록 피아노선으로 목매달았지만 푸거만은 살려 주었다. 전쟁이 끝난 뒤 미국에 의해 나치스 감옥에서 풀려난 그는 독일의 첫 전후戰後 의회에서 의원을 지냈다.

푸거 가문이 푸거라이를 재건하는 동안 다른 아우크스부르크 주민들은 최선을 다해 도심을 재건했다. 지금의 아우크스부르크는 푸거 시대와 비슷해 보이지만 겉모습만 그렇다. 푸거 궁은 입구와 다멘호프 뜰 ─ 이곳은 카페가 되어 관광객이 맨발로 물놀이장에 들어가 사진을 찍는다 ─ 만 푸거 시대의 모습을 간직하고 있다. 푸거가 황제와 식사하고 교황 사절이 루터를 신문한 방들에는 변호사, 치과의사, 회계사 사무소가 들어섰다. 푸거의 형제들이 거주하면서 일하던 집은 백화점이 되었고, 2층 구두 매장 밖으로는 퇴창退窓이 불쑥 튀어나와 있다. 르네상스 양식으로 된 이 퇴창은 푸거의 '황금 세는 방'의 위치를 알려 준다. 근처에서 뉘른베르크 보험회사가 퓌르스트 푸거 개인은행을 운영하고 있는데, 유명한 설립자의 "원칙과 선견지명을 겸비했"다고 한다.[2] 정통성을 유지하기 위해 푸거 가문이 지분을 소량 보유하고 있다. 아우크스부르크는 '푸거슈타트Fuggerstadt', 즉 '푸거의 도시'라는 별명으로 통한다. 어디에서나 푸거의 흔적을 찾아볼 수 있다. 옛 도심에는 푸거의 종손자이자 예술 후원자 한스 푸거의 동상이 있고, 푸거라이에는 야코프의 흉상이 세워져 있다.

바이센호른도 푸거슈타트를 자처한다. 시청과 같은 블록에 있는 웅장한 푸거 본부는 최근에 개축되었다. 옛 도시 출입문 위의 벽화에는 1525년 도시를 점령하려던 농민들을 푸거의 행정관이 막는 장면이 그려져 있다. 길 건너 서점에는 푸거 기념품과 책이 가득한데, 그중에는 푸거의 마지막 유언을 새긴 커피 테이블과 푸거와 지빌레의 삶을 다룬 연애 소설도 있다. 토마스 밀케의 흥미 위주 역사서 《부자 야코프Jakob der Reiche》에서는 야코프를 첫날밤 강간범으로 묘사하고 있다. "야코프는 격정에 사로잡혔다. 고함을 지르며 여인을 쓰러뜨려 잠옷을 찢어발기고는 젊고 주근깨가 아름다운 그녀의 몸에 강제로 들어갔다."[3] 옆 책꽂이에는 힐러리 맨텔의 맨부커 수상작 《튜더스, 앤 불린의 몰락》이 꽂혀 있다. 토머스 크롬웰의 젊은 조수들을 소개하는 장면에서 크롬웰의 아들 그레고리는 그들의 가방을 궁금해한다. 푸거의 회계사 마테우스 슈바르츠가 애용한 바로 그 별난 가방이다. "이번 계절에는 청년들이 부드러운 밝은색 가죽 가방에 소지품을 넣고 다닌다. 유럽 전역을 돌아다니면서 유행을 선도하는 푸거 은행의 중개사들을 모방한 스타일이었다. 가방은 하트 모양이어서 늘 그의 눈에는 금방이라도 구애를 시작할 것 같지만 절대 아니라고 부인하는 꼬락서니로 보인다."[4] 1864년 오스트리아의 아르놀트 슈타인에서는 한 사업가가 푸거라우 공장의 폐허에 탑을 세워 산탄총 탄환에 쓰는 납 알을 만들었으나 지금은 비어 있다. 이곳에는 푸거의 흔적이 거의 남아 있지 않다. 도시의 '푸거 길'은 산업 단지를 가로지른다. 수도원 옆의 명판에는 푸거가 1495년에 푸거라우 부지를 매입했다고 쓰여 있으나, 근처에서 점심 식사 손님을 위해 딥퍼플과 포리너를 쩌렁쩌렁 울리도록 틀어 놓은 1495 카페는 그와 무관하다. 카페 이름은 현지 양조장이 첫 제품을 생산한 날짜를 기리기 위한 것이다.

푸거 가문 사람들은 곳곳에 흩어져 살고 있지만 푸거라이에 자금을 지원함으로써 야코프 푸거를 추모하고 있다. 알렉산더 푸거바벤하우젠 백작은 재단을 운영하면서 주택 건설 사업을 비롯한 가족 사업을 감독하고 있다. 그는 하버드대학을 졸업하고 모건스탠리와 사모펀드 운용사인 텍사스퍼시픽그룹에서 일했다. 그를 비롯한 푸거 가문 사람들은 야코프의 직계 자손이 아니라 야코프 형제의 후손이다. 야코프의 유일한 직계 자손은 사생아 메히틸트 벨츠뿐이다. 저자의 요청으로 족보학자들이 야코프의 생존하는 직계 후손을 찾아보았는데 6명을 찾을 수 있었다. 그들은 슈투트가르트 지역의 로이트룸 폰 에르팅겐Leutrum von Ertingen 귀족 가문의 일원으로, 그중 한 명은 자신의 먼 조상처럼 은행가이기도 하다. 메히틸트 이후 수세기가 흘렀으니 그녀의 후손이 수백은 아니어도 수십 명에 이를 테지만 평민의 기록은 그렇게까지 위로 거슬러 올라가지 않으므로 찾기 힘들다. 족보학자들이 로이트룸 폰 에르팅겐을 찾아낸 것은 귀족들이 족보에 매료되어 꼼꼼히 기록해 둔 덕분이다.

또 다른 미스터리는 스위스 행상들이 푸거에게 판 보석인 '부르고뉴 보석'의 행방이다. '작은 깃털'은 푸거가 막시밀리안에게 3만 플로린에 판 것으로 알려져 있지만, 한 번도 공개되지 않았다. 1545년 안톤 푸거가 헨리 8세에게 삼형제를 비롯한 몇 가지 보석을 6만 파운드에 팔았다. 삼형제는 그 뒤로 튜더 가문의 소유가 되었다. 1623년 제임스 1세가 아들 찰스의 결혼 선물로 스페인에 보냈는데 그 뒤로 행방이 묘연하다. 부르고뉴 보석들은 원래 형태로 보존되고 있지 않은 듯하다. 소유자가 세팅에서 보석들을 빼서 따로 팔았을 가능성이 크다. 하지만 네 가지 보석의 모습은 모두 보존되어 있다. 행상들이 푸거에게 가져온 보석 스케치는 바젤 역사박물관에 전시되어 있다.

1530년 교황은 막시밀리안이 몇 번이고 군대를 일으키면서까지 차지하고자 했던 황제관을 카를 5세에게 씌워 주었다. 카를은 황제관을 쓴 마지막 황제였다. 이후의 황제들은 황제관의 가치를 느끼지 못했으며 굳이 로마까지 가려고 하지 않았다. 1806년 나폴레옹이 신성로마제국을 해체했지만 합스부르크 가문은 그 뒤로도 수 세기 동안 유럽에서 세력을 유지했다. 18세기 여황제 마리아 테레지아는 합스부르크 가문을 이끈 유일한 여성이었다. 그녀는 40년간 통치하면서 자녀 16명을 낳았는데, 그중 한 명이 마리 앙투아네트다. 1864년 (저명한 조상의 이름을 딴) 막시밀리안이라는 합스부르크 대공이 오스트리아를 떠나 멕시코 제국의 황제(막시밀리아노 1세)가 되었다. 하지만 그의 3년간 치세는 비극으로 막을 내렸다. 베니토 후아레스가 주도하고 워싱턴이 지원한—워싱턴은 유럽이 아메리카에 간섭하는 것에 반대했다—공화주의자 반란군은 그를 총살형에 처했다. 프란츠 페르디난트 대공은 제1차 세계대전을 촉발한 1914년 사라예보 암살 사건의 희생자로 잘 알려져 있다. 최근에는 오토 폰 합스부르크가 제1차 세계대전으로 군주제가 종식될 때까지 오스트리아 황태자를 지냈다. 그는 유럽의회의 독일 의원을 역임하다 2011년 아흔여덟 살의 일기로 서거했다.

푸거는 고리대금업 논란이 자신이 살아 있는 동안 해결되길 바랐으나, 1560년 예수회 개혁가들이 아우크스부르크로 찾아와 대금업자의 사면을 거부함으로써 대금업을 폐지하려고 하여 그의 노력은 수포로 돌아갔다. 훗날 로마에서 성인으로 시성된 예수회 사제 피터르 카니스(베드로 가니시오)는 다음과 같이 말했다. "여기서는 진짜 고리대금이 공공연히 횡행하고 있다. …… 법률에 정통한 자들이 이의를 제기한다." 푸거의 독실한 종손녀 우르줄라 푸거는 예수회 사제들에게 "우리 가문은 고리대금업 계약에 조금도 연루되지 않았다"고 말했다. 그들은 그녀에게 로마에서 조사 중이라고 대답했다. 교황청은 난감했다. 루터파는 대금업을 허용했기 때문에 로마에서 반대 조치를 취하면 아우크스부르크가 가톨릭을 버릴 우려가 있기 때문이었다. 예수회가 교황청에 판결을 요청한 지 21년 뒤 교황 그레고리우스 8세는 레오 10세의 대금업 허용 조치를 승인했으며, 예수회도 더는 문제 삼지 않기로 합의했다. 오늘날 기독교인들은 대금업에 대해 아무 거부감이 없지만, 무슬림은 여전히 이자를 물리는 행위를 고리대금으로 간주하며 이슬람 은행은 르네상스 시대 푸거 같은 대금업자들과 비슷한 수법으로 제약을 피하고 있다.

　이 책은 푸거가 시대를 통틀어 가장 영향력 있는 사업가라는 단언으로 시작했다. 경쟁자들이 그에게 거의 필적하지 못했으므로 논란의 여지가 없는 주장이기는 하지만, 족적을 남긴 다른 이들도 있다. 푸거 이전에는 은행가이자 정치인 코시모 데 메디치가 피렌체를 지배하며 자신의 영향력으로 이탈리아 북부를 프랑스와 신성로마제국으로부터 보호했다. 푸거 이후에는 자무엘 오펜하이머가 '궁정 유대인'이라는 공식 직함을 달고 합스부르크 가문을 섬기며 다른 유대인에게 자금을 마련해 1683년에는 빈을 튀르크로부터, 1688년에는 팔츠를 루이 14세로부터 지켰다. 최근에는 프랜시스 베어링이 영국 총리에게 조언을 하고, 미국에서는 J. P. 모건이 1907년 대공황을 진정시켰다.

역사상 모든 사업가 중에서 푸거의 영향력과 가장 유사한 사람은 나탄 로트실트다. 그의 삶과 인생 역정은 푸거를 연상시킨다. 로트실트 가족은 푸거처럼 형제자매가 10명이었다.[5] 그는 형제들과 동업을 했으며, 장남이 아님에도 지능과 담력 덕에 가업을 이끌었다. 로트실트는 독일에서 섬유 도매업으로 출발했는데, 그 역시 푸거처럼 의류업에서 은행업으로 전환했다. 그의 고객들은 푸거와 마찬가지로 프랑스와 싸우기 위해 돈을 빌렸다. 로트실트는 워털루 전투에서 웰링턴Wellington에게 자금을 지원했으며, 훗날 프로이센에 500만 파운드의 대출을 알선하기도 했다. 합스부르크 가문에도 융자를 제공했다. 로트실트는 합스부르크 가문으로부터 '남작' 작위를 받았으나 푸거와 마찬가지로 작위를 한 번도 사용하지 않았다(후손들은 작위를 사용했다). 스페인의 마에스트라스고 광산을 임차한 것도 푸거와 같았다. 이 광산은 18세기에도 전 세계 수은 생산을 지배했다. 또한 로트실트는 푸거와 같이 정보에서도 첨단을 달렸다. 그의 생애에서 가장 유명한 일화는 워털루 전투에서 웰링턴이 승리한 사실을 (정보원을 통해) 다른 투자자들보다 1시간 먼저 알게 되어 거액을 번 것이다. 하지만 흥미롭게도 두 사람은 근본적인 점에서 달랐다. 푸거는 복식 부기를 철저히 신뢰했지만, 로트실트는 오랫동안 복식 부기를 도입하지 않았으며 그가 장부 정리를 대충 하는 바람에 형제들은 속이 터질 지경이었다.[6] 로트실트가 푸거처럼 장부를 깔끔하게 정리했다면 훨씬 많은 돈을 벌었을지도 모른다.

로트실트를 비롯한 위대한 금융업자들이 푸거만큼 영향력을 발휘하지 못했다는 말은 그들의 업적을 폄하하는 것이 결코 아니다. 단지 푸거는 한 사람이 엄청난 업적을 이룰 수 있는 독특한 시대를 살았을 뿐이다. 정부는 여전히 수입을 초과해 지출한다. 따라서 어느 때보다 융자를 필요로 한다. 하지만 이제는 개인에게서 자금을 마련하지 않고 보험회사나 연금기금 등에서 차입한다. 이렇게 하면 개인이 자기 재산을 거는 것이 아니라 정부가 채무 불이행을 선언했을 때의 위험을 대출 기관이 납세자와 공유하게 된다. 세상이 더는 푸거를 필요로 하지 않는 이유는 우리가 종신보험과 연금보험의 가입자로서 모두 어떤 의미에서 푸거가 되었기 때문이다.

2010년 《롤링 스톤》의 한 필자는 골드만삭스에 '거대 흡혈 오징어'라는 인상적인 별명을 붙였다. 독일 사회민주당의 창시자 페르디난트 라살도 비슷한 표현으로 푸거를 묘사했다.

이제 모두가 은행가의 손에 들어갔다.
은행가야말로 이 시대의 진짜 왕이로다!
마치 거대한 빨판이
아우크스부르크에 장착되고
촉수가 땅 위로 뻗치고

모든 금이 놈의 가슴으로 빨려 들어가는 듯하다.[7]

　푸거가 탐욕스럽고 노동자를 착취하며 가족을 괴롭히고 루터와 싸우며 자국민과 맞서는 전쟁에 (사회 질서라는 미명 아래) 자금을 지원한 것은 의심할 여지가 없다. 하지만 푸거는 고도로 창의적인 상호주의를 구현하는 자본주의자들과 마찬가지로 일자리를 창출하고 소비 수요를 충족하며 진보에 박차를 가했다. 그를 추동한 정신은 사람들이 의약품과 백신을 개발하고 고층 건물을 지으며 성능이 더욱 뛰어난 컴퓨터를 발명하도록 추동한 정신과 같다. 뮌처의 나라인 사회주의 동독에서는 사람들이 트라반트Trabant 자동차를 운전했는데, 수많은 인명을 앗아간 이 플라스틱 차체는 30년의 생산 기간 동안 거의 개량되지 않았다. 반면 푸거의 나라인 자본주의 서독에서는 폭스바겐, 베엠베, 메르세데스, 포르쉐 등을 운전했다. 이 자동차들은 속도가 빨랐을 뿐 아니라 연료 효율, 안전, 신뢰성, 가치를 놓고 서로 경쟁했다. 이윤의 유혹이 경쟁을 부추겼으며, 이로 인해 촉진된 창의성 덕에 자동차가 해마다 개량되고 수만 명이 일자리를 얻었다. 푸거는 돈이 기업 정신을 고양시킨다는 것을 분명히 알고 있었을 것이다. 그는 자유 기업과 규제 없는 자본 시장의 옹호자이자 경제적·개인적 자유의 십자군이며, 자본주의 발전 도상의 중대한 순간에 나선 전사였다. 푸거를 야심가라고 비난하는 것은 르네상스 시대에 발현된 생명력을 부정하고 인류를 진보시키는 동력을 무시하는 것과 다르지 않다.

　바이에른의 레겐스부르크시에는 파르테논 신전처럼 생긴 건물이 언덕 위에서 다뉴브강을 내려다보고 있다. 이곳은 독일인 명예의 전당으로, 이곳의 이름인 '발할라Walhalla'는 노르웨이 신들의 안식처에서 따왔다. 발할라 입당식을 보면 독일의 여론을 알 수 있다. 1842년 제1회 입당식에서 국왕 루트비히 1세는 왕과 장군으로 발할라를 가득 채웠다. 그중에는 막시밀리안과 농민 사냥꾼 게오르크 폰 트루흐제스도 포함되어 있었다. 1937년에는 히틀러가 오스트리아 작곡가 안톤 브루크너를 포함시키도록 명령함으로써 안슐루스Anschluss, 즉 독일의 오스트리아 합병 분위기를 조성했다. 히틀러는 대리석 흉상을 덮은 나치스 깃발을 관료들이 걷어 내는 광경을 지켜보았다. 레겐스부르크는 체코 국경에서 80킬로미터 떨어진 곳에 위치해 있다. 프라하의 봄 1년 전인 1967년 발할라는 처음이자 유일한 사업가를 맞이함으로써 주위 공산국가들을 조롱했다. 야코프 푸거는 묘비명에서 자신이 "어마어마한 부의 획득 면에서 으뜸이었"으며, 불멸자들과 어깨를 나란히 할 자격이 있다고 선언했다. 500년 가까이 걸리기는 했지만 관료들이 푸거의 흉상을 제막해 그를 독일 신들의 전당에 모심으로써 푸거의 선언은 마침내 이루어졌다.

후기

　내가 야코프 푸거라는 이름을 처음 들은 것은 1학년 역사 수업에서다. 교수는 보름스 회의에서 벌어진 황제 카를 5세와 마르틴 루터의 전설적인 대립을 소개해 주었다. 이후 독일을 정기적으로 다니다 보니 푸거의 이름을 하도 많이 들어서 그에 대한 궁금증이 생겼다. 부자 야코프라는 이 남자는 누구이기에 독일인들이 역사상 가장 위대한 사업가라고 칭송하는 것일까? 이 '독일의 록펠러'는 대체 누구일까?

　독일을 다녀온 뒤 자료 조사를 했으나 지역 도서관에서는 아무것도 찾을 수 없었다. 아마존을 검색했더니 영어책은 역사가 야코프 스트리더Jakob Strieder가 저술한 《부자 야코프 푸거Jakob Fugger der Reiche》의 1931년 영어 번역본밖에 없었다. 나중에는 이 별나고 도발적인 책을 좋아하게 되었지만 처음에는 맥락과 줄거리가 없어서 읽기 힘들었다. 끙끙대며 읽다 보니 아이디어가 하나 떠올랐다. 푸거의 이야기를 일반 독자가 접할 수 있도록 누군가 영어로 책을 써야 한다는 생각이었다. 한 노장 편집자가 나에게 가르쳐 준 교훈이 하나 있는데, 나는 기자이며 내가 쓸 수 있는 이야기를 다른 사람에게 시키면 안 된다는 것이었다. 이 말을 떠올리자 그 누군가가 바로 나임을 깨달았다.

　　처음에는 쉬울 줄 알았다. 언론사에 들어와서 처음 맡은 일이 포브스 부호 명단을 정리하는 것이었으니까. 푸거 책은 부호 명단을 조금 길게 늘인 것이라고 생각했다. 터무니없는 착각이었다. 하지만 순진한 것이 차라리 다행이었다. 그렇지 않았으면 책을 쓸 엄두를 내지 못했을 테니까. 처음 도서관을 찾은 지 7년 만에 최종 원고를 탈고했다. 집필 과정은 대체로 지루했다. 메트로 노스 열차에서 통근자들 사이에 긴 채 번역 앱의 도움을 받아 가며 독일어 책을 읽는 데 엄청난 시간을 할애했다. 하지만 즐거운 일도 많았다. 자르브뤼켄 근처에 있는 기사의 성 계단을 오르고, 디종에서 부르고뉴 공작들의 납골당을 살펴보고, 겐트에서 옛 고문 기구를 만져 보고, 카르파티아산맥의 강기슭에서 맥주를 마셨다. 아우크스부르크가 내 집처럼 친숙해졌다. 성실한 학자 여러 명과 (심지어) 애스콧타이를 맨 귀족 몇 명을 비롯해 흥미로운 사람들도 만날 수 있었다.

　　이 책은 괴츠 프라이헤어 폰 푈니츠의 연구 성과를 주로 참고했다. 그는 아우크스부르크 근처 딜링겐에서 푸거 가문의 후원 아래 운영되는 연구 시설인 푸거 자료관Fugger-Archiv에서 일한 적이 있다. 푈니츠는 야코프 푸거와 조카들에 대한 16권의 책을 집필했다. 스트리더, 막스 얀센Max Jansen, 알로이스 슐테Aloys Schulte, 리하르트 에렌베르크의 저작을 바탕으로 집필한 그의 대표작은 662쪽짜리 대작《부자 야코프 푸거》와 669쪽짜리 주석서다. 그의 책은 푸거에 대해 알아야 할 모든 것이 담겨 있는 걸작이다. 안타깝게도 영어로 번역되지 않았으며, 심지어 학자들조차 장황하고 난해하다고 생각한다. 독일의 인기 경영서 저술가 귄터 오거Günter Ogger가 푈니츠의 연구를 멋지게 종합한 《황제를 사다Kauf dir einen Kaiser》는 푸거 가문을 다룬 독일어 베스트셀러다. 나는 푈니츠의 글을 이해하기 위해 오거에게 많은 도움을 받았다. 무척 유용했던 또 다른 책으로는 마르크 헤벨라인Mark Häberlein의 《푸거가家: 한 아우크스부르크 가문의 역사Die Fugger. Geschichte einer Augsburger Familie》다. 이 책은 2006년에 독일어로, 2012년에 영어로 출간되었다. 헤벨라인은 밤베르크대학 교수로, 나의 질문에 자상하게 답해 주고 내가 푸거에 대한 나름의 생각을 발전시키도록 도와주었다. 아우크스부르크대학의 롤프 키슬링과 요하네스 부르크하르트, 펜실베이니아대학의 토머스 맥스 새플리Thomas Max Safley, 취리히대학의 베른트 뢰크는 시간을 할애해 가며 나에게 아우크스부르크 르네상스를 가르쳐 주었다. 컬럼비아대학의 마사 하월과 인스브루크대학의 하인츠 노플라처는 그 시대의 다른 측면들을 설명해 주었다. 알렉산더 푸거바벤하우젠 백작은 푸거 자료관을 나에게 개방해 주었으며, 관장 프란츠 카르크는 도시를 소개해 주고 올바른 자료를 알려 주었다.

야코프가 역사상 가장 영향력 있는 사업가였다는 주장은 내 개인적인 생각이 아니다. 이는 시카고대학에서 37년간 교수를 역임하고 미국 역사학회 회장을 지낸 제임스 웨스트폴 톰프슨James Westfall Thompson이 1931년에 출간한 《중세 후기 유럽의 경제·사회사Economic and Social History of Europe in the Later Middle Ages》에서 한 말이다. 역사적 사실을 조사해 보니 톰프슨이 옳고 그의 주장이 푸거를 알아야 할 이유를 무엇보다 훌륭하게 역설하고 있다는 사실이 분명해졌다. 푸거가 역사상 가장 부유한 사람이었다는 주장에 대해서는 2007년 《뉴욕 타임스》 머리기사에서 접한 방법론을 이용했다. 1996년 마이클 클레퍼와 로버트 건서의 작품에 바탕을 둔 이 기사는 개인의 순자산을 당시의 경제 규모와 비교해 존 D. 록펠러를 미국 역사상 가장 부자로 지목했지만 이 방법론에는 오류가 존재한다. 나의 친구가 현명하게 지적했듯이 이 기준에 따르면 가장 부자는 성경에 나오는 아담이다. 아내 이브와 함께 지구상의 모든 부를 소유했으니 말이다. 하지만 시간에 따른 경제 환경의 변화를 보정한다는 점에서 이 방법론이 마음에 들었다. 한편 푸거를 금의 가치로 평가하면 ― 이렇게 하면 물가 상승을 반영할 수 있다 ― 그의 자산은 고작 5000만 달러로 축소되어 유능한 부동산 개발업자나 전국구 자동차 판매상 정도에 불과해진다. 이것도 틀렸다.

콜게이트대학의 은퇴 교수 디르크 호프만에게 특별히 감사드린다. 디르크는 30년도 더 전에 나에게 독일어를 가르쳐 주었으며, 이 책을 쓸 때는 푈니츠의 글을 해독하는 법과 푸거가 게오르크 공작에게 보낸 편지를 해석하는 법, 울리히 폰 후텐의 중요성을 알려 주었다. 또한 이 책의 초고를 읽고 귀중한 의견을 들려주었다. 이 책의 모든 페이지에 그의 손길이 남아 있다. 뉴욕 대학클럽 도서관의 모린 매닝, 제인 리드를 비롯한 직원들은 하루에 최대 4권씩 책을 찾아 주었다. 그들의 도움이 없었다면 결코 이 책을 마칠 수 없었을 것이다. 사이먼 앤드 슈스터 출판사의 프리실라 페인턴은 푸거의 이야기가 왜 흥미로운지 간파했으며, 내가 말을 하기도 전에 무슨 말을 하려는지 이해했다. 이 책이 읽을 수 없을 정도로 엉망이 되지 않은 것은 그녀의 뾰족한 연필 덕분이다. 데이비드 쿤은 저작권 대리인이 갖추어야 할 모든 덕목을 갖추었다. 루안, 커니프 앤드 골드파브의 밥 골드파브와 내 동료들은 예리한 질문으로 나에게 자극을 주었다.

나의 독자단인 존 벤시, 로버트 클라이머, 빌 그리핀, 더그 래빈, 테렌스 페어, 로빈 로저스, 아트 스타인메츠, 줄리아 스타인메츠, 마틴 울레는 초고를 읽고 근사한 의견을 제시해 주었다. 토비아스 도즈, 레진 워즈니차, 나의 사촌 로버트 릭터는 자료 조사를 도와주었다. 캐서린 미니어, 클로디아 캐스테이버트, 안드레이 캐스테이버트는 프랑스어를 도와주었다. 오류는 모두 나의 탓이다.

주

머리말

1. Jacob Strieder, *Jacob Fugger the Rich: Merchant and Banker of Augsburg, 1459~1525* (New York 1966), 171.

2. http://en.wikipedia.org/wiki/List_of_regions_by_past_GDP_ (PPP). 2011년 4월 20일 확인.

3. Strieder, *Jacob Fugger*, 25.

4. Götz von Pölnitz, *Jakob Fugger* (Tübingen: J.C.B. Mohr, 1949), 465.

1장 여정의 시작

1. Max Jansen, *Die Anfänge der Fugger* (Leipzig: Duncker & Humblot, 1907), 8.

2. Roger Crowley, *City of Fortune: How Venice Rules the Seas* (New York, 2013), 256. 한국어판은 《부의 도시 베네치아》(다른세상, 2012) 352쪽.

3. M. Margaret Newett, *Canon Pietro Casola's Pilgrimage to Jerusalem in the Year 1494* (Manchester: University Press, 1907), 29.

4. Crowley, Ibid., 273. 한국어판 374쪽.

5. Philippe Erlanger, *The Age of Courts and Kings: Manners and Morals, 1558~1715* (Garden City, 1970), 90.

6. Leopold von Ranke, *History of the Latin and Teutonic Nations* (London: G. Bell & Sons, 1887), 101.

7. Richard Vaughan, *Charles the Bold: The Last Valois Duke of Burgundy* (Woodbridge, UK: Boydell, 2002), 47.

8. Pölnitz, *Jakob Fugger*, 14.

9. Solem Geir. *The Historical Price of Silver.* http://blog.elliott wavetechnician.com/2010/06/historical-price-of-silver-from. html. 2012년 10월 20일 확인.

10. Vaughan, *Charles the Bold*, 91.

11. Andrew Wheatcroft, *The Habsburgs: Embodying Empire* (London, 1996), 80.

2장 황제에게 꼭 필요한 존재

1. Janssen, *Anfänge der Fugger*, vol. 2, 61.

2. R. W. Seton-Watson, *Maximilian I: Holy Roman Emperor*, (London: Constable, 1902), 29.

3. Léon Schick, *Jacob Fugger* (Paris, 1957), 273.

4. Günther Ogger, *Kauf dir einen Kaiser: Die Geschichte der Fugger* (Munich: Droemer-Knaur, 1998), 42.

5. Dan Fagin, *Toms River: A Story of Science and Salvation* (New York, 2013).

6. Gerhard Benecke, *Maximilian I* (London, 1982), 87.

7. Victor Klarwill, *The Fugger News-Letters* (New York, 1926), xiv.

8. Ranke, *History*, 97.

9. Seton-Watson, *Maximilian I*, 14.

10. Pölnitz, *Jacob Fugger*, 72.

3장 사업의 확장

1. 푸거의 결혼식 초상화에 기록된 글. Dirk Hoffman 번역.

2. Mark Häberlein, *The Fuggers of Augsburg (1367~1650)* (Charlottesville: University of Virginia Press, 2012), 177.

3. Pölnitz, *Jakob Fugger*, 134.

4. Clemens Sender, *Die Chroniken der Schwäbischen Städte* (Leipzig, 1894), 169.

5. Donald Lach, *Asia in the Making of Modern Europe* (Chicago, 1994), 162.

6. Franz Huemmerich, *Die Erste Deutsche Handelsfahrt nach Indien, 1505/1506: Ein Unternehmen der Welser, Fugger und Anderer Augsburger sowie Nürnberger Häuser* (Munich, 1902), 62.

7. Cross, op. cit., 253.

8. Pölnitz, vol. 2, 126.

9. Pölnitz, *Jacob Fugger*, 175.

10. Ranke, *History*, 93.

11. Bethany Aram, *Juana the Mad* (Baltimore, 2006), 93.

12. Ernest Belfort Bax, *German Society at the Close of the Middle Ages* (London, 1894), 83.

13. Pölnitz, *Jakob Fugger*, 182.

14. Pölnitz, Ibid., 192.

15. Aloys Schulte, *Die Fugger in Rom: 1459~1523* (Leipzig, 1904),

216.

16. Pölnitz, Ibid., 209.

4장 금융의 마술사

1. Ogger, *Kauf dir einen Kaiser*, 106.

5장 상인의 전투

1. Götz von Pölnitz, *Fugger und Hanse* (Tübingen, 1953), 16.

2. E. Gee Nash, *The Hansa* (New York, 1995), 110.

3. Philippe Dollinger, *The German Hansa* (Stanford, 1970), 423.

4. Pölnitz, *Fugger und Hanse*, 293.

5. Niccolò Machiavelli, *The Prince and Other Works by Nicollò Machiavelli*. http://www.gutenberg.org/files/1232/1232-h/1232-h.htm.

6. William Coxe (New York, 1971), 362.

7. Antonio de Beatis, *The Travel Journals of Antonio de Beatis* (London, 1979), 67.

8. Erlanger, *Age of Courts*, 91.

9. Häberlein, *Fuggers of Augsburg*, 149.

10. Strieder, *Jacob Fugger*, 69.

6장 대금업의 합법화

1. Plutarch, www.platonic-philosophy.org. 2013년 6월 13일 확인.

2. Thomas Storck, "Is Usury Still a Sin?" *The Distributist Review*, January 30, 2012.

3. Bax, *German Society*, 82.

4. Strieder, *Jacob Fugger*, 200.

5. Wiesflecker, *Maximilian I*, 190.

6. Pölnitz, *Jakob Fugger*, 89.

7. Pölnitz, Ibid., 334.

7장 종교개혁의 불씨

1. Chamberlin, E. R., *The Bad Popes* (New York, 1969), 210.

2. Chamberlin, *The Bad Popes*, 223.

3. Russel Tarr and Keith Randell, *Access to History: Luther and the German Reformation 1517~55*, 3rd ed. (London, 2008).

4. Bainton, *Here I Stand*, 61.

5. Roland Bainton, *Here I Stand* (Peabody, MA 1950), 53.

6. http://www.spurgeon.org/~phil/history/95theses.htm.

7. Bainton, *Here I Stand*, 67.

8장 황제 선거

1. Benjamin Scheller, *Memoria an der Zeitwende: Die Stiftungen Jakobs Fuggers des Reichen vor und waehrend der Reformation* (Berlin, 2004), 105.

2. Pölnitz, vol. 2, 380.

3. Pölnitz, op. cit., 340.

4. Schick, *Jacob Fugger*, 235.

5. Häberlein, *Fuggers of Augsburg*, 126.

6. R. J. Knecht, *Francis I* (Cambridge, UK, 1982), 72.

7. Knecht, *Francis I*, 72.

8. Beatis, *Travel Journals*, 67.

9. Schick, Ibid., 172.

10. Reston Jr., *Defenders of the Faith*, 23.

9장 승리 그리고 패배

1. Pölnitz, *Jakob Fugger*, 427.

2. Schick, *Jacob Fugger*, 173.

3. J. Haller, *The Epochs of German History* (New York, 1930), 101.

4. Jervis Wegg, *Richard Pace* (New York, 1932), 146.

5. *The Golden Bull of Charles IV*, 1356.

6. Scarisbrick, J. J., *Henry VIII* (Berkeley and Los Angeles, 1968).

7. *Deutsche Reichsakten* (Gotha, Germany: 1893), 872.

8. Jack Beeching, *The Galleys at Lepanto* (New York, 1983).

9. Pölnitz, *Jakob Fugger*, 449.

10. Stephen Haliczer, *The Comuneros of Castile* (Madison, WI, 1981), 164.

11. Scheller, *Memoria an der Zeitwende*, 156.

12. Scheller, Ibid., 152.

13. Pölnitz, Ibid., 350.

10장 자유의 바람

1. http://www.stanford.edu/dept/pres-provost/president/speeches/951005dieluft.html. 2012년 3월 12일 확인.

2. Peter Ball, *The Devil's Doctor: Paracelsus and the World of Renaissance Magic and Science* (New York, 2006), 224.

3. Schulte, *Die Fugger in Rom*, 110.

4. Victor Chauffeur-Kestner, *Ulrich Von Hutten: Imperial Poet*

and Orator (Edinburgh, 1863), 129.

5. David-Friedrich Strauss, *Ulrich von Hutten: His Life and Times* (London, 1874), 259.

6. James Reston Jr., *Defenders of the Faith* (New York, 2009), 53.

7. Bax, *German Society*, 183.

8. Strauss, *Ulrich von Hutten*, 204.

9. Strieder, *Jacob Fugger*, 140.

10. Pölnitz, *Jacob Fugger*, 547.

11. Ogger, *Kauf dir einen Kaiser*, 210.

11장 농민 전쟁

1. Frederick Engels, *The Peasants War in Germany*, 3rd Ed. (New York: International Publishers, 2006), xvi. 한국어판은 《독일 혁명사 2부작》(소나무, 1988) 41쪽.

2. Pölnitz, *Jacob Fugger*, 581.

3. Tom Scott and Bob Scribner, eds., *The German Peasants' War: A History in Documents* (Amherst, NY, 1991), 153.

4. Bax, Ernest Belfort, *The Peasants' War in Germany* (London, 1899), 164.

5. Bax, *Peasants' War*, 195.

6. Pölnitz, *Jakob Fugger Zeitungen und Briefe an die Fürsten des Hauses Wettin in der Frühzeit Karls V. 1519~1525. Nachrichten von der Akademie der Wissenscgaft in Göttingen* (Göttingen, 1941).

7. Bax, *Peasants' War*, 130.

8. Bax, Ibid., 195.

9. Scott, *German Peasants' War*, 259.

10. Bax, Ibid., 190.

11. Bax, Ibid., 279.

12. Bax, Ibid., 268.

13. Walter Klassen, *Michael Gaismair: Revolutionary and Reformer* (Leiden: E. J. Brill, 1978), 88.

14. James M. Stayer, *The German Peasants' War* (London, 1991), 48.

15. Scott, Ibid., 268.

16. Pölnitz, Ibid., 159.

17. Ogger, *Kauf dir einen Kaiser*, 159.

12장 북소리가 그치다

1. Pölnitz, *Jakob Fugger*, 642.

2. Sender, *Die Chroniken*, 167.

3. Sender, Ibid., 170.

4. Häberlein, *Fuggers of Augsburg*, 183.

5. Häberlein, Ibid., 73.

6. J. W. Goethe, *Wilhelm Meister's Apprenticeship*, bk. 1. 한국어판은 《빌헬름 마이스터의 수업시대 1》(민음사, 1999), 59쪽.

7. Richard Ehrenberg, *Capital and Finance in the Age of the Renaissance* (London, 1923).

8. Häberlein, Ibid., 183.

9. Ehrenberg, Ibid., 107.

10. Ehrenberg, Ibid., 110.

11. Ehrenberg, Ibid., 110.

12. Ehrenberg, Ibid., 115.

13. Häberlein, Ibid., 94.

맺음말

1. Gregor Nagler, *Das Wegwerfen ist ja ein Irrglaube* (Berlin, 2009).

2. https://www.fuggerbank-infoportal.de/about/history.php. 2013년 10월 8일 확인.

3. Thomas Mielke, *Jakob der Reiche* (Cologne, 2012), 236.

4. Hilary Mantel, *Bring Up the Bodies* (New York, 2012), 52. 한국 어판은 《튜더스, 앤 불린의 몰락》(북플라자, 2015), 78쪽.

5. Schick, *Jacob Fugger*, 13.

6. Niall Ferguson, *The House of Rothschild* (New York, 1998), 103. 한국어판은 《전설의 금융 가문 로스차일드》(21세기북스, 2013), 158쪽.

7. Ferdinand Lassalle, *Franz von Sickingen* (New York, 1904), 25.

참고문헌

Ackroyd, Peter. *Venice: Pure City*. New York: Doubleday, 2009.

Adamski, Margarete. *Herrieden Kloster, Stift und Stadt im Mittelalter bis zur Eroberung durch Ludwig den Bayern im Jahre 1316*. Kallmünz über Regensburg: Buchdruckerei Michael Lassleben, 1954.

Andrean, Linda. *Juana the Mad: Queen of a World Empire*. Minneapolis: University of Minnesota Center for Austrian Studies, 2012.

Aram, Bethany. *Juana the Mad*. Baltimore, Maryland: Johns Hopkins, 2006.

Bainton, Roland. *Here I Stand*. Peabody, MA: Hendrickson Publishers, 1950.

Ball, Philip. *The Devil's Doctor: Paracelsus and the World of Renaissance Magic and Science*. New York: Farrar, Straus and Giroux, 2006.

Barstow, Anne. *Witchcraze. A New History of European Witch Hunts*. New York: HarperCollins, 1995.

Baum, Wilhelm. *Sigmund der Münzreiche: Zur Geschichte Tyrols und der habsburgischen Länder im Spätmittelalter*. Bozen,

Austria: Athesia, 1987.

Baumgartner, Frederic J. *France in the Sixteenth Century*. New York: St. Martin's Press, 1995.

Bax, Ernest Belfort. *The Peasants' War in Germany 1525~1526*. London: Swan Sonnenschein, 1899.

Bax, Ernest Belfort. *German Society at the Close of the Middle Ages*. London: Swan Sonnenschein, 1894.

Beatis, Antonio de. *The Travel Journals of Antonio de Beatis*. London: Hakluyt Society, 1979.

Beeching, Jack. *The Galleys at Lepanto*. New York: Charles Scribner's Sons, 1983.

Benecke, Gerhard. *Maximilian I (1459~1519)*. London: Routledge & Kegan Paul, 1982.

Blickle, Peter. *The Revolution of 1525*. Baltimore: Johns Hopkins University Press, 1985.

Black, Jeremy. *A Brief History of Slavery*. Philadelphia: Running Press Book Publishers, 2011.

Blanchard, Ian. *The International Economy in the "Age of the Discoveries," 1470~1570*. Stuttgart: Franz Steiner Verrlag, 2009.

Blockmans, Wim. *Emperor Charles V: 1500~1558*. London: Arnold, 2002.

Brotton, Jerry. *The Renaissance Bazaar: From the Silk Road to Michelangelo*, Oxford: Oxford University Press, 2002.

Brandi, Karl. *The Emperor Charles V*. London: Jonathan Cape, 1939.

Brant, Sebastian. *The Ship of Fools*. New York: Dover Publications, 1944.

Bryce, James. *The Holy Roman Empire*. Oxford: T. & G. Shrimpton, 1864.

Chamberlin, E. R. *The Bad Popes*. New York: Dorset, 1969.

Chauffeur-Kestner, Victor. *Ulrich Von Hutten: Imperial Poet and Orator*. Edinburg: T. & T. Clark, 1863.

Cliff, Nigel. *Holy War: How Vasco da Gama's Epic Voyages Turned the Tide in a Centuries-Old Clash of Civilizations*. New York: HarperCollins, 2011.

Cosman, Madeleine Pelner. *Medieval Holidays and Festivals*. New York: Charles Scribner's Sons, 1981.

Coxe, William. *The History of the House of Austria*, Vol. 1. New York: Arno Press, 1971.

Crowley, Roger. *Empires of the Sea*. New York: Random House, 2009. 한국어판은 《바다의 제국들》(책과함께, 2010).

Crowley, Roger. *City of Fortune: How Venice Rules the Seas*. New York: Random House, 2013. 한국어판은 《부의 도시 베네치아》(다른세상, 2012).

Dauser, Regina and Magnus Ferber. *Die Fugger und Welser*. Augsburg: Verlagsgemeinschaft Augsburg, 2010.

Denucé, Jean. Magellan. *La question des Moluques et la première circumnavigation du globe*. Academie Royale de Belgique. Memoires. Vol. 4. 1908~1911.

Deutsche Reichsakten. Gotha, Germany: F. A. Perthes, 1893.

Dollinger, Philippe. *The German Hansa*. Palo Alto, California: Stanford University Press, 1970.

Donavin, Georgiana, Carol Poster, and Richard Utz, eds. *Medieval*

Forms of Argument. Eugene, Oregon: Wipf and Stock Publishers, 2002.

Duby, Georges. *The Early Growth of the European Economy*. Ithaca, New York: Cornell University Press, 1973.

Eberhard Unger, Eike. *Die Fugger in Hall i*. T. Tübingen: J.C.B. Mohr, 1967.

Ehrenberg, Richard. *Capital and Finance in the Age of the Renaissance*. New York: Harcourt, Brace, 1923.

Erlanger, Philippe. *The Age of Courts and Kings: Manners and Morals, 1558~1715*. Garden City: Anchor Books, 1970.

Erlichman, Howard. *Conquest, Tribute and Trade: The Quest for Precious Metals and the Birth of Globalization*. Amherst, NY: Prometheus Books, 2010.

Fagin, Dan. *Toms River: A Story of Science and Salvation*. New York: Random House, 2013.

Ferguson, Niall. *The House of Rothschild*. New York: Penguin, 1998. 한국어판은《전설의 금융 가문 로스차일드》(21세기북스, 2013).

Flynn, Thomas. *Men of Wealth: The Story of Twelve Significant Fortunes from the Renaissance to the Present Day*. New York: Simon & Schuster, 1941.

Frey, Albert Romer. *A Dictionary of Numismatic Names*. New York: American Numismatic Society, 1917.

Freytag, Gustav. *Pictures of German Life in the XVth, XVIth, and XVIIth Centuries*, Vol. 1. London: Chapman and Hall, 1862.

Frisch, Werner. *Ulrich von Württemberg: Herzog und Henker*. Erfurt: Sutton Verlag, 2011.

Gaiser, Horst. *Jakob Fugger und Lamparter: Wandmalerei, uneheliche Kinder, Zinsstreit. Bayern, Schwaben und das Reich.* Festschrift für Pankraz Fried zum 75 Geburtstag. Augsburg: Peter Fassl, 2007.

Garlepp, Hans-Hermann. *Der Bauernkrieg von 1525 um Biberach a.d. Riss.* Frankfurt: Verlag Peter Lang, 1987.

Geffcken, Peter. *Jakob Fuggers frühe Jahre, Jakob Fugger (1459~1525): Sein Leben in Bildern.* Augsburg, 2009.

Geir, Solem. The Historical Price of Silver. http://blog.elliottwave technician.com/2010/06/historical-price-of-silver-from.html.

Gies, Frances. *The Knight in History.* New York: Harper & Row, 1984.

Gies, Joseph and Frances. *Life in a Medieval City.* New York: Harper & Row, 1969.

Gies, Joseph and Frances. *Merchants and Moneymen: The Commercial Revolution, 1000~1500.* New York: Thomas Y. Crowell, 1972.

Gladwell, Malcolm. *Outliers: The Story of Success.* New York: Little, Brown, 2008. 한국어판은 《아웃라이어》(김영사, 2009).

Goertz, Hans-Juergen, ed. *Profiles of Radical Reformers: Biographical Sketches from Thomas Muentzer to Paracelsus.* Kitchener, Ontario: Herald Press, 1982.

Greenfield, Kent Roberts. *Sumptuary Laws of Nuremberg.* Baltimore: Johns Hopkins University Press, 1918.

Greif, B. *Tagebuch des Lucas Rem aus den Jahren 1494~1541.* Augsburg: J. N. Hartmann'schen Buchdruckerei, 1861.

Groebner, Valentin. *Liquid Assets, Dangerous Gifts, Presents and Politics at the End of the Middle Ages*. Philadelphia: University of Pennsylvania Press, 2002.

Häberlein, Mark. *The Fuggers of Augsburg: Pursuing Wealth and Honor in Renaissance Germany*. Charlottesville, VA: University of Virginia Press, 2012.

Haebler, Konrad. *Die Geschichte der Fuggerschen Handlung in Spanien*. Weimar: Verlag von Emil Felber, 1897.

Haliczer, Stephen. *The Comuneros of Castile*. Madison, Wisconsin: University of Wisconsin Press, 1981.

Haller, J. *The Epochs of German History*. New York: Harcourt, Brace, 1930.

Heal, Bridget and Grell, Ole Peter. *The Impact of the European Reformation: Princes, clergy and people*. Burlington, VT: Ashgate Publishing, 2008.

Herberger, Theodor. *Conrad Peutinger in seinem Verhaltnisse zum Kaiser Maximilian I*. Augsburg: F. Butsch, 1851.

Howell, Martha. *Commerce before Capitalism in Europe, 1300~1600*. New York: Cambridge University Press, 2010.

Howell, Martha C. *The Marriage Exchange*. Chicago: University of Chicago Press, 1998.

Hümmerich, Franz. *Die Erste Deutsche Handelsfahrt nach Indien, 1505/1506: Ein Unternehmen der Welser, Fugger und Andere*. Munich: Verlag von R. Oldenburg, 1902.

Huizinga, Johan. *The Autumn of the Middle Ages*. Chicago: University of Chicago Press, 1996. 한국어판은 《중세의 가을》(연

암서가, 2012).

Hunt, Edwin S. *The Medieval Super Companies: A Study of the Peruzzi Company of Florence*. Cambridge: Cambridge University Press, 1994.

James, Pierre. *The Murderous Paradise: German Nationalism and the Holocaust*. Greenwood Publishing Group, 2001.

Jansen, Max. *Die Anfänge der Fugger*. Leipzig: Verlag von Duncker & Humboldt, 1907.

Jansen, Max. *Jakob Fugger*. Leipzig: Verlag von Duncker & Humboldt, 1910.

Jardine, Lisa. *Worldly Goods: A New History of the Renaissance*. New York: W.W. Norton, 1996. 한국어판은 《상품의 역사》(영림카디널, 2003).

Johnson, Paul. *A History of the Jews*. New York: Harper & Row, 1987. 한국어판은 《유대인의 역사》(살림, 2005).

Klassen, Walter. *Michael Gaismair: Revolutionary and Reformer*. Leiden: E. J. Brill, 1978.

Kellenbenz, Hermann. *The Rise of the European Economy: An Economics History of Continental Europe: 1500~1750*. New York: Holmes & Meier Publishers, 1976.

Kerridge, Eric. *Usury, Interest and the Reformation*. Aldershot, UK: Ashgate, 2002.

Kiessling, Rolf. *Bürgurliche Gesellschaft und Kirche in Augsburg im Spätmittelalter*. Augsburg: Verlag H. Mühlberger, 1971.

Klarwill, Victor. *The Fugger News-Letters*. New York: G.P. Putnam's Sons, 1926.

Klepper, Michael and Gunther, Robert. *The Wealthy 100*. Secaucus, NJ: Carol Publishing, 1996.

Knecht, R. J. *Francis I*. Cambridge: Cambridge University Press, 1982.

Kramer, Heinrich, and James Sprenger. *The Malleus Maleficarum*. New York: Dover Publications, 1971.

Kraus, Victor. *Maximilian I: Vertraulicher Briefwechsel mit Sigmund Prueschenk Freiherrn zu Stettenburg*. Innsbruck: Verlag der Wagner'schen Universitaets-Buchhandlung, 1875.

Krondl, Michael. *The Taste of Conquest: The Rise and Fall of the Three Great Cities of Spice*. New York: Ballantine Books, 2007.

Lach, Donald. *Asia in the Making of Modern Europe*. Chicago: University of Chicago Press, 1994.

Lassalle, Ferdinand. *Franz von Sickingen*. New York: New York Labor News Company, 1904.

Lehrer, Steven. *Explorers of the Body: Dramatic Breakthroughs in Medicine from Ancient Times*. New York: Doubleday, 1979.

Lieb, Norbert. *Die Fugger und die Kunst*. Munich: Verlag Schnell & Steiner, 1952.

Luther, Martin. *The 95 Theses*. http://www.spurgeon.org/~phil/history/95theses.htm. 2012년 9월 12일 확인.

Lutz, Heinrich. *Conrad Peutinger; Beitraege zu einer politischen Biographie*. Augsburg: Verlag Die Brigg, 1958.

Machiavelli, Nicolo. *The Prince and Other Works by Niccolò Machiavelli*. Translated by W. K. Marriott. http://www.gutenberg.org/files/1232/1232-h/1232-h.htm. 한국어판은 《군주

론》(까치, 2015).

Maltby, William. *The Reign of Charles V: 1500~1558*. New York: Palgrave, 2002.

Mantel, Hilary. *Bring Up the Bodies*. New York: Henry Holt, 2012. 한국어판은 《튜더스, 앤 불린의 몰락》(북플라자, 2015).

Martin, Marty. *Martin Luther*. London: Penguin, 2004.

Mathew, K. S. *Indo-Portuguese Trade and the Fuggers of Germany*. New Dehli: Mahohar, 1997.

Matthews, George. *News and Rumor in Renaissance Europe: The Fugger Newsletters*. New York: Capricorn Books, 1959.

McNally, Raymond T., and Radu Florescu. *In Search of Dracula*. New York: Warner, 1973. 한국어판은 《드라큘라 그의 이야기》(루비박스, 2005).

Midelfort, H. C. Erik. *Witch Hunting in Southwestern Germany 1562~1684*. Stanford, CA Stanford University Press, 1972.

Mielke, Thomas. *Jakob der Reiche*. Cologne: Emons, 2012.

Miskimin, Harry A. *The Economy of Later Renaissance Europe 1460~1600*. Cambridge: Cambridge University Press, 1977.

Mollat, Michel and Wolff, Philippe. *The Popular Revolutions of the Late Middle Ages*. London: George Allen & Unwin, 1973.

Moore, T. Sturge. *Albert Durer*. Bibliobazaar. www.bibliobazzar.com/opensource.

Moxey, Keith. *Peasants, Warriors and Wives: Popular Imagery of Reformation*. Chicago: University of Chicago Press, 1989.

Nash, E. Gee. *The Hansa*. New York: Barnes & Noble Books, 1995.

Nagler, Gregor. *Raimund Von Doblhoff und der Wiederaufbauder*

Fuggerei, der Fuggerhaüser, der Fuggerkapelle und des Neuen Baues in Augsburg. Berlin: Dietrich Reimer Verlag, 2009. As found in Werner Lutz, *Raimund von Doblhoff 1914~1993*.

_____. *Das Wegwerfen ist ja ein Irrglaube: Doblhoff, Raimund von, Architekt zwischen Rekonstruktion und Innovation*. Edited by Werner Lutz. Berlin: Dietrich Reimer Verlag, 2009.

Newett, M. Margaret. *Canon Pietro Casola's Pilgrimage to Jerusalem in the Year 1494*. Manchester: University of Manchester Publications, 1907.

Noonan, John. *The Scholastic Analysis of Usury*. Cambridge, Mass.: Harvard University Press, 1957.

Oberman, Heiko. *Masters of the Reformation: The Emergence of a New Intellectual Climate in Europe*. Cambridge: Cambridge University Press, 1981.

Ogger, Günther. *Kauf dir einen Kaiser: Die Geschichte der Fugger*. Munich: Knaur Taschenberg Verlag, 1979.

Palme, Rudolf. *Pits and Ore and Tallow Candles. A Short History of Mining at Schwaz*. Schwaz: Berenkamp Verlag, 1993.

Payne, Robert. *Leonardo*. Garden City: Doubleday, 1978.

Pirenne, Henri. *Medieval Cities: Their Origins and the Revival of Trade. Princeton*, NJ: Princeton University Press, 1969.

Pölnitz, Götz von. *Die Fugger*. Tübingen: J.C.B. Mohr, 1999.

_____. *Jakob Fugger*. Tübingen: J.C.B. Mohr, 1949.

_____. *Fugger und Hanse*. Tübingen: J.C.B. Mohr, 1953.

_____. *Jakob Fugger Zeitungen und Briefe an die Fürsten des Hauses Wettin in der Frühzeit Karls V.: 1519~1525*. Göttingen:

Vanderhoeck & Ruprecht, 1941.

Ranke, Leopold von. *The History of the Latin and Teutonic Nations*. London: George Bell and Sons, 1887.

_____. *The History of the Reformation in Germany*, Vols. 1~2. New York: Frederick Ungar Publishing Co., 1966.

Redlich, Otto Reinhardt. *Der Reichstag von Nürnberg 1522~1523*. Leipzig: Gustav Fock, 1887.

Reston, James Jr. *Defenders of the Faith*. New York: Penguin, 2009.

Reyerson, Katherine L. *Jacques Coeur: Entrepreneur and King's Bursar*. New York: Pearson Longman, 2005.

Robbins, Rossell. *The Encyclopedia of Witchcraft and Demonology*. New York: Crown Publishers, 1959.

Robertson, William. *The History of the Reign of the Emperor Charles*. Vol, 2. London. W. and W. Strahan, 1769.

Roeck, Bernd. *Geschichte Augsburg*. Munich: Verlag C.H. Beck, 2005.

Roover, Raymond de. *The Rise and Decline of the Medici Bank 1397~1494*. New York: Norton, 1966.

Roper, Lyndal. *The Holy Household: Women and Morals in Reformation Augsburg*. Oxford. Claredon Press, 1989.

Rublack, Ulinka. *Dressing Up*. Oxford: Oxford University Press, 2010.

Safley, Thomas Max. *Charity and Economy in the Orphanages of Early Modern Augsburg*. New Jersey: Humanities Press, 1997.

Scarisbrick, J. J. *Henry VIII*. Berkeley; Los Angeles: University of California Press, 1968.

Scheller, Benjamin. *Memoria an der Zeitwende: Die Stiftungen Jakobs Fuggers des Reichen vor und waehrend der Reformation.* Berlin: Akademie Verlag, 2004.

Scott, Tom, and Bob Scribner, eds. *The German Peasants' War: A History in Documents.* Amherst, NY: Humanity Books, 1991.

Schad, Martha. *Die Frauen des Hauses Fugger von der Lilie.* Augsburg: J.C.B. Mohr, 1989.

Schulte, Aloys. *Die Fugger in Rom: 1495~1523.* Leipzig: Verlag von Duncker & Humblot, 1904.

Sender, Clemens. *Die Chroniken der Schwaebischen Staedte.* Leipzig. Verlag von S. Hirzel, 1894.

Seton-Watson, R.W. *Maximilian I, Holy Roman Emperor.* London: Archibald Constable & Co, 1902.

Schick, Léon. *Jacob Fugger.* Paris: S.E.V.P.E.N, 1957.

Sider, Sandra. *Handbook to Life in Renaissance Europe.* New York: Facts on File, 2005.

Sigerist, Henry. *Four Treaties of Theophrastus Von Hohenheim, called Paracelsus.* Baltimore: Johns Hopkins Press, 1941.

Simnacher, Georg. *Die Fuggertestamante des 16. Jahrhunderts.* Weissenhorn: Anton H. Konrad Verlag, 1994.

Spufford, Peter. *Handbook of Medieval Exchange.* London: Royal Historical Society, 1986.

_____ . *Power and Profit: The Merchant in Medieval Europe.* New York: Thames and Hudson, 2002.

Stahl, Alan. *Zecca: The Mint of Venice in the Middle Ages.* Baltimore: Johns Hopkins University Press, 2000.

Stayer, James M. *The German Peasants' War.* London: McGill-Queen's University Press, 1991.

Strauss, David-Friedrich. *Ulrich Von Hutten, His Life and Times.* London: Daldy, Isbister, 1874.

Strauss, Gerhard. *Manifestations of Discontent in Germany on the Eve of the Reformation.* Bloomington: Indiana University Press, 1971.

Strieder, Jacob. *Jacob Fugger the Rich: Merchant and Banker of Augsburg, 1459~1525.* New York: Archon Books, 1966.

Storck, Thomas. "Is Usury Still a Sin?" *The Distributist Review,* January 30, 2012.

Sugar, Peter. *A History of Hungary.* Bloomington: University of Indiana Press, 1994.

Tanner, Marcus. *The Raven King: Matthew Corvinus and the Fate of his Lost Library.* New Haven: Yale University Press, 2008.

Tarr, Russel, and Keith Randell. *Access to History: Luther and the German Reformation 1517~55.* London: Hodder Education, 2008.

Thausing, Moritz. *Albert Dürer: His Life and Works.* London: John Murray, 1882.

Todd, Walker. *Progress and Property Rights: From the Magna Carta to the Constitution.* Great Barrington: American Institute for Economic Research, 2009.

Unger, Miles. *Machiavelli.* New York: Simon & Schuster, 2011.

_____. *Magnifico: The Brilliant Life and Violent Times of Lorenzo de' Medici.* New York: Simon & Schuster, 2008.

Van der Wee, Herman. *The Growth of the Antwerp Market and the European Economy*. The Hague: Martinus Nijhoff, 1963.

Vaughan, Richard. *Charles the Bold: The Last Valois Duke of Burgundy*. Woodbridge, UK: Boydell, 2002.

Wehr, Gerhard. *Thomas Muentzer*. Hamburg: Rowolt, 1972.

Wegg, Jervis. *Richard Pace*. New York: Barnes & Noble, 1932.

Wellman, Sam. *Frederick the Wise: Seen and Unseen Lives of Martin Luther's Protector*. Lexington, KY: Wild Centuries Press, 2011.

Wheatcroft, Andrew. *The Habsburgs: Embodying Empire*. London: Penguin Books, 1996.

Wiesflecker, Hermann. Maximilian I: *Die Fundamente des habsburgischen Weltreiches*. Vienna: Verlag fuer Geschichte und Politik, 1991.

Whiteway, R. S. *The Rise of Portuguese Power in India: 1497~1550*. New Delhi: Asian Educational Services, 2007.

Wood, Diana. *Medieval Economic Thought*. Cambridge: Cambridge University Press, 2002.

Worden, Skip. *Godliness and Greed: Shifting Christian Thought on Profit and Wealth*. Lanham, MD: Lexington Books, 2010.

Wurm, Johann Peter. *Johannes Eck und der Oberdeutsche Zinsstreit, 1513~1515*. Münster: Aschendorffsche Verlagsbuchhandlung, 1997.

Zimmerling, Dieter. *Die Hanse: Handelsmacht im Zeichen der Kogge*. Duesseldorf: Econ Verlag, 1984.

Zimmermann, Wilhelm. *Der Grosser Deutscher Bauernkrieg von*

1525. Berlin: Dietz, 1952.

Zimmern, Helen. *The Hansa Towns*. New York: G.P. Putnam & Sons, 1889.

찾아보기

ㄱ

가권정치Hausmachtpolitik 32, 53, 167,
204, 251, 266

가련한 콘라트Armer Konrad 276

가이스마이어, 미하엘Gaismair,
Michael 288, 290-291

검은 호프만Black Hoffman 281

게밍겐, 우리엘 폰Gemmingen, Uriel
von 176, 178

게오르크, 브란덴부르크의George of
Brandenburg → 베틴 가문 참고

겐트Ghent 45, 69, 339

겹혼인double wedding 165, 167, 179

《고리대금에 대하여Von
Kaufshandlung und Wucher》 246

고셈브로트, 게오르크Gossembrot,
Georg 70, 72, 81

고셈브로트, 지크문트Gossembrot,

Sigmund 70, 72, 81-82, 94, 258

골드만삭스Goldman Sachs 335

《광부병과 그 밖의 광부 질병에 대
하여Von der Bergsucht und anderen
Bergkrankheiten》 58

괴테, 볼프강 폰Goethe, Wolfgang von
313

국제통화기금 International Monetary
Fund 42

그라벤Graben 21, 69

그라이펜클라우, 리하르트 폰
Greiffenklau, Richard von 253-255,
282

그레고리우스 8세Gregory VIII 333

그파터만, 엘리자베트Gfatterman,
Elizabeth 24

금인칙서Goldbulle 200, 206

기사 전쟁Ritterkrieg 251, 275

ㄴ

나폴레옹Napoleon 9, 31, 148, 183, 332

나폴리Napoli 221, 314, 319

노브고로드(러시아)Novgorod 130

노이엔하우젠, 에버하르트 폰 Neuenhausen, Eberhard von 123

노이졸Neusohl 161, 193, 293, 295, 318

《노티치에 스크리테Notizie Scritte》 60

뉘른베르크 제국의회Nürnberg Diet 256-257

뉘른베르크Nürnberg 37, 69, 101, 119, 129, 131, 149, 151, 155, 157, 259, 262, 283, 329

ㄷ

다가마, 바스쿠da Gama, Vasco 85-86, 91

다마스쿠스Damascus 87

다멘호프Damenhof 137, 329

단치히Danzig 72-73, 127-128, 130, 132-133

단테Dante 152

데른슈밤, 한스Dernschwamm, Hans 294-295, 297

데티, 기두Detti, Guido 87

덴마크 해협Danish Sound 130

도르파트, 에스토니아Dorpat, Estonia 133

도브라치산Dobratsch Mountain 51

도자, 게오르게Doja, Gheorghe 161-162, 294

《도적들Die Räuber》 243-246

독일 농민 전쟁Deutscher Bauernkrieg 12, 273, 274, 279, 286, 293, 310, 312

〈독일 민족의 그리스도교도 귀족에게 보내는 연설Anden Christiichen Adei deutscher Nation〉 247

독점monopoly 12, 27, 71-74, 122, 128, 131-132, 136, 153, 160, 243, 245, 247, 257, 268, 317

돌라르dollar 43

뒤러, 알브레히트Dürer, Albrecht 10, 15, 67, 78, 149, 155, 189, 192, 208, 218, 233, 237

드라바강Drau River 51

드라큘라Dracula 161-162

디종Dijon 61, 339

디트리히슈타인Dietrichstein 291, 292

ㄹ

라살, 페르디난트Lassalle, Ferdinand 335

라우잉엔(독일)Lauingen 182

라이프하임(독일)Leipheim 277, 279-280

라텐베르크Rattenberg 94

라트보트, 클레트가우의Radbot of Klettgau 30

란츠후트 계승 전쟁Landshuter Erbfolgekrieg 93, 98

란트슈툴 성Landstuhl Castle 253

람파르터, 그레고어Lamparter, Gregor 80, 226

랑, 마테우스Lang, Matthäus 107, 177, 282

러요시(헝가리 국왕)Louis 164-166, 293-297, 299, 300, 309, 318

런던London 22, 128, 226, 320

레겐스부르크Regensburg 337

레기우스, 우르바누스Rhegius, Urbanus 266, 289, 309-310

레오 10세Leo X 157-160, 176-180, 191, 203, 221-222, 267, 315, 333

레오나르도 다빈치Leonardo da Vinci 204

레이던Leiden 232

렐링거, 콘라트Rehlinger, Konrad 80-81, 309, 311-312

렘, 루카스Rem, Lucas 90, 92-93

렘, 바르톨로메우스Rehm, Bartholomäus 257

렘, 빌헬름Rem, Wilhelm 79

로겐부르크(독일)Roggenburg 279

로르바흐, 야클라인Rohrbach, Jacklein 281, 287

로마Rome 9, 22, 36-37, 63, 65-66, 81, 97, 99, 101, 104-107, 116-123, 130, 134, 136-138, 150-151, 153, 160, 167, 177, 179-180, 183, 203, 210, 217, 220-221, 226, 243, 245, 248-249, 255-260, 263, 284, 288, 300, 307, 310, 314, 319, 332-333

로아이사, 가르시아 호프레 데

Loaísa, García Jofre de 269

로처, 제바스티안Lotzer, Sebastian 275-277

로트실트, 나탄Rothschild, Nathan 334-335

록펠러, 존 D.Rockefeller, John D. 13, 71, 147, 241

《롤링 스톤Rolling Stone》335

루이 12세(프랑스 국왕)Louis XII 170

루이지, 아라곤의Louis of Aragon 202, 216

루터, 마르틴Luther, Martin 12, 14, 58, 122, 157, 160, 166, 175, 183, 184, 209, 210, 243, 246-252, 256-257, 260, 263-264, 268, 280, 282, 284, 295, 308-310, 321, 329, 336, 338

루터, 한스Luther, Hans 58

루트비히 1세Ludwig I 337

루펜 백작 부인Countess of Lupfen 274-275

뤼베크Lübeck 127-128, 131-133, 163, 222, 269

리가(라트비아)Riga 133

리스본Lisbon 86-87, 90-92, 320

리히텐슈타인, 파울 폰Liechtenstein, Paul von 94-95, 97-99, 106, 108, 135-136, 171

링크, 요한Rinck, Johann 234

ㅁ

마그데부르크Magdeburg 176

마누엘 1세(포르투갈 국왕)Manuel I 86-87, 90-91

마드리드Madrid 229, 318, 320

마르트, 카스파르Marth, Caspar 259

마리 앙투아네트Marie Antoinette 332

마리, 부귀공Marie de Bourgogne 34, 60, 116, 167, 211

마에스트라스고Maestrazgo 267, 312, 314, 320, 334

모리츠, 작센의Maurice of Saxony 321-323

마이센(독일)Meißen 119

마인츠Mainz 152, 175-178, 184, 223, 286

마젤란, 페르디난드Magellan, Ferdinand 11, 269-270

마키아벨리, 니콜로Machiavelli,

Niccolò 93, 100, 132, 170, 201

만리히, 마티아스Manlich, Matthias
318

매독syphilis 13, 166, 199, 242, 254,
264

매의 성Castle of the Hawk 30-31

맨발의 수사 교회Barfüßerkirche 263

맨텔, 힐러리Mantel, Hilary 330

메디치 가문Medici family 13, 36, 72,
145, 154, 157

　로렌초 데Lorenzo de' 66, 176, 312

　조반니 데Giovanni de' → 레오 10
　세 참고

　코시모 데Cosimo de' 312, 333

메밍겐 강령Memmingen Articles 275,
281, 290

메밍겐(독일)Memmingen 275-278,
286

메카우, 멜히오르 폰Meckau, Melchior
von 71, 118-124, 216, 290

모건, J. P.Morgan, J. P. 334

모라 전투Morat, Battle of 84

모이팅, 한스Meuthing, Hans 154

모차르트, 볼프강 폰 아마데우스
　Mozart, Wolfgang von Amadeus 139,
236

모차르트, 프란츠Mozart, Franz 236

모하치(헝가리)Mohács 318

몸바사Mombasa 88-89, 253

몽테뉴, 미셸 드Montaigne, Michel de
138

뮌처, 토마스Müntzer, Thomas 285

뮐하우젠(독일)Mühlhausen 283-285,
289, 336

밀라노Milano 65-66, 69, 97, 118,
170, 171, 221, 266

밀케, 토마스Mielke, Thomas 330

ㅂ

바르디Bardi 312

바르트부르크 성Wartburg Castle 256

《바보배Das Narrenschiff》 154

바야돌리드Valladolid 229, 268

바움가르트너Baumgartner 70, 72-73

바이센호른Weissenhorn 94, 98-101,
277-279, 282, 286, 307, 314, 329

바티칸 시국Vatican City 319

반反독점antitrust → 독점 참고

발루아 가문Valois, House of 32,

204-205, 219

발트해Baltic Sea 127-128, 44

밤베르크Bamberg 70, 122

베네수엘라Venezuela 320

베네치아Venezia 19, 22, 26-30,
40-41, 65-66, 69, 72-74, 85,
87, 89-90, 92, 97, 99, 101, 104,
107-109, 114, 116-119, 127, 131,
134, 137-138, 153, 158, 172,
192, 196, 266, 291

베로나(이탈리아)Verona 106, 117-
118

베르게스, 막스 폰Berges, Max von
204

베르겐(노르웨이)Bergen 128

베를린Berlin 175, 182, 322

베아티스, 안토니오 데Beatis, Antonio
de 202-203

베어링, 프랜시스Baring, Francis 334

베징거, 프란츠Bäsinger, Franz 25

베커, 카를Becker, Karl 320

베틴 가문Wettin, House of 32
게오르크, 작센의Georg of Saxony
206, 251, 265, 274, 280, 285,
296-297, 341

베하임, 마르틴Behaim, Martin 155

베허, 야코프Wehe, Jakob 277-280

벨저 가문Welser family 105, 109,
155, 202-203, 207, 216, 219, 226,
232, 282, 320
안톤Anton 86, 90-92

벨츠, 메히틸트Belz, Mechtild 80, 331

보르자, 체사레Borgia, Cesare 81, 166

보름스Worms 62, 248-250, 305,
338

보름스 회의Diet of Worms 249-250,
338

복식 부기double-entry bookkeeping
12, 29, 315, 335

볼로냐대학Bologna University 119,
158, 258

뵈블링겐(독일)Böblingen 288, 289

부더Buda 52, 294-295, 299, 307,
318

부르고뉴 보석Burgundian Treasure
117, 331

부르크마이어, 한스Burgkmair, Hans
78

북해North Sea 127-128

분트슈Bundschuh 249, 254

붉은 수염왕Barbarossa 32

뷔르템베르크Württemberg 217, 292

브라운슈바이크Braunschweig 182

브라티슬라바Bratislava 161

브란트, 제바스티안Brant, Sebastian
154

브레멘Bremen 127

브레시아(이탈리아)Brescia 117, 172

브레히트, 베르톨트Brecht, Bertolt
328

브루게Brugge 69, 128, 130, 232

브루크너, 안톤Bruckner, Anton 337

브릭센(오스트리아)Brixen 71, 119,
120, 124

블랑켄펠트, 요하네스Blankenfeld,
Johannes 177, 178

비돌프, 클라라Widolf, Clara 24

비버바흐(독일)Biberbach 263, 264,
278, 282

비스마르크, 오토 폰Bismarck, Otto
von 148, 204

비텐베르크Wittenberg 182-184,

비텔스바흐 가문Wittelsbach, House of
32, 93

빈Wien 31, 38, 46, 52-53, 55, 60,

96, 135, 164-168, 170-171, 211,
291, 299, 334

빌헬름 1세Wilhelm I 204

빌헬름 2세Wilhelm II 204

ㅅ

사보나롤라Savonarola 66

사카테카스Zacatecas 38

삼형제Three Brothers 83-84, 331

샤를 8세(프랑스 국왕)Charles VIII
46, 63

서트마리, 죄르지Szatmári, György 166

성 모리츠 성당St. Moritz 187-189,
191, 232, 234

성 베드로 대성당St. Peter's Basilica
175, 179-180, 182-183

성 베드로 면죄부St. Peter's indulgence
179-180, 182-183

성 아니마 호스피스St. Anima hospice
120

성 안나 빈민구호소St. Anne
almshouse 232

성 안나 교회St. Anne 77, 188, 202,
209-210, 308-310, 327

성 울리히 아프라St. Ulrich and Afra
139

세고비아Segovia 228-229

세비야Sevilla 229

술레이만 대제Süleyman the
Magnificent 298-299, 318

슈말칼덴 전쟁Schmalkaldischer Krieg
321

슈미헨(독일)Schmiechen 95, 100, 121

슈바르츠, 마테우스Schwarz,
Matthäus 191-194, 286, 311,
330

슈바르츠발트Schwarzwald 38, 274

슈바벤동맹Swabian League 253, 275,
277, 294, 296

슈바츠(오스트리아)Schwaz 37-38,
42-43, 53, 58, 66, 119, 154, 161,
196-198, 282, 289, 291, 309,
313, 319-320

슈타디온, 크리스토프 폰Stadion,
Christoph von 190-191

슈트라우스, 야코프Strauß, Jacob 289

슈트리겔, 베른하르트Strigel, Bernhard
80

슈파이어Speyer 128

슈파이저, 요하네스Speiser, Johannes
189-191, 234

슈프렝거, 발타자르Sprenger, Balthazar
89

슐람딩(오스트리아)Schlamding 292

스탠퍼드대학Stanford University 241

스핀들톱Spindletop 38

식스투스 4세Sixtus IV 36

신사주점Herrentrinkstube 36, 113,
136

신성로마제국Heiliges Römisches Reich
8, 31-33, 175, 206, 217-218

신의 집Godshuisen 232

실링, 요하네스Schilling, Johannes
263-264, 289

ㅇ

아델만, 베른하르트Adelmann,
Bernhard 149, 155, 157

아드리아노플Adrianople 298-299

아드리안, 위트레흐트의Adrian of
Utrecht → 하드리아누스 6세 참
고

아루, 크리스토방 드Haro, Cristóvão

de 269

아르놀트슈타인(오스트리아)
Arnoldstein 51-52, 54, 56-57

아르츠트, 지빌레Artzt, Sybille → 푸
거 참고

아리스토텔레스Aristotle 151-152,
159

아우크스부르크 계약Augsburg
Contract 156-157, 159

아우크스부르크 제국의회Augsburg
Diet 203, 211, 265

아우크스부르크Augsburg 9, 13, 15,
19-26, 29-30, 34, 36, 38, 42,
44-45, 53, 60, 69, 78, 81-82,
85-86, 93, 95, 99-102, 105-
106, 113, 115, 123, 131, 139,
154-160, 162, 165, 170, 172,
177, 187-191, 193, 202-205,
208-211, 219-220, 225, 229,
231-237, 242, 248, 250, 254,
258-259, 262-264, 276, 278,
282, 284, 286-289, 300, 309-
311, 320-322, 327-333, 339

아쟁쿠르 전투Battle of Agincourt 266

아퀴나스, 토마스Aquinas, Thomas 20,

152, 159

안트베르펜Antwerp 44, 69, 86, 91-
92, 118, 130, 172, 225, 314,
324-325

알레포Aleppo 88

알렉산데르 6세Alexander VI 81, 119

알렉산드리아Alexandria 27, 87, 88,
90

알메이다, 프란시스쿠Almeida,
Francisco 87-91, 253

알버, 한스Alber, Hans 294-295, 297

알브레히트, 마인츠의Albrecht of
Mainz → 호엔촐레른 가문 참고

알자스Alsace 38

야기에우워 가문Jagiellon, House of
55

에드워드 3세(잉글랜드 국왕)Edward
III 82

에라스뮈스Erasmus 20, 37, 149, 158,
166, 242

에베른부르크Ebernburg 253

에크, 레온하르트 폰Eck, Leonhard
von 277

에크, 요하네스Eck, Johannes 156-
160, 189

엘리자베스 1세(잉글랜드 여왕)
Elizabeth I 83

엥겔스, 프리드리히Engels, Friedrich
273, 276, 288

예니체리Yeñiçeri 298-299, 318

오비디우스Ovid 167

오코, 아돌프Occo, Adolph 292, 310

오펜하이머, 자무엘Oppenheimer,
Samuel 334

외르텔, 마테우스Oertel, Matthäus 324

요아힘, 브란덴부르크의Joachim of
Bradenburg → 호엔촐레른 가문
참고

용담공 샤를Charles le Téméraire 30,
33, 39, 45, 60, 83-84, 98, 107,
135, 165, 167

우르바누스 2세Urbanus II 178

우르바누스 3세Urbanus III 152

울라슬로 2세(헝가리 국왕)Ulászló II
55, 163-164, 167

울름Ulm 275, 277-278

울리히, 뷔르템베르크의Ulrich of
Württemberg 80, 217, 275

울지, 토머스Wolsey, Thomas 176

유대인Jews 10, 25, 91, 136, 153-
154, 232, 334

유스티니아누스 1세Justinian I 255

율리우스 2세Julius II 105, 119-120,
133, 135, 157, 179, 253, 282

융커 외르크(마르틴 루터의 가명)
Junker Jörg 256

이드리야(슬로베니아)Idria 267

이반 3세(러시아 차르)Ivan III 130,
133

이사벨, 카스티야의Isabel de Castilla
96

인스브루크Innsbruck 25, 30, 37, 41,
58, 60, 66, 71, 94, 98, 135, 169,
172, 211, 289, 322

일중, 제바스티안Illsung, Sebastian
156

잉골슈타트대학Ingolstadt University
157-158

ㅈ

자모린, 캘리컷의Zamorin of Calicut
90-91

자포여, 야노시Zápolya, János 162,
294-295, 297

작은 깃털Little Feather 82, 331

잘츠부르크Salzburg 46, 106, 177, 282-283

절커누스Zalkanus 294

제2차 라테란 공의회Second Lateran Council 152

제5차 라테란 공의회Fifth Lateran Council 160

제국일반세Gemeiner Pfennig 64, 68, 171

젠더, 클레멘스Sender, Clemens 138, 310, 311

조던, 데이비드 스타Jordan, David Starr 241

조르조네Giorgione 28

족제비 초상화Ermine Portrait 83

즈빈강Zwin River 130

지기스문트(폴란드 국왕)Sigismund 163-164, 167, 296

지킹겐, 프란츠 폰Sickingen, Franz von 225, 243-245, 251-254

ㅊ

칭크, 요하네스Zink, Johannes 119-
124, 130, 162, 177-178, 191, 217, 300-301, 307

ㅋ

카니스, 피터르Kanis, Pieter 333

카롤루스Karolus 31, 63, 99, 179, 199, 206, 231

카르바할, 베르나르디노Carvajal, Bernardino 105

카른베르크Karnberg 100

카솔라, 피에트로Casola, Pietro 26-28

카예탄Cajetan 209-210

카이로(이집트)Cairo 88

카지미르, 브란덴부르크-쿨름바흐 폰Kasimir von Brandenburg-Kulmbach 314

캐서린, 아라곤의Catherine of Aragon 220

켐프텐(독일)Kempten 287

코르비누스, 마티아스Corvinus, Matthias 46, 52, 55, 167

코르테스, 에르난Cortés, Hernán 166

콘스탄츠(독일)Constance 99, 149,

205

콘스탄티누스 대제Constantine 179

콘월 백작Earl of Cornwall 221

콜럼버스, 크리스토퍼Columbus,
　Christopher 85, 96, 226

쾨르, 자크Coeur, Jacques 198, 312

쾰른Cologne 19, 22, 44, 122, 127,
　132, 151, 203, 223-234, 252,
　258

쿠프슈타인Kufstein 93

퀘리니, 빈첸초Querini, Vincenzo 99

크라쿠프(폴란드)Kraków 55, 295

크레모나(이탈리아)Cremona 117

크레브스, 토마스Krebs, Thomas
　232-233

크레스, 안톤Kress, Anton 155

클레멘스 5세Clemens V 152

키르히베르크Kirchberg 94, 98-99,
　307

키르히하임(독일)Kirchheim 328

키지, 아고스티노Chigi, Agostino 136

ㅌ

타벨, 아이다Tarbell, Ida 241

타키투스Tacitus 22

탈러thaler 43

테첼, 요하네스Tetzel, Johannes 180-
　184

템스강Thames River 128

토르데시야스Tordesillas 229

톨레도Toledo 229-230

투르조, 야노시Thurzó, János 54, 293

투르조, 엘레크Thurzó, Elek 293, 297,
　315, 318

투르조, 죄르지Thurzó, György 55

튀빙겐대학Tübingen University 80

튜더 가문Tudor, House of 32, 331

튜턴 기사단Teutonic Knights 163, 310

트라스타마라 가문Trastámaras, House
　of 97

트렌트(이탈리아)Trent 106-107, 116,
　177, 282

트루흐제스, 게오르크 폰Truchsess,
　Georg von 275-277, 279-280,
　283-284, 286-287, 291-292,
　337

트리어Trier 30, 33-34, 45, 203, 223,
　251-253, 282

티롤Tirol 25, 38-42, 47, 52-53, 66,

117, 119, 131-132, 145, 154, 165, 169, 195-196, 198, 202, 288-289, 291-292, 314

티치아노, 베첼리오Tiziano, Vecellio 28

ㅍ

파도바(이탈리아)Padova 117-118, 291

파라셀수스Paracelsus 57-58, 243

파리Paris 215, 217

파브리, 요하네스Fabri, Johannes 158, 159

파비아 전투Pavia, Battle of 265-266, 268, 275, 298

파펜호펜Pfaffenhoffen 278

페루Peru 9, 319

페루치Peruzzi 312

페르난도(스페인 국왕)Fernando 96-97, 117

페를라흐 시계탑Perlachturm 139, 264, 327

페스카라Pescara 266-267

페이스, 리처드Pace, Richard 222-225

포강Po River 266

포이팅거 지도Tabula Peutingeriana 258

포이팅거, 콘라트Peutinger, Konrad 86, 258-259, 264, 268

포토시(볼리비아)Potosí 38

폰다코 데이 테데스키Fondaco dei Tedeschi 27-28

푈니츠, 고트프리트 괴츠 폰Pölnitz, Gottfried Götz von 81, 339-341

푸거Fugger

게오르크Georg 26, 70, 75, 79, 137, 189, 231, 306-307

대大야코프Jakob der Ältere 24-26

대大울리히Ulrich der Ältere 26, 34-35, 65, 72, 77, 137, 139-140, 189, 231, 293, 306

라이문트Raymund 306-307, 320-321

루카스Lucas 69, 117, 312

마르쿠스(소小야코프 푸거의 종손자)Markus 138, 325

마르쿠스(소小야코프 푸거의 형) Markus 26, 36

바바라, 네 베징거Barbara, née
　　Bäsinger 25, 26
소小야코프Jakob II
　가족회의 139-140
　결혼 77-78
　겹혼인을 모색하다 164-165
　고리대금 논쟁 149-150
　교황청 화폐 105
　노동관계 58-59
　독살 시도 192-193
　뒤러가 그린 초상화 208
　라텐베르크를 임차하다 94
　로트실트와의 유사점 334
　루터 방문 209
　묘비명 315, 337
　문장 34-35
　배가 나포되다 127
　뱅크런을 피하다 120-122
　부의 획득 15, 315, 339
　뷔르템베르크 전쟁 218
　비버바흐로 달아나다 263-
　　264
　빈에서 선물을 주다 164
　사생아 80
　선거 자금 대출 전략 216

선거 채무 상환 268
선거후들과의 만남 202
선거후들이 푸거를 요구하다
　225
선거후를 매수하다 205
슈바르츠를 고용하다 191
아르놀트슈타인 매입 51-52
아우크스부르크 봉기 262-
　263
알브레히트에게 대출하다 180
어린 시절 28
우표 283
유언장 307
인도 무역 항해 85
자본주의를 옹호하다 101
자산 분배에 대한 생각 194
브란덴부르크의 게오르크를
　만나다 206
장례 예배당 189
적선하다 95
죽음 310-311
첫 대출 39-40
충성 맹세 140
칭크를 모른 체하다 300-301
카예탄의 방문 209

키르히베르크와 바이센호른 매입 99
한자동맹에 맞서다 127
헝가리에 투자하다 54
협상 전술 168
황제 선거 199
소小울리히Ulrich der Jüngere 229, 249, 250, 305-306, 321
안드레아스Andreas 24, 35
안톤Anton 217, 300, 306-307, 309-310, 313, 316-326, 331
알렉산더 푸거바벤하우젠
  Alexander Fugger-Babenhausen 331
요제프 에른스트 푸거 폰 글뢰트Josef-Ernst Graf Fugger von Glött 328
우르줄라Ursula 79, 333
지빌레, 네 아르츠트Sybille, née Artzt 78-82, 308-311, 330
페터Peter 26
한스Hans 21-24, 35, 53
한스 야코프Hans Jakob 325
히에로니무스Hieronymus 306, 320
푸거 궁Fuggerpalast 135, 137, 167, 180, 202, 209, 210, 249, 305, 308, 310, 317, 320, 327, 329
푸거 뉴스레터Fugger-NewsLetter 60
푸거라우Fuggerau 56-57, 59, 65, 70-71, 108-109, 120, 198, 243, 322, 330
푸거라이Fuggerei 14, 231-237, 247, 274, 306, 314, 327-329, 331
푸거 사무소Fugger House 242, 294-295
푸거 예배당Fugger Chapel 189, 202, 308, 309, 327
퓌르스트 푸거 개인은행Fürst Fugger Privatbank 329
퓌센(독일)Füssen 66, 69, 72
프랑수아 1세(프랑스 국왕)Fransois I 170-172, 200-201, 203-205, 215, 217, 219-223, 225-226, 228, 266, 268-269, 298, 318-319
프랑스 혁명French Revolution 273
프랑크푸르트Frankfurt 19, 44, 45, 69, 82, 113, 206, 223-225, 242, 258, 276, 283, 286, 288
프랑크푸르트 성당Frankfurt Cathedral

224

프로이센, 알브레히트의Albrecht of
  Prussia 310

프리드리히 현공Friedrich der Weise
  179, 182, 206, 221, 249, 256, 284

플로스, 한스Ploss, Hans 294

플루타르코스Plutarch 155

피렌체Firenze

피르크하이머, 빌리발트Pirckheimer,
  Willibald 149, 155-156

피코 델라미란돌라, 조반니Pico della
  Mirandola, Giovanni 67, 68, 81, 209

필라흐(오스트리아)Villach 51, 57,
  322

필리프, 비텔스바흐의Philip of
  Wittelsbach 93

ㅎ

하드리아누스 6세Hadrianus VI 267

하일브론(독일)Heilbronn 281

한자동맹Hanseatic League 132-133,
  148

할버슈타트Halberstadt 176

함부르크Hamburg 127, 133

합스부르크 가문Habsburgs

  지기스문트Sigismund 38-44, 47,
    52, 65, 69, 85, 146, 154, 169,
    196, 206, 290

  루돌프Rudolf 31

마르가레테, 사보이 공작 부인
  Margaret, Duchess of Savoy 117-
  118, 134, 218

마리아 테레지아Maria Theresia 332

마리아Maria 162, 164, 196

막시밀리안Maximilian

  가짜 대관식 106-107

  독일인의 왕으로 선출 46

  뒤러와의 관계 208

  람파르터를 채용하다 80

  메카우 문제에 개입하다 124

  용광로 계약을 취소하다 167

  사생아 280

  푸거와의 첫 만남 45

  한자동맹에 맞서 푸거를 지키
    다 131

미남왕 펠리페Philippe le Bel 66,
  96-97, 167

오토Otto 332

카를 5세Karl V 9, 11, 15, 133,

147, 199-205, 207, 211-212,
215-222, 225, 227, 229-231,
245, 249-251, 256-257, 259-
262, 266-269, 298-299, 313-
314, 318-324, 332, 338

페르디난트Ferdinand 164-166,
196, 250, 275, 280-281, 288-
292, 294, 310, 314, 318-319

펠리페 2세Felipe II 197

프란츠 페르디난트Franz Ferdinand
332

프리드리히 3세Friedrich III 30-35,
38, 45-47, 63, 65, 96, 98, 167,
200

향신료 무역spice trade 27, 92, 202

헝가리 합동 무역Gemeine Ungarische
Handel 52

헤르만, 쾰른의Herman of Cologne 252

헤르바르트Herwart 70, 72

헨라인, 페터Henlein, Peter 155

헨리 7세(잉글랜드 국왕)Henry VII 46,
61, 66

헨리 8세(잉글랜드 국왕)Henry VIII
171, 220, 319, 331

헬펜슈타인, 마르가레테 폰

Helfenstein, Margarethe von 280

호엔촐레른 가문Hohenzollern, House
of

알브레히트, 마인츠의Albrecht of
Mainz 175-177, 179, 182, 184,
203-204, 223, 224-225, 242,
252, 260

요아힘, 브란덴부르크의Joachim of
Bradenburg 205-207, 220, 223,
225

호엔키르헨Hohenkirchen 65, 71

호엔하임, 빌헬름 폰Hohenheim,
William von 57 → 파라셀수스 참
고

호흐슈테터, 암브로제Hochstetter,
Ambrose 13, 105, 115, 155, 168-
169, 172, 257, 267, 275, 282, 313

홀바인, 대大한스Holbein, Hans der
Ältere 78

황금 세는 방Golden Counting Room
81, 192 329

후아나, 카스티야의Joanna of Castile
96, 97, 167

후아레스, 베니토Juárez, Benito 332

후추 자루Pfeffersack 92

후텐, 울리히 폰Hutten, Ulrich von 14,
241-246, 248-252, 255, 258

흑사병Black Death 23, 51

흰 장미White Rose 82

히틀러, 아돌프Hitler, Adolf 9, 327-
328, 337